秦文明新探丛书

闫晓君　著

秦律管窥

上海古籍出版社

图书在版编目(CIP)数据

秦律管窥 / 闫晓君著. —上海：上海古籍出版社，
2023.9
（秦文明新探丛书）
ISBN 978-7-5732-0832-3

Ⅰ.①秦… Ⅱ.①闫… Ⅲ.①秦律-研究 Ⅳ.
①D929.33

中国国家版本馆 CIP 数据核字(2023)第 152858 号

秦文明新探丛书

秦律管窥

闫晓君 著

上海古籍出版社出版发行

（上海市闵行区号景路 159 弄 1－5 号 A 座 5F 邮政编码 201101）

（1）网址：www.guji.com.cn

（2）E-mail：guji1@guji.com.cn

（3）易文网网址：www.ewen.co

上海天地海设计印刷有限公司印刷

开本 710×1000 1/16 印张 18 插页 4 字数 284,000

2023 年 9 月第 1 版 2023 年 9 月第 1 次印刷

印数：1—2,100

ISBN 978-7-5732-0832-3

K·3448 定价：88.00 元

如有质量问题,请与承印公司联系

谨以此书纪念秦始皇帝陵博物院建院 40 周年

"秦文明新探丛书"序

　　秦统一是中国历史上的一件大事,它不仅终结了诸侯林立的"封建"乱世,促成了血缘政治向地缘政治的体制嬗变,同时也为"百代秦政"的制度传承和中华文明走向世界打下了坚实的基础。

　　秦始皇是古代中国这场大变局的见证者和主导者,他所创建的皇帝制度,其精髓是以官僚体系和郡县制为保障的中央集权的治理模式。"书同文""车同轨",不但革除了旧有体制的弊端,也为民族文化的深度交流和融合清除了障碍。

　　作为中国历史上第一个中央集权制王权,虽然在 5000 年文明长河中仅仅是昙花一现,但两千年的沧海桑田、王朝更迭,却一次次通过陈列在广阔大地上的遗产和书写于古籍里的文字,带给我们无限的惊喜和想象。

　　秦始皇帝陵是中国古代规模最大、结构最复杂、埋藏最丰富的帝王陵墓,是"世界最大的考古学储备之一",是 2200 多年前人类智慧和劳动的结晶。兵马俑是 20 世纪世界上最伟大的考古发现之一,是中华民族的骄傲和宝贵财富,是中华文明的精神标识。其恢弘壮观的规模、丰富至高的内涵所体现的格局、气度、神韵以及理念、智慧,都充分彰显了重大的历史、科学、艺术以及社会思想价值。

　　四十多年前秦兵马俑的横空出世,揭开了秦始皇帝陵历史宝库的冰山一角。数十年几代学人的不辍耕耘,使这部尘封千年的历史巨著被一页页渐渐打开。在这里:象征虎狼之师的军事阵列,反映国家治理架构、皇家事务管理的神秘遗迹,展现社会标准化生产、精细化管理以及国家工程高超技艺的文物精品比比皆是。透过这些载体,映射给世人更多的是中华先民坚韧不拔、勇往直前的英雄气概,是大秦帝国开放包容、不拘一格的治国理念,是管理集团以身作则、层层传导的责任担当,是大国工匠精益求精、追求完美的敬业精神。

　　秦始皇帝陵博物院是以秦始皇帝陵为依托,在原秦始皇兵马俑博物馆的基础上,整合秦始皇帝陵陵园(丽山园)而建成的一座现代化的遗址博物馆。从

1974 年威武雄壮的兵马俑横空出世，到 1979 年一号兵马俑陪葬坑正式对外开放；从 1986 年"秦俑学研究会"盛大启幕，到 1998—1999 年石铠甲、百戏俑陪葬坑惊世再现；从 2003 年秦陵地宫神秘面纱初现端倪，到 2006—2007 年文吏俑、青铜水禽破土而出；从 2010 年秦始皇陵国家考古遗址公园建成开放，到 2019 年秦始皇陵基本格局豹斑隐现、陵西大型陪葬墓浮出水面，到最终催生"秦文明研究中心"落户秦始皇帝陵博物院和西北大学，几代秦俑人筚路蓝缕，攻坚克难，使大批重要的遗迹和古代艺术珍品重现于世，为全面解读秦始皇帝陵的内涵、价值与意义提供了可能，也为世界重新认识秦始皇及其时代打开了另一扇窗。

四十年弹指一挥间，在改革开放和煦春风的沐浴和"一带一路"国家倡议的指引下，秦始皇帝陵博物院已从土石滩上一座孤立简陋的保护大棚，发展成为集考古遗址本体及其历史环境风貌保护展示，融合了教育、科研、游憩、休闲等多项功能为一体的公共文化空间。

回顾数十年的学术历程，秦始皇帝陵博物院始终秉持科研兴院（馆）的理念，引导科研人员，不断提升业务能力和素质。学术团队从无到有、由弱渐强，研究范围也由考古学、历史学向外辐射，扩展到政治史、军事史、文化史、科技史、水利工程、建筑环境、雕塑艺术等诸多领域。先后编辑出版了"秦俑·秦文化丛书"（如《秦始皇帝评传》《秦军事史》《秦始皇陵兵马俑文物保护研究》等）、《秦文化论丛》（2011 年更名为《秦始皇帝陵博物院院刊》）等多部丛书或书刊；出版了《秦始皇陵兵马俑坑一号坑发掘报告（1974～1984）》《秦始皇陵铜车马发掘报告》《秦始皇陵铜车马修复报告》《秦始皇帝陵园考古报告》（1999—2010 年，共 5 册）《秦始皇帝陵出土一号青铜马车》《秦始皇帝陵出土二号青铜马车》《回顾与创新——秦始皇兵马俑博物馆开馆三十周年纪念文集》《守护传承　创新发展——秦始皇帝陵博物院建院四十周年纪念文集》《秦文字类编》《秦文字通假集释》《秦始皇陵考古发现与研究》《日出西山——秦人历史新探》《秦文字通论》《秦文化之考古学研究》《秦始皇帝陵一号兵马俑陪葬坑发掘报告（2009～2011 年）》《礼仪与秩序：秦始皇帝陵研究》等学术专著近百部。举办了"辉煌时代——罗马帝国文物特展""文明之海——从古埃及到拜占庭的地中海文明""庞贝：瞬间与永恒""曙光时代——意大利的伊特鲁里亚文明""不朽之旅——古埃及人的生命观""玛雅：重现的文明"等世界文明系列；"平天下——秦的统一""传承与谋变——三晋历史文化展""泱泱大国——齐国历史文化展""幽燕长歌——燕国历史文化展""神秘王国——古中山国历史文化展""南国楚宝　惊采绝艳——楚文物珍品展""水乡泽国——东周时期吴越历史文化展""寻巴——消失的古代巴国""帝国之路·陇东记忆——秦文化与西戎文化考古成果展""帝国之路·雍城崛起——秦国历史文化展""铜铸滇魂——云南滇国青铜文化展"等东周历史文化展系列;以及"溢彩流光——陕西出土秦金银器展""萌芽·成长·融合——东周时期北方青铜文化臻萃""破译秦朝:里耶秦简中的帝国真相""'丽山园'遗珍——秦始皇陵园出土文物精华展"等专题展览,为促进中国古代历史文化,尤其是秦汉历史、考古、科技、艺术等研究做出了重要贡献。

多年来,与秦始皇帝陵和兵马俑的考古发现、学术研究相呼应,全国各地有关秦的考古发现也此起彼伏、层出不穷,极大地带动了全球秦文明、秦文化以及秦历史研究的纵深发展。尤其甘肃早期秦文化遗存,陕西凤翔雍城、宝鸡阳平、阎良栎阳城、郑国渠遗址、西安上林苑建筑群、废丘遗址("三秦"之雍王章邯所都废丘)、秦咸阳城、咸阳早期秦王陵、临潼秦东陵,湖南里耶古城,湖北荆州胡家草场秦墓、湖北宜城楚皇城、四川渠县城坝遗址("宕渠"县城)等考古发现,以及云梦简、放马滩简、王家台简、周家台简、里耶简、岳麓简、清华简、北大简、相家巷封泥等大批地下出土文献资料的面世,极大地弥补了文献记载的不足,促进了秦史、秦文化研究的长足进步。

纵观百年来中国乃至世界关于秦史、秦文明、秦文化研究的广度、深度与维度,以及新时期社会对博物馆保护、研究、展示、传播职责和功能的认知和期盼,秦始皇帝陵博物院所做的工作显然微不足道。由此,我们立足于秦始皇帝陵和兵马俑目前的考古发现和专题研究,结合全国各地最新考古发现、文献释读以及专题研究等领域的热点问题,决定联合上海古籍出版社,组织知名学者编写这套"秦文明新探丛书",以推进秦始皇帝陵博物院乃至全球秦文明、秦史、秦文化的专题研究和价值阐释,为保护遗产、传承文明、弘扬文化提供支撑。

"秦文明新探丛书"第一批图书,包含13个选题。这些选题将以秦统一的进程和意义为主线,在全球视野下用最新的政区扩张、战争防御、官僚制度、法治思维、文字档案、行政管理、社会治理、交通组织、民族融合等多度维度,对秦始皇"奋六世之余烈,振长策而御宇内"的伟大壮举进行解读和诠释,以反映秦统一对中国历史的贡献和影响。

为了保证图书的权威性、可读性和客观性，项目组还邀请国内知名专家担任审稿专家和学术顾问，对所有书稿进行审核。在此，谨向付出劳动的所有专家、撰稿人及工作人员表示诚挚的谢意！

未来项目组还将根据学术研究和展示需要，择时组织丛书续编。

"秦文明新探丛书"的出版发行，是秦始皇帝陵博物院学术研究"立足陕西，面向全国，放眼全球"的一次有益尝试，也是博物馆人落实习近平总书记"强化中华民族精神标识"（兵马俑）、"一个博物馆就是一所大学校"讲话精神的具体实践。两千多年来，秦文化早已融入中国传统文化的洪流之中，并部分沉淀为民族文化基因，成为过去、现在乃至未来治国理政、资政育人的重要源泉。今天，我们坚定文化自信，离不开对中华文明、中国历史的认知和自觉。期待"秦文明新探丛书"能够使更多的人"记得起历史沧桑、看得见岁月留痕、留得住文化根脉"。

感谢上海古籍出版社对丛书出版的支持！

秦始皇帝陵博物院院长

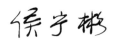

秦律：中国"第一"律

（代序）

秦文化落后于东方六国，东方国家应该先有统一中国的资格，但秦国后来居上，建立了大一统的帝国。秦祚虽短，但秦的制度文明影响深远，"百代皆行秦政法"。秦律体现出了巨大的创制精神，它的制定是历史上"前无古人"的大事件，而秦律又影响了中国传统法律两千余年，表现出"后有来者"的历史功绩。对于秦律的特点及历史影响，学术界虽有研究，但大多带有那个时代的特征。如刘海年认为秦律除具有一般封建法律的共同特征之外，还有许多特点，如"法的形式多样，条目繁杂"；"在经济领域广泛适用法律"；"刑罚种类多，手段残酷"；"鼓励奴隶解放，又肯定大量奴隶制残余"。[①] 林剑鸣认为秦律"法网严密，条目繁杂"，但法典化程度较低，"较之唐律，在系统、严密和统一方面都有相当距离"；适用"轻罪重刑"和严刑酷罚，"在中国封建社会中是最为突出、最为野蛮的，表现了封建刑法初期的特点"；在断狱方面，儒家思想影响较小。[②] 台湾学者吴福助在《嬴秦法律的特质探析》中论列了秦律的十个特点。[③] 除此之外，学界鲜见对秦律特点及基于此对其历史地位或影响的系统性论述。本书将秦律放在中国法律通史的大背景下，将"得古今之平"的《唐律》作为传统成熟律典的标本，通过秦律与《唐律》的比较，从秦律的创制、秦律的立法技术，秦律的司法体系以及秦律的不足之处等方面进行分析论证，重新审视秦律的历史地位，认为秦律为"中国第一律"。[④]

---

① 刘海年：《云梦秦简的发现与秦律研究》，《法学研究》1982 年第 1 期。又收入氏著：《战国秦代法制管窥》，法律出版社，2006 年。

② 林剑鸣：《秦汉史》第二章第二节，上海人民出版社，2003 年。

③ 见吴福助：《睡虎地秦简论考》，文津出版社，1994 年。

④ 张金光在《秦制研究》的"自序"中提出"重估秦文化的历史地位"，他说："关于秦，至少可以总结为九个根本方面在中国古代历史中具有长期的作用和几乎永久性的意义，也可以说是秦在中国古代历史上造就的九个开创性的'第一'，以为后世长期效法。"见《秦制研究》之《自序》，上海古籍出版社，2004 年，第 11 页。

一、秦律由秦人的部落习惯风俗发展而来

秦律虽是商鞅变法的产物,但它根植于秦文化,是对秦人早期习惯"移风易俗"的结果,而秦律作为西方后起诸侯国的法律,助推了秦统一,并一跃而成为"大一统"秦帝国的法律。汉朝建立,萧何"捃摭秦律"制定了汉律,而汉以后历代法律都是对前朝法律的继承,并形成了中华法律的"律统",而真正起奠基作用的秦律是从秦文化中生长起来的"第一律"。

(一) 秦律根植于秦人的早期习惯及风俗

《秦本纪》:"秦之先,帝颛顼之苗裔。孙曰女修,女修织,玄鸟陨卵,女修吞之,生子大业。"[①]周孝王时,秦人先祖"非子居犬丘,好马及畜,善养息之。犬丘人言之周孝王,孝王召使主马于汧渭之间,马大蕃息"。[②] 秦人早期生活于天水、陇西,"山多林木,民以板为室屋",又"迫近戎狄",过着游牧生活,"以射猎为先",不同于周的农耕生活。孟德斯鸠曾说:"法律和各民族谋生的方式有着非常密切的关系。"[③]"法律应该和国家的自然状态有关系;和寒、热、温的气候有关系;和土地的质量、形势与面积有关系;和农、猎、牧各种人民的生活方式有关系。"[④]秦人所处的地理环境及生活方式,使秦人形成了以游牧、狩猎为主的生活方式,习俗与西戎无异,"民淳法简"。

秦人的早期风俗习惯是自然塑造的"生存法则",有其内在合理性,为了生存不得不如此。若不遵守,可能给部落带来灭顶之灾。《法律答问》记载:"者(诸)

---

①　《史记正义》引《列女传》云:"陶子生五岁而佐禹。"曹大家注云:"陶子者,皋陶之子伯益也。"按此即知大业是皋陶。蒙文通在《秦之社会》中说:"《春秋左氏传·文五年》言:'臧文仲闻六与蓼灭,曰:皋陶庭坚不祀,忽诸。'使秦系出柏翳,则臧孙辰不应于秦时尚强,而曰庭坚不祀。文四年,楚人灭江,秦伯为之降服出次,曰:'同盟灭,虽不能救,敢不矜乎?'江、黄皆嬴姓,春秋之时,同姓为重,秦伯于江不曰同姓而曰同盟,是秦非皋陶之胤,左氏有其说也。太史公徒以秦之嬴姓,遂以为伯益、仲衍之后,乃于仲衍至仲滿之世系不能言,又不纪戎胥轩事,于是秦为西戎之说,遂由史迁而泯。"见氏著:《古史甄微》,巴蜀书社,1999年,第215页。
②　《史记》卷五。
③　(法)孟德斯鸠著:《论法的精神》上册,张雁深译,商务印书馆,2002年,第284页。
④　同上注,第7页。

侯客来者,以火炎其衡厄(轭)。炎之可(何)? 当者(诸)侯不治骚马,骚马虫皆丽衡厄(轭)鞅鞦辕靷,是以炎之。"①长期的游牧生活使他们对养马有着丰富的经验,他们意识到寄生虫对牛马的危害,并通过火燎的办法予以解决,这使得秦人的生活经验上升成为法律。

《公车司马猎律》:"射虎车二乘为曹。虎未越泛薢,从之,虎环(还),赀一甲。虎失(佚),不得,车赀一甲。虎欲犯,徒出射之,弗得,赀一甲。""豹旞(遂),不得,赀一盾。"②这显然是秦人狩猎活动中形成的纪律,也是一种生活常识,并一直被遵守。

此外,秦人还有一些所谓的"戎翟之教",如"父子无别,同室而居"等,③这种不同于周人"男女有别"的习俗直到商鞅变法时才被禁革。《后汉书·西羌传》:"昭王立,义渠王朝秦,遂与昭王母宣太后通,生二子。"④

秦人在立国前的诉讼习惯则体现了"人定法"的特征,采用公室贵族与其他贵族进行司法分权而共治的原则。《法律答问》抄录了秦人早期的诉讼习惯:"'公室告'【何】殹(也)? '非公室告'可(何)殹(也)? 贼杀伤、盗它人为'公室';子盗父母,父母擅杀、刑、髡子及奴妾,不为'公室告'。"⑤春秋战国时期,"公室"与"私门"相对应,这里"公室"指秦国的公族,非"公室"的其他贵族家庭中发生的"子盗父母,父母擅杀、刑、髡子及奴妾"则不必劳烦"公室",所谓"非公室告"就是不必告于公室,"公室"领主也不受理,实际上承认了贵族家庭中家长的权威,家长族长在家族纠纷中享有完全的权力。"非公室告,勿听。而行告,告者罪。告【者】罪已行,它人有(又)袭其告之,亦不当听"。⑥ 不同家族之间的"贼杀伤、盗它人"则非家长所能处理,故必告于公室,即"公室告"。秦的这种诉讼传统当是在其部落时代形成的。商鞅变法后,秦的社会结构发生了很大变化,以齐民编户

①　陈伟主编:《秦简牍合集·释文注释修订本》(壹),武汉大学出版社,2015年,第251页。下引该书皆同此版。

②　同上注,第168页。参看曹旅宁:《从秦简〈公车司马猎律〉看秦律的历史渊源》,见氏著:《秦律新探》,中国社会科学出版社,2002年,第19—33页。

③　《史记》卷六十八《商君列传》。

④　《后汉书》卷八十七。

⑤　《秦简牍合集·释文注释修订本》(壹),第221页。

⑥　同上注,第222页。

为基础的郡县制逐渐形成,"公室告"与"非公室告"这种部落残余的诉讼传统失去存在的社会基础,"擅杀子,黥为城旦舂",①已列入罪名加以禁止,诉讼全由"公室"所指代的国家来受理。② 正如李斯所谓"昭王得范雎,废穰侯,逐华阳,彊公室,杜私门,蚕食诸侯,使秦成帝业"。③

(二) 秦国"改法为律",首创了律这种成文法律形式

平王东迁,秦襄公领兵护送,遂被赐以岐西之地,并约定:"戎无道,侵夺我岐、丰之地,秦能攻逐戎,即有其地。"④"三年,文公以兵七百人东猎。四年,至汧渭之会","即营邑之"。⑤ 秦人开始以农耕为生活方式,但长时间内仍保留其游猎放牧传统。秦人从游牧过渡到农业,法律成了生活所必需。事实上,秦人立国后就开始设立国家的各种典章制度,如"为鄜畤,用三牢",如"初有史以纪事",⑥如文公二十年"法初有三族之罪",⑦武公三年依此法"诛三父等而夷三族"。⑧ 穆公时,对食善马之三百多野人由"吏逐得,欲法之"等等,都说明秦国开始明确立法,并以法律御众。

秦国早期法律除了由秦人早期习惯如生活经验、生产纪律等转化而来(如前所述)之外,还有一些就是进入周人故地后承袭了周人的一些礼俗文化,如祭礼、谥法等。⑨ 秦穆公时居然以中国自居。戎王派遣由余出使秦国,秦穆公以宫室、积聚相夸示,并问由余曰:"中国以诗书礼乐法度为政,然尚时乱,今戎夷无此,何以为治,不亦难乎?"⑩

---

① 《秦简牍合集·释文注释修订本》(壹),第209页。
② 参看(日)尾形勇著,张鹤泉译:《中国古代的"家"与"国家"》第五章"国家秩序与家族制秩序"第二节,中华书局,2010年,第189页。
③ 《史记》卷八十七《李斯列传》。
④ 《史记》卷五《秦本纪》。
⑤ 同上注。
⑥ 同上注。
⑦ 同上注。
⑧ 同上注。
⑨ 据传谥法为周公所作。秦国从襄公立国就开始使用谥法,后来被秦始皇废止。《史记·秦始皇本纪》制曰:"朕闻太古有号毋谥,中古有号,死而以行为谥。如此,则子议父,臣议君也,甚无谓,朕弗取焉。自今已来,除谥法。朕为始皇帝。后世以计数,二世三世至于万世,传之无穷。"
⑩ 《史记》卷五《秦本纪》。

秦公镈铭"丕显朕皇祖受天命,肇有下国,十又二公,不坠在下",又说"余虽小子,穆穆帅秉明德,睿尃(敷)明井(刑),虔敬朕祀"云云。①《毛诗序》:"《蒹葭》刺襄公也。未能用周礼,将无以固其国。"郑笺:"秦处周之旧土,其人被周之德教日久矣,襄公新为诸侯,未习周之礼法,故国人未服焉。"魏源云:"襄公初有岐西之地,以戎俗变周民也。豳邠皆公刘太王遗民,久习礼教,一旦为秦所有,不以周道变戎俗,反以戎俗变周民,如苍苍之葭,遇霜而黄,肃杀之政行,忠厚之风尽。盖谓非此无以自强于戎狄。不知自强之道在于求贤,其时故都遗老隐居薮泽,文武之道。未坠在人,特时君尚诈力,则贤人不至,故求治逆而难;尚德怀则贤人来辅,故求洽顺而易,溯洄不如溯游也。襄公急霸西戎,不遑礼教,流至春秋,诸侯终以夷狄摈秦,故诗人兴霜露焉。"②

战国时期,秦孝公任用商鞅变法,实质上是秦国历史上一次大规模的"移风易俗",对秦人旧俗、旧礼、旧法的一次彻底改造。蒙文通认为"古今言者,胥以为商君变秦,为废仁义而即暴戾,若由文而退之野。是岂知商君之为缘饰秦人戎狄之旧俗,而使渐进于华夏之文耶? 凡商君之法,多袭秦旧,而非商君之自我作古。"③"秦之文化,为独立之文化,不同中夏,商君固自依其旧制而增饰之耳。是鞅之变秦,非由文而退之野,实由野而进之文。"④

商鞅变法的主要内容是"耕战",即"内务耕稼,外劝战死之赏罚"。"耕稼"意味着彻底放弃以往的狩猎、游牧等落后的生活方式和习惯,以较先进的农业"耕稼"为主要生活方式。"废井田,开阡陌"就是对旧有土地制度的改造和创新,使秦国的耕稼更具活力。从出土竹简《为田律》《龙岗秦简》中都可以看出,这些作法非秦之旧俗,亦非周的传统,自然遭到一些人的反对,如"甘龙、杜挚等弗然,相与争之"。⑤

---

① 王沛认为:"从法理角度而言,在春秋时代,秦人对周人的传统不断加以继承和改造。天命、德、布明刑,这三要素都来自周人传统,但其内涵却发生了变化:原本是周文王、武王受天命,但在春秋早期时就已成了秦的先公受天命;原来是周先王作明刑,到春秋后期转变成为秦的现任国君作明刑。对秉持明德的宣扬,则一如周人之旧。诸侯言受天命,实为僭越之举。"王沛:《早期秦立法中的周与西戎》,《出土文献与法律史研究》第 6 辑,法律出版社,2018 年。

② [清]王先谦撰,吴格点校:《诗三家义集疏》,中华书局,2009 年,第 448 页。

③ 蒙文通:《秦之社会》,见《古史甄微》,巴蜀书社,1999 年,第 237 页。

④ 同上注,第 238 页。

⑤ 《史记》卷五《秦本纪》。

　　商鞅变法对家庭结构及家族制度进行很大的更新和规制,除了"民有二男以上不分异者,倍其赋",使个体家族从父家长大家族中脱颖而出以外,也取消了"公室"公族及宗法族长的特权,如"宗室非有军功论,不得为属籍",父亲对子女、奴婢的人身权利进一步受到限制,如《法律答问》:"'擅杀子,黥为城旦舂。其子新生而有怪物其身及不全而杀之,勿罪。'今生子,子身全殹(也),毋(无)怪物,直以多子故,不欲其生,即弗举而杀之,可(何)论? 为杀子。"①"士五(伍)甲毋(无)子,其弟子以为后,与同居,而擅杀之,当弃市。"②"擅杀、刑、髡其后子,谳之。"③自然对于此类诉讼也无所谓"公室告"与"非公室告"的区别和相关限制。

　　商鞅变法也使急功近利的法家思想成了秦文化的主色调。众所周知,法家人物非秦地出生,其思想及文化亦非秦之本土文化。但从商鞅变法开始,法家对原有秦国法律进行了改造,法家思想成了秦律的主导思想。

　　《唐律疏议》:"魏文侯师于里悝,集诸国刑典,造《法经》六篇:一、盗法;二、贼法;三、囚法;四、捕法;五、杂法;六、具法。商鞅传授,改法为律。"④这次变法是一次彻底的社会变革,使秦国法律制度焕然一新,也使秦的国力充分体现了后发优势,其中最重要的贡献就是"改法为律"。⑤

　　综上,秦国法是秦律成长的重要阶段,在秦人习惯法的基础上,继承了西周的礼法文化,商鞅变法又借鉴了三晋魏的法家文化,在厉行法治的司法实践中,

---

　　① 《秦简牍合集·释文注释修订本》(壹),第 209 页。

　　② 同上注,第 210 页。

　　③ 同上注。

　　④ [唐]长孙无忌等撰,刘俊文点校:《唐律疏议》,中华书局,1985 年,第 2 页。《晋书·刑法志》也有类似说法:"秦汉旧律,其文起自魏文侯师李悝。悝撰次诸国法,著《法经》。以为王者之政,莫急于盗贼,故其律始于《盗》《贼》。盗贼须劾捕,故著《网》《捕》二篇。其轻狡、越城、博戏、借假不廉、淫侈、逾制以为《杂律》一篇,又以《具律》具其加减。是故所著六篇而已,然皆罪名之制也。商君受之以相秦。"

　　⑤ 祝总斌在《关于我国古代的"改法为律"问题》(《北京大学学报》1992 年第 2 期,亦见于氏著:《材不材斋史学丛稿》,中华书局,2009 年)一文中认为商鞅本人并没有改法为律,因为从商鞅著作、同时期兵家、儒家著作及其他著作全都找不到法律意义上的"律"字,其他各国也没有改法为律,因此商鞅改法为律的说法不可信。但他无可否认四川青川出土的秦武王二年的《为田律》、睡虎地秦墓竹简中有《魏户律》《奔命律》以及大量的秦律律名,于是祝总斌将法律之"律"字开始使用的上限定为仅比睡虎地秦墓竹简中的魏户律、奔命律早几年而已。实际上,祝总斌用战国文献上出现的"律"字进行统计分析,看似严密,实际上并不可靠。笔者倒是赞同张建国的观点,秦武王二年(前 309 年)更修《为田律》,说明之前已有《为田律》,而商鞅变法时又"为田开阡陌",丞相甘茂于武王二年的更修《为田律》距商鞅在世相隔不到 30 年,说明商鞅变法时很可能已制订了"为田律",张建国:《中国律令法体系概论》,《北京大学学报》1998 年第 5期。又见氏著:《帝制时代的中国法》,法律出版社,1999 年。

将秦律焠炼成中国历史上第一部有系统的法律。

（三）秦朝统一，使秦律成为统一帝国的法律

在秦统一之前，秦的政治精英已作了政治思想上的准备，如吕不韦早就主张"必同法令，所以一心也"，"故一则治，异则乱；一则安，异则危"。① 随着不断扩张，秦军铁蹄所踏之处无不纳入帝国版图，秦的法吏和法律也随之而来。沈家本说："春秋战国之时，诸侯各自为法令，势难统一。秦并天下，改封建为郡县，法令遂由一统，必有统一法令之书。"②《睡虎地秦墓竹简》在楚国故地发现，本身就说明秦吏带来的秦律已然取代了楚国的法律。以南郡守腾和墓主人"喜"为代表的秦国官员法吏正忙于颁布法律令及贯彻执行的文告，改变楚国的故有法律及其顽固的风俗习惯。

秦统一后，需要整齐文化风俗，在推行统一度量衡、文字的"书同文、车同轨"政策的同时，也推行"法令由一统"的法律文化的统一，打破法律文化上的彼此疆界。秦始皇巡视全国留下的大量刻石，很能说明问题。《泰山刻石》："皇帝临位，作制明法。"《琅邪刻石》："皇帝作始，端平法度。"《之罘刻石》："大圣作治，建定法度。"《会稽刻石》："秦圣临国，始定刑名。"③

实际上，当时的统治者对在原六国故土推行秦律所遇到的阻力有充分的预估和思想准备，并采取了强有力的对策。如南郡守腾发布的文书说："民各有乡俗，其所利及好恶不同，或不便于民，害于邦。"④说明他意识到推行秦法政的阻力来源于不同的习俗和文化。面对"今法律令已具矣，而吏民莫用，乡俗淫失（泆）之民不止"及"今法律令已布，闻吏民犯法为间私者不止，私好、乡俗之心不变"⑤的情形，南郡守腾采用了高压的手段，并加大执行的力度，"今且令人案行之，举劾不从令者，致以律，论及令、丞"，⑥就是不断派人巡查，并追究地方官的

---

① 《吕氏春秋·审分览·不二》。

② ［清］沈家本撰，邓经元、骈宇骞点校：《历代刑法考》第二册《律令二》，中华书局，1985 年，第 948页。下引该书皆为此版本。

③ 《史记》卷六《秦始皇本纪》。

④ 《秦简牍合集·释文注释修订本》（壹），第 28 页。

⑤ 同上注。

⑥ 同上注。

法律责任。

随着六国被扫灭，六国的文字、文化、度量衡、法律等制度已成为历史的陈迹。在秦吏的大力推行下，秦律已然由诸侯国的地域性法律演化为大一统王朝的法律。

综上所述，秦律是中华法系的第一部律，具有原发性。秦以后历代王朝的律实际上都是对前一王朝成型法律的继承，而秦律则是从秦人的本土文化中破土而出，茁壮成长起来的。秦人立国后，秦人的习惯法开始成文化，并先后吸收了周人的礼法文化以及三晋地区的法文化，并改法为律，成为当时最先进的法文化。在一统天下的过程中，由地方性的法律转化为大一统中央集权王朝的法律。

二、秦律首创了系统的律法名词、术语及原则

秦作为新兴民族崛起于西方，其文化虽落后于关东六国，但秦人在东向发展的过程中，不断吸收和学习先进文化，而又不完全照搬照抄，在本土文化的基础上，从实用和功利的角度出发，将这些先进文化熔铸成为秦文化的有机组成部分。法律是秦文化的底色和亮点，在秦的立法层面，体现出了极大的创制精神，主要表现有以下几个方面：

（一）秦律创制了较系统的法律名词术语

睡虎地秦简《法律答问》相当一部分内容通过自设问答的形式，对于法律名词、术语进行解释。名词与术语出现，说明秦的法律语言已不同于一般语言，有些名词术语从字面上已不能识别其精确的义项，故须做出义界的说明。"术语必须有明确的定义来确定它内涵、外延，术语还应当是统一的、固定的、意义单一的"。① 专业术语的出现，显然是为了法律规定的严谨周密，为了更精准地表达法律条文的意蕴。名词术语具有的特殊性和专业性，也说明了秦律的发育程度。

《睡虎地秦墓竹简》所见的名词、专业术语很多，当然不是秦律名词、术语的

① 陆宗达：《训诂学的复生、发展与训诂方法的科学化》，见氏著：《训诂学方法论》，中华书局，2018年，第14页。

全部。根据其对后世的影响，也就是流传时间的长短，可细分为三类：第一类，随秦律消亡而消失，仅见于秦律文献，如“州告”“公室告”“非公室告”等，典籍文献中也难见踪迹，故整理小组的专家在对这些术语进行注解时，很难从传世文献中找到近似的用例，其对后世律的影响微不足道。第二类名词术语被汉律继承，如“城旦舂”“鬼薪白粲”“三环”等，汉以后法律中亦不多见。第三类，有些名词术语传承很久，一直沿用到明清律。通过分析这些名词术语，可以看出秦律对中国传统律的贡献和成就。传承愈久，其历史影响便愈大。下面依重要程度来论列：

“同居”一词，最早应见于《睡虎地秦墓竹简》中，共有九处之多。整理小组注引《汉书·惠帝纪》：“今吏六百石以上父母妻子与同居，及故吏尝佩将军、都尉印将兵，及佩二千石官印者，家唯给军赋，他无有所与。”颜师古注：“同居，谓父母、妻子之外，若兄弟及兄弟之子等，见与同居业者。”①清末沈家本作《同居考》，认为“同居”二字始见于惠帝此诏，为《汉律》之名词，“汉人如何解释，已不可考”。②可见，由于受当时客观条件的限制，连沈家本这样的律学大家已不知“同居”一词为秦律所创。“同居”一词在秦律中自有特定含义，不能任意解读。《法律答问》：“可（何）谓‘同居’？户为‘同居’，坐隶，隶不坐户谓殹（也）。”③“可（何）谓‘室人’？可（何）谓‘同居’？‘同居’，独户母之谓殹（也）。‘室人’者，一室，尽当坐罪人之谓殹（也）。”④

秦律“同居”一词，虽然界定的是人与人的一种法律关系，但往往涉及罪与非罪和是否要负连带法律责任等重要法律问题。如“盗及者（诸）它罪，同居所当坐”，就是说盗犯的同居应连坐，不同居则否。如“父子同居，杀伤父臣妾、畜产及盗之，父已死，或告，勿听，是胃（谓）‘家罪’”，是说在父子同居的情况下，以上行为构成特殊的“家罪”，从轻或免罪。如不同居，则为一般犯罪。“人奴妾盗其主之父母，为盗主，且不为？同居者为盗主，不同居不为盗主”，如与主人父母同居，奴妾盗主人的父母即是盗主，不同居则不构成此罪。

“同居”一词，汉律不仅沿用，由唐宋到明清的法律都在使用这一名词。沈家

---

① 《汉书》卷二《惠帝纪》。
② 《历代刑法考》，第三册第 1325 页。
③ 《秦简牍合集·释文注释修订本》（壹），第 190 页。
④ 同上注，第 259 页。

本曾对颜师古"同居"注颇有微词,认为他身为唐人而不本《唐律》为说:"漫云同籍同财,《疏议》明言同居不限籍之同异,岂得以同籍为同居之限哉? 自当以《疏议》之说为断。"①历代律典虽沿用"同居"一词,但如何界定与如何使用,当略有不同。

(二) 秦王朝创制的一些刑罚原则一直为后世所沿袭

《唐律》中有《名例律》,属于定罪量刑的通则,这些原则大都是从唐以前各代法律中继承而来,学界先贤都曾经指出过,如沈家本、徐朝阳等。《睡虎地秦墓竹简》发现后,也有学者指出有些通则是从秦律中沿袭而来,如日本学者堀毅在《唐律溯源考》一文中,认为唐律"二罪从重"的通则在秦律中已经确立。②

实际上,关于"犯罪自首"的规定亦当为秦律所确立。《汉书·衡山王赐传》:"闻律先自告,除其罪。"沈家本认为"此《汉律》也,可见此法甚古。汉世必有所承"。③ 从《睡虎地秦墓竹简》中可知,汉律之规定当承袭自秦律。《书·康诰》:"既道极厥辜,时乃不可杀。"蔡传:"人有大罪,非是故犯,乃其过误,出于不幸,偶尔如此,既自称道,尽输其情,不敢隐匿,罪虽大,时乃不可杀,《舜典》所谓宥过无大也。诸葛孔明治蜀,服罪输情者,虽重必释。其'既道极厥辜时乃不可杀'之意欤?"

"反坐"之法,在《唐律》中主要适用于"诬告"类犯罪。所谓反坐,是一种坐罪方法,即"反坐致罪,准前人入罪法。至死,而前人未决者,听减一等"。④

诬告罪名最早见于秦律,称为"诬人",汉律称"诬告",宣帝元康四年规定"自今以来,诸年八十以上,非诬告、杀伤人,佗皆勿坐"。沈家本认为"诬告为害人之计划,汉法重之,即八十以上之人亦不在勿坐之列"。虽然秦汉律中未见"诬告反坐"的明文,但可以推测"诬告反坐"的法律原则最早见于秦律。

"诬告"罪轻重悬殊,有诬告人死罪乃至灭族者重罪者,也有轻罪微不足道者,不能一概而论。其罪名的成立在于告诉事情的虚与实,动机的"端"与"不

---

① [清]沈家本:《同居考》,见《历代刑法考》,第三册第 1325 页。

② (日)堀毅:《唐律溯源考——以秦律中"一人有数罪"的规定为中心所作的考察》,见氏著:《秦汉法制史论考》,法律出版社,1988 年。

③ [清]沈家本:《明律目笺》,见《历代刑法考》,第 1803 页。

④ [唐]长孙无忌等撰,刘俊文点校:《唐律疏议》,中华书局,1985 年,第 428 页。下引该书皆为此版本。

端"。若所告属实,被告有罪,告人无罪而有赏;若所告事虚,被告无辜,告者故意陷人于罪,不能脱身事外,其罪名诬告成立。原告与被告罪名相互对立,"此有彼无"或"此无彼有",而犯罪情节随所告之事之轻重而轻重,诬重则罪重,诬轻则罪轻。秦汉律中的"反其罪"也就是《唐律》所谓"反坐"法。诬告死罪,则分别是否论决。《唐律》云:"至死,而前人未决者,听减一等。"张家山汉简《二年律令》:"译讯人为諆(诈)伪,以出入罪人,死罪,黥为城旦舂;它各以其所出入罪反罪之。"①显然一脉相承。

(三) 秦王朝的立法体现了高超的立法技术

唐《名例律》是唐律的总则,其中一条规定:"诸称'反坐'及'罪之'、'坐之'、'与同罪'者,止坐其罪。"疏议:"止坐其罪者,谓从'反坐'以下,并止坐其罪,不同真犯。"②唐以后各代律典中皆有此条,并且对"与同罪"的释义变化不大。③ 研读《睡虎地秦墓竹简》,惊奇地发现"与同罪"条最早见于秦律,《法律答问》:"律曰与盗同法,有(又)曰与同罪,此二物其同居、典、伍当坐之。云与同罪,云反其罪者弗当坐。人奴妾盗其主之父母,为盗主,且不为? 同居者为盗主,不同居不为盗主。"④

"与同罪"作为古典律中的总则性规定,反映了古人对犯罪现象的深刻认识以及高超的立法技术。

首先,"与同罪"虽然涉及两个犯罪主体,前者被称为"正犯",后者被称为"被累人",但不是共同犯罪。正犯不须有被累人的协助就构成"此罪",而被累人"本皆无罪之人,因人连累者也"。⑤ 实际上,被连累者的"本皆无罪",法律不必为其另设罪名,仅准正犯之罪而科之,因而产生了"与同罪"规定"被累人"与"正犯"

　① 彭浩、陈伟、(日)工藤元男主编:《二年律令与奏谳书——张家山二四七号汉墓出土法律文献释读》,上海古籍出版社,2007 年,第 137 页。下引该书皆同此版本。

　② 《唐律疏议》,第 149 页。

　③ 如《明律》:"凡称与同罪者,止坐其罪,至死者减一等,罪止杖一百流三千里,不在刺字绞斩之律。若受财故纵与同罪者全科。"怀效锋点校:《大明律》,法律出版社,1999 年,第 21 页。

　④ 《秦简牍合集·释文注释修订本》(壹),第 190 页。

　⑤ [清]沈之奇撰,怀效锋、李俊点校:《大清律辑注》,上册,法律出版社,2000 年,第 109 页。下引该书皆为此版本。

同罪。

其次，正犯为主动犯，被连累者为消极犯，故称"被累人"。清代律学家总结了"与同罪"的三种类型："有知而不举者，有知而听行者，有知情故纵者。揆之情法，虽应同科其罪，而究其致罪之由，则有差别。"①也就是说一般先有"正犯"，后有被累人。无所谓"正犯"，也就无所谓"被累人"。《史记·秦始皇本纪》："非博士官所职，天下敢有藏诗、书、百家语者，悉诣守、尉杂烧之。有敢偶语诗书者弃市。以古非今者族。吏见知不举者与同罪。"②这里涉及"偶语诗书""以古非今"两个罪名，而官吏并非"偶语诗书""以古非今"的正犯，仅因"见知不举"的消极行为，或与"以古非今"同罪，或与"偶语诗书"同罪而已。

第三，正犯重而被累人罪轻。明清律中，"称'准'即与同罪之义"。③王明德说："准者，与真犯有间矣。"④又说："准者，用此准彼也。所犯情与事不同，而迹实相涉，算为前项所犯，惟合其罪而不概如其实，故曰准。"⑤在法律上设立"与同罪"的条款，是为了量刑上的需要，"与同罪"者与正犯能在量刑上区别对待。"揆之情法，虽应同科其罪，而究其致罪之由，则有差别，故正犯至死者，同罪之人减一等。"⑥"与同罪"在量刑上要轻，一般无死刑，亦不刺字。

最后，被累人随正犯罪名之有无、刑罚之轻重而变化。

三、秦律初步构建了中国封建王朝的司法体系

王夫之在《读通鉴论》中对秦的司法如此评论："孰谓秦之法密，能胜天下也？项梁有栎阳逮，蕲狱掾曹咎书抵司马欣而事得免。其他请托公行、货贿相属而不见于史者，不知凡几也。项梁，楚大将军之子，秦之所尤忌者，欣一狱掾，驰书而难解。则其他位尊而权重者，抑孰与御之？法愈密，吏权愈重；死刑愈繁，贿赂愈章；涂饰以免罪罟，而天子之权，倒持于掾史。南阳诸刘屡杀人而王莽不能问，皆

①《大清律辑注》，上册，第109页。
②《史记》卷六。
③《大清律辑注》，第110页。
④ [清]王明德撰，何勤华等点校：《读律佩觿》，法律出版社，2001年，第5页。
⑤ 同上注，第5页。
⑥《大清律辑注》，第109—110页。

法密吏重有以蔽之也。"①王夫之仅凭个案而发的评论有点夸大其词。秦的司法达到空前的高度,超出了人们的想象。具体体现在：一是司法文书化,二是法官法吏制,三是从司法实践中出现传统律学。此外,秦的证据检验制度也是空前的完善,因笔者曾有专论,兹不赘述。②

(一) 秦王朝实现了最早的司法文书化

秦的行政过程已经完全文书化了。下情上达,基层政权对上级官府的信息收集要求文书化,如《田律》："雨为澍〈澍〉,及诱(秀)粟,辄以书言澍〈澍〉稼、诱(秀)粟及狼(垦)田畼毋(无)稼者顷数。"③《厩苑律》："叚(假)铁器,销敝不胜而毁者,为用书,受勿责。"④《仓》律："程禾、黍□□□□以书言年,别其数,以禀人。"⑤"十月牒书数,上内【史】。"⑥这些行政行为,相关法律都明确要求"以书言""用书"。《内史杂》明确要求下级官府对上级官府的行政请示行为也"必以书",禁止口头请示："有事请殹(也),必以书,毋口请,毋羁(羁)请。"⑦上级官府对下级官府的行政命令、教戒、文告也是以书面的形式,如秦王政(始皇)二十年四月初二日南郡的郡守腾颁发给本郡各县、道的一篇文告名《语书》,性质也属行政文书,要求"别书汇陵布,以邮行"。⑧ 上下级的行政文书、尤其是朝廷的"命书"还有严格的传递规定和邮驿系统,睡虎地秦简和岳麓秦简中的《行书律》残篇就是有关官文书传递的法律。如规定"行命书及书署急者,辄行之;不急者,日觱(毕),勿敢留。留者以律论之"。⑨

秦代的司法应是秦帝国庞大国家机器运行中不可或缺之一环,伴随着秦帝国的行政文书化,秦代的司法过程也文书化。秦帝国的司法文书不同于一般官

---

① ［清］王夫之著,舒士彦点校：《读通鉴论》,中华书局,1996年,第7页。

② 参拙作：《秦汉时期的法医检验》,《国学研究》,第11卷,北京大学出版社,2003年。

③ 《秦简牍合集·释文注释修订本》(壹),第40页。

④ 同上注,第52页。

⑤ 同上注,第62页。

⑥ 同上注,第135页。

⑦ 同上注,第135页。

⑧ 同上注,第29页。

⑨ 同上注,第133页。

府行政文书，而是有专门的名称"爰书"，①睡虎地秦简中有大量"爰书"，它的形成和大量出现本身就是秦代司法文书化的结果和标志。

首先，秦代虽仍有口头提起诉讼的情况，但正规的诉讼方式已有了书面的要求。起诉文书称为书状，提起诉讼者必须具名，否则构成"投书罪"。其次，审讯过程包括是否采用刑讯手段却应加以文字记录。"凡讯狱，必先尽听其言而书之"，"治（笞）谅（掠）之必书曰：爰书：以某数更言，毋（无）解辞，治（笞）讯某"。②

睡虎地秦简《封诊式》由 25 节组成，实际上是司法文书的制作要求、方法和范式。其中头两节"治狱""讯狱"是讯问嫌疑人时的理念和方法，"有鞫""覆"是通过其原籍所在地确认嫌疑人身份之询问文书的文例，其余 21 节"爰书"（包括小标题不明的 2 节）都是"对案件进行调查、检验、审讯等程序的文书程式，其中包括了各类案例，以供有关官吏学习，并在处理案件时参照执行"。大庭修认为"像是爰书之文例集"，③邢义田认为是文书模板与格式，"从内容看是秦代有关治狱、讯狱、有鞫、封守、覆、盗自告、盗马、争牛、群盗、夺首、告臣、黥妾、迁子、告子、疠、贼死、经死、穴盗、出子、毒言、奸、亡自出等名目的文书程式"。④ 陈公柔先生讨论封诊式，基本上也认为封诊式是司法公文范本。⑤

岳麓秦简《为狱等状》由四卷独立的抄本组成，编者们根据四份抄本的内容及简片背面含有"状"字的三种不同的标题达成共识（简 139 背"为乞鞫奏状"，简 140 背"为覆奏状"，简 137 背"为狱□状"），形成目前"为狱等状四种"这样的名字。"状"是指一种记录刑事案件事实的文书形式。从《为狱等状》可以看出当时对案件记录的基本结构，首先记录收到报告或依职权控告。在受理后询问嫌疑人和目击者时，记录清楚各个陈述之间的对应关系，对嫌疑人的交叉讯问。嫌疑人认罪后，要添加与判决有关的检验结果和跨机构审讯的细节，并与审讯结果进

---

① "爰书"一词，历史文献最早见于《史记·张汤传》。在睡虎地秦墓竹简发现以前，一般学者如陈槃在《汉晋遗简偶述》、日本学者大庭脩在《爰书考》中认为爰书是汉代治狱之司法文书。

② 《秦简牍合集·释文注释修订本》（壹），第 265 页。

③ （日）大庭修：《云梦出土竹书秦律概观》，收入氏著：《秦汉法制史研究》，创文社，1982 年。

④ 邢义田：《从简牍看汉代的行政文书范本——"式"》，《严耕望先生纪念论文集》，稻乡出版社，1998 年。又收入氏著：《治国安邦：法制、行政与军事》，中华书局，2011 年。

⑤ 陈公柔：《云梦秦墓出土封诊式简册研究》，《燕京学报》新 3 期，1997 年，第 142—144 页。

行比对。最后，由确认犯罪事实成立的主管官员对案情的侦办情况进行总结。①

在秦的各级官府中都有"主典文书"者，负责文书的起草、收发、传递和保管，如在最基层的县一级政权就由令史"掌案文簿"。② 秦代形成的司法文书制度对汉代以后的司法文书制度产生了直接影响。如汉初，周勃入狱，"不知置辞。吏稍侵辱之。勃以千金与狱吏，狱吏乃书牍背示之"。③ 所谓牍背，当是狱吏记录周勃口供所用的木牍背面。

孝景时，梁孝王"杀大臣十余人，文吏穷本之，谋反端颇见。太后不食，日夜泣不止。景帝甚忧之，问公卿大臣，大臣以为遣经术吏往治之，乃可解。于是遣田叔、吕季主往治之。此二人皆通经术，知大礼。来还，至霸昌厩，取火悉烧梁之反辞，但空手来对景帝"。④ 可见，汉代治狱，仍用木牍记录犯罪嫌疑人的口供。不仅如此，各级衙门的判决也以文书形式存档。如《后汉书·周嘉传》："周嘉字惠文，汝南安城人也。高祖父燕，宣帝时为郡决曹掾。太守欲枉杀人，燕谏不听，遂杀囚而黜燕。囚家守阙称冤，诏遣复考。燕见太守曰：'愿谨定文书，皆著燕名，府君但言时病而已。'"⑤

（二）秦王朝产生了完整的法官法吏制

《周礼》："大司寇，卿一人；小司寇，中大夫二人；士师，下大夫四人；乡士，上士八人，中士十有六人，旅下士三十有二人。"司寇系统的法官多称为士，贾疏云："训士为察者，取察理狱讼，是以刑官多称士。"⑥可见西周以前的法官不仅是世袭的，而且是职业化的，虽不知法官的选任须具备哪些条件，但法官须具备法律的知识，《汉书·艺文志》："法家者流，盖出于理官"。⑦

秦奉行法家的"以法为教""以吏为师"的治国理念，要求法官断案必依于法，

---

① 岳麓书院藏秦简整理小组：《岳麓书院藏秦简〈为狱等状四种〉概述》，《文物》2013 年第 5 期。

② 参见刘晓满：《秦汉令史考》，《南都学坛》2011 年第 4 期。

③ 《史记》卷五十七《绛侯周勃世家》。

④ 《史记》卷五十八《梁孝王世家》。

⑤ 《后汉书》卷八十一《独行列传》。

⑥ ［清］孙诒让撰，王文锦、陈玉霞点校：《周礼正义》第 11 册，中华书局，2000 年，第 2711 页。

⑦ 《汉书》卷三十。

"不推绳之内","不缓法之内"。《商君书·说民》："有道之国,治不听君,民不从官。"①所谓"治不听君",就是赋予官员以法来裁断的权力。"民不从官"而要奉法从法。因此,毫无疑问,秦的官员必须熟知法律。苏轼在《论养士》中指出秦"任法而不任人,谓民可以恃法而治,谓吏不必才取,能守吾法而已",王应麟也说"秦贵法吏"。② 有学者指出秦朝实行"通法入仕","秦时,通晓法令除可做法官法吏之外,还存在被国君举以为官的可能"。③ 换句话说,秦的一般官员需要通法,更不要说司法系统的法官法吏。

秦在中央设置廷尉,"掌刑辟,有正、左右监,秩皆千石"。廷尉及属官皆取精通法律之士,到汉代亦然。《汉官旧仪》云："选廷尉正、监、平,案章取明律令。"④直到汉武帝时,"张汤为廷尉,廷尉府尽用文史法律之吏,而宽以儒生在其间,见谓不习事,不署曹"。公孙弘"辩论有余,习文法吏事,缘饰以儒术,上说之",⑤自兒宽、公孙弘之后,大约才有不习文法的儒生进入法官系统。"是时,上方乡文学,汤决大狱,欲傅古义,乃请博士弟子治《尚书》《春秋》,补廷尉史,平亭疑法"。⑥

此外,秦律针对法官设立了几种罪名,主要是规范鞫狱行为,但客观上也要求司法官员精通法律。如"失刑"虽为"无心而失错也","本无曲法加罪之意,而误将无罪为有罪,轻罪为重罪者",或"本无曲法开释之情而误将有罪为无罪,重罪为轻罪者",⑦但也要入刑。

与"失刑"不同,"不直"是一种故意犯罪,睡虎地秦简《法律答问》："论狱【何谓】'不直'？……罪当重而端轻之,当轻而端重之,是谓'不直'。"⑧正如栗劲所指出："如果出于故意,无论是重罪轻判,还是轻罪重判,都属于不直罪。"⑨

① 蒋礼鸿：《商君书锥指》,中华书局,2001 年,第 41 页。

② 《玉海》卷一百一十七。

③ 黄留珠：《秦汉仕进制度》,西北大学出版社,1985 年,第 64 页。也可参看黄留珠：《略谈秦的法官法吏制》,《西北大学学报》(哲社版)1981 年第 1 期。

④ ［清］孙星衍等辑,周天游点校：《汉官六种》,中华书局,1990 年,第 37 页。

⑤ 《汉书》卷五十八《公孙弘卜式兒宽传》。

⑥ 《汉书》卷五十九《张汤传》。

⑦ 《大清律辑注》下册,第 1015 页。

⑧ 《秦简牍合集·释文注释修订本》(壹),第 217 页。

⑨ 栗劲：《秦律通论》,第 339 页,山东人民出版社,1985 年。

睡虎地秦墓竹简《法律答问》："论狱【何谓】'不直'？可（何）谓'纵囚'？罪当重而端轻之，当轻而端重之，是谓'不直'。当论而端弗论，及伤其狱，端令不致，论出之，是谓'纵囚'。"[①]显然两者之间有重合，与秦律"不直"罪包括"故出人"与"故入人"罪不同的，秦律"纵囚"是专指依法应该判刑的故意不判刑，或者故意减轻犯罪事实使其达不到判刑标准，使罪犯逃脱刑罚的制裁，实际上即后世的故出人罪中的"全出"。

（三）秦从司法实践中产生了最初的律学

秦朝作为中国历史上出现的第一个中央集权的统一国家，法律在国家管理社会职能中发挥着重要作用。为了保证秦代司法在时间上、空间上和质量上的统一性，一种讲求"法条之所谓"的学说应运而生，这种学说即律学，沈家本认为律学滥觞于秦。伴随着秦律具体原则或法条的不断确立和完善，律学也随之而出现，它的主要功能就是解释具体法律规则和法律名词术语，使律义更加明确，使表达更加精准，不致引起不必要的误解和歧义。也就是说，历史上出现了秦律，也就随之出现了"律学"。《睡虎地秦墓竹简》中的《法律答问》正是秦代律学成果的表现和律学出现的标志。[②]

传统律学对法律的解释，依据解释对象的不同，大致可分立法解释和司法解释，这种传统从秦代律学就开始了。[③] 立法解释是指对律文本身的解释以及律文中有关概念的解释。如："'有投书，勿发，见辄燔之；能捕者购臣妾二人，系投书者鞫审谳之'。所谓者，见书而投者不得，燔书，勿发；投者得，书不燔，鞫审谳之之谓殹（也）。"[④]其中，"有投书，勿发，见辄燔之；能捕者购臣妾二人，系投书者鞫审谳之"一句为秦律原文，"所谓"以后、"之谓"以前的一段话则是对律文的进

---

①　《秦简牍合集·释文注释修订本》（壹），第 217 页。

②　睡虎地秦墓竹简整理小组在"说明"中讲：《法律答问》"对秦律某些条文、术语以及律文的意图作出明确解释。"见《睡虎地秦墓竹简》，第 149 页。《法律答问》是睡虎地秦墓竹简整理小组为之加的标题，李学勤先生在《云梦睡虎地秦简概述》中认为"这种法律书籍，类似汉世的'律说'，或可称之为'秦律说'"。在《简帛与楚文化》中钟称之为《律说》。分见氏著：《简帛佚籍与学术史》第 104、16 页，江西教育出版社，2001 年。

③　张伯元：《法律答问与"秦律说"》，见《律注文献丛考》，社会科学文献出版社，2016 年。曹旅宁：《睡虎地秦墓竹简法律答问为法律实务题集说》，见氏著：《秦汉魏晋法制探微》，人民出版社，2013 年。

④　《秦简牍合集·释文注释修订本》（壹），第 202 页。

一步阐发和解释。

司法解释是指在审判过程中关于如何适用法律的说明和解释,这些内容对各级司法机关及审判官的审判有规范和约束的作用,属预设性的解释。如:"害盗别徼而盗,驾(加)罪之。可(何)谓'驾(加)罪'?五人盗,臧(赃)一钱以上,斩左止,有(又)黥以为城旦;不盈五人,盗过六百六十钱,黥劓以为城旦;不盈六百六十到二百廿钱,黥为城旦;不盈二百廿以下到一钱,迁之。求盗比此。"[①]其中"害盗别徼而盗,驾(加)罪之"一句应是秦律律文,后面"可(何)谓'驾(加)罪'?五人盗,臧(赃)一钱以上,斩左止,有(又)黥以为城旦;不盈五人,盗过六百六十钱,黥劓以为城旦;不盈六百六十到二百廿钱,黥为城旦;不盈二百廿以下到一钱,迁之。求盗比此",应是对"驾(加)罪"的法律适用的举例说明。

以前为大家所熟悉的唐律的解释方式主要采用问答式和举例式,通过与睡虎地秦简《法律答问》的比较,才知道《唐律疏议》的问答释义与秦律的解释方式如出一辙,显然传统律学的解释方法也是从秦律开始的。张伯元指出"问答形式的采用有针对性强、与司法实践结合得紧的特点"。[②] 实际上,此种方式的采用,恰恰说明其法律解释是长期司法审判经验累积的结果,有司法实践的需求作为基础。秦律在解释时也开始采取举例说明的方式,《封诊式》《法律答问》大量使用不定称代名词"某""某甲""某乙""某丙"等来举例。这是由于"律文一般说来都比较概括、原则,给一般读律者乃至司法者理解律意带来困难。为此,《答问》的作者有时采用了假设、举例的方法对律条进行解释,明白晓畅,通俗易懂"。[③]

四、秦律已具早期封建法律的
地方性、野蛮性特征

因为秦律是"中国第一律",是帝制形成时代的律,仍处于立法探索的阶段,所以秦律与以秦律为蓝本而形成的后代律尤其是《唐律》比较,还有许多不完善之处,带有中国传统律典早期的特征。

---

① 《秦简牍合集·释文注释修订本》(壹),第181页。
② 张伯元著:《律注文献丛考》,社会科学文献出版社,2016年,第9页。
③ 同上注,第10页。

（一）秦律有较多原创的内容，但相应的很多名词术语带有明显的秦文化特征

因为秦国地域特征明显，在统一兼并过程中，与六国法律与文化有激烈冲突。不少名词术语不见于汉以后律，是历史选择的结果，如"祠未阕""盗埱厓""匽面""臧（赃）人""介人""大误""羊驱"等皆为秦律中的专门术语；有些名词虽为汉律继承，但经魏晋社会变革以后，已不见于唐以后律典，如"城旦舂""鬼薪白粲"等。

（二）秦律没有唐宋律的高度成熟发达、整齐划一

秦律包括沿袭秦律的汉律具有某种早期法律的不成熟之处，主要体现在以下几个方面：

首先，立法语言的规范严谨不如唐宋律。唐宋律皆以"诸"字起首，明清律以"凡"字起首。明清律中"凡"由唐宋律"诸"字改变而来。诸，《经词衍释》："诸，犹'凡'也。"[1]杨树达《词诠》："一切也。总指时用之。""诸""凡"可以互训，都有概莫能外的意思。而法律所规定的法律行为具有高度概括性，用"诸"字或"凡"字起首，具有发凡起例的提示作用。检诸睡虎地秦墓竹简，所载秦律未见用"诸"字者，张家山汉简《二年律令》、岳麓秦简以"诸"字起首者已经出现，但不多，并非每条律文或令文皆以"诸"字开始。

其次，唐律是正刑定罪之法，除《名例律》外，其余十一篇的律文都"包括罪名、罪状与法定刑三个组成部分"。罪名、罪状与法定刑是刑律（刑法）条文内容的基本结构，同时也是刑律（刑法）法律分类上本质特点的反映。[2] 换句话说，《唐律》是纯粹的刑律。以此标准反观秦律，秦律包括汉律则未必是单纯的刑律，如睡虎地秦简《效律》《田律》《仓律》《金布律》《关市》《工律》《徭律》《司空》《传食律》《行书》等大部分律文都没有罪名，尤其是没有相应刑罚，如张家山汉墓竹简《二年律令》中的《复律》《赐律》《田律》《秩律》《爵律》《史律》也是如此。这些早期律文并非完全都是"正罪名"的，而恰恰是"存事制"的，秦汉律"驳杂不纯"的特点表现得尤为突出。

---

① ［清］吴昌莹著：《经词衍释》，中华书局，2003 年，第 167 页。
② 钱大群著：《唐律研究》，法律出版社，2000 年，第 67 页。

　　顺便一提,秦汉律与令的关系与区别历来说法不一,难解难分,如《杜周传》:"前主所是著为律,后主所是疏为令。"中外研究者亦莫衷一是。① 事实上,秦汉律令的区别含混不清,远不如唐宋的律令关系那样明确清楚,这也是早期律令的特征之一。

　　再次,《唐律》十二篇之间结构严谨,《名例律》为总则,其余十一篇为分则,《名例律》中规定的原则贯彻于其余十一篇律中,有总有分,收放自如。其余十一篇之间顺序排列别有用心,如《卫禁律》放在第二篇,其理由如疏文所说,"敬上防非,于事尤重,故次《名例》之下,居诸篇之首"。《职制律》排在第三,"宫卫事了,设官为次,故在《卫禁》之下"。《户婚律》排在第四,"既论职司事讫,即户口、婚姻,故次《职制》之下"。《厩库律》排在第五,"户事既终,厩库为次,故在《户婚》之下",等等,依统治者对被调整社会关系的评价安排顺序。《杂律》起补充作用,防止罪名遗漏,"此篇拾遗补阙,错综成文,班杂不同,故次《诈伪》之下"。第十一篇《捕亡律》,"此篇以上,质定刑名。若有逃亡,恐其滋蔓,故须捕系,以置疏网,故次《杂律》之下"。第十二篇《断狱律》,"诸篇罪名,各有类例,讯舍出入,各立章程,此篇错综,一部条流,以为决断之法,故承众篇之下"。

　　《唐律》是一部法典,由于结构严谨,刘俊文认为"唐律始以总则,终以专则,先列事律,后列罪律,是一部内容丰富、体例整严的综合性法典。始以总则、终以专则的结构反映出唐律在立法技术上已经达到相当高度的水平;先列事律、后列罪律的结构,则表明唐律把调整和强化封建国家的行政管理放在优先的地位"。②

　　相对而言,秦律、汉律远未法典化,孟彦弘在《秦汉法典体系的演变》中认为"随着令的编集和完善,律由开放性体系变成固定和封闭的体系"。③ 由于学术界对秦律的开放性认识不足,以唐宋法典化来看待秦、汉律,才产生了许多误解。如不适当甚至武断地怀疑《九章律》是否存在,以《二年律令》的二十七篇强行与

────────────────────

　　① 如日本学者大庭修:《律令法体系的变迁与秦汉法典》,见于《秦汉法制史研究》,林剑鸣等译,上海人民出版社,1991年。广濑熏雄:《秦汉时代律令辨》,见《中国古代法律文献研究》第7辑,社会科学文献出版社,2013年。

　　② 刘俊文:《唐律疏议笺解序论》,见《唐律疏议笺解》,中华书局,1996年,第35页。

　　③ 孟彦弘:《秦汉法典体系的演变》,《历史研究》2005年第3期。

《九章律》挂钩，当然这些仍不失为学术研究上的有益探讨。

从目前出土文献来看，秦律仍处于初创阶段，很多法律乃因事立法，以单篇行用。由于各篇律非同时制订，先后篇目之间仍缺乏《唐律》各篇之间固定顺序。秦律如此，汉律亦如此，《二年律令》各篇就是如此。大约迟至东汉，汉律篇目方较固定。湖南张家界古人堤出土汉律律目当是明证。

（三）秦律奉行重刑主张，刑罚残酷是其明显的缺陷

《唐六典》卷六刑部郎中员外郎条注略云："商鞅传之，改法为律，以相秦。增相坐之法，造参夷之诛，大辟加凿颠、抽胁、镬烹、车裂之制。"事实上，凿颠、抽胁、镬烹、囊扑等酷刑并未见诸秦律律文，或为秦始皇呈一时雷霆之怒，或为汉儒传闻。但秦律刑罚偏重是不争的事实。

五、结 语

秦律是"中国第一律"，主要是说：一、秦律是由秦人的部落习惯发展而来，在此基础上形成了秦国律，进而成为"大一统"中央集权的秦朝律。从秦律创制的过程来看，秦律具有原生自发性及地域文化特征，在中国法律史上是"前所未有"的，汉以后各代的法律都以前朝法律为蓝本。二、秦律创制了较有系统的法律名词术语，其法律原则表现出了高超的立法技术，在立法方面体现出了极大的创制精神，对汉以后各代律法的影响深远。三、秦朝的司法体系比较完善，除了法官法吏的法律素养较高，具有专业化倾向以外，司法过程文书化，司法检验的制度和方法也较完善。四、秦律作为中国第一律，还带有与生俱来的早期性、地方性及野蛮性等特点。

目　　录

第一章　秦律的渊源

　　秦文化落后于东方六国,东方国家应该先有统一中国的资格,但秦国后来居上,建立了大一统的帝国。李学勤先生讲:"正由于秦国的文化传统是落后于六国的,它并未能创造出可观的文化成果,来替代曾达到相当繁荣的六国文化。简帛中值得称道的秦文化的产物,只有条目繁多的法律,成为汉律的依据和凭借。"[①]秦祚虽短,但秦的制度文明影响深远,"百代皆行秦政法"。秦律体现出了巨大的创制精神,它的制订是历史上"前无古人"的大事件,而秦律又影响了中国传统法律两千余年,表现出"后有来者"的历史功绩。

第一节　秦之游牧习俗

　　《史记·秦本纪》:"秦之先,帝颛顼之苗裔。孙曰女修,女修织,玄鸟陨卵,女修吞之,生子大业。"《正义》引《列女传》云:"陶子生五岁而佐禹。"曹大家注云:"陶子者,皋陶之子伯益也。"按此即知大业是皋陶。如果曹大家所言属实,秦之先祖大业为皋陶,那么秦人从血脉中就有着悠久的法律传统。

　　秦之先世善畜牧,经济生活方式为游牧狩猎,则多见于文献记载,为不争的历史事实。早在舜帝时,其先祖大费就以"驯鸟兽"而著名。"佐舜调驯鸟兽,鸟兽多驯服,是为柏翳。舜赐姓嬴氏。"[②]

　　到夏商之际,"去夏归商,为汤御,以败桀于鸣条。大廉玄孙曰孟戏、中衍,鸟身人言。帝太戊闻而卜之使御,吉,遂致使御而妻之"。[③]

　　西周,秦人又沦为周之附庸,长期为周天子养马。周穆王时,"造父以善御幸

---

① 李学勤:《简帛与楚文化》,见氏著:《简帛佚籍与学术史》,江西教育出版社,2001年,第17页。
② 《史记》卷五《秦本纪》。
③ 同上注。

① 李学勤:《简帛与楚文化》,见氏著:《简帛佚籍与学术史》,江西教育出版社,2001年,第17页。

② 《史记》卷五《秦本纪》。

③ 同上注。

于周缪王,得骥、温骊、骅駵、騄耳之驷,西巡狩,乐而忘归。徐偃王作乱,造父为缪王御,长驱归周,一日千里以救乱"。①

周孝王时,"非子居犬丘,好马及畜,善养息之。犬丘人言之周孝王,孝王召使主马于汧渭之间,马大蕃息。孝王欲以为大骆适嗣。申侯之女为大骆妻,生子成为适。申侯乃言孝王曰:'昔我先郦山之女,为戎胥轩妻,生中潏,以亲故归周,保西垂,西垂以其故和睦。今我复与大骆妻,生适子成。申骆重婚,西戎皆服,所以为王。王其图之。'于是孝王曰:'昔伯翳为舜主畜,畜多息,故有土,赐姓嬴。今其后世亦为朕息马,朕其分土为附庸。'邑之秦,使复续嬴氏祀,号曰秦嬴"。②

秦人善畜牧狩猎,与秦人居处的地理环境有密切关系。其地多山丘草地林木,并与游牧的西戎杂处,自然环境及社会因素使秦人习俗与西戎无异。《汉书·地理志》:"天水、陇西,山多林木,民以板为室屋。及安定、北地、上郡、西河,皆迫近戎狄,修习战备,高上气力,以射猎为先。故《秦诗》曰'在其板屋';又曰'王于兴师,修我甲兵,与子偕行'。及《车辚》、《四载》、《小戎》之篇,皆言车马田狩之事。"③

秦人的风俗习惯与秦人的生活环境、生活方式息息相关,有些习惯在以后生活中被保存了下来,甚至上升为法律。如《法律答问》中"者(诸)侯客来者,以火炎其衡厄(轭)。炎之可(何)? 当者(诸)侯不治骚马,骚马虫皆丽衡厄(轭)鞅靷辕靷,是以炎之。"④诸侯国有来客,用火熏其车上的衡轭。为什么要用火熏?倘如诸侯国不好好搔马,或搔马不得法,马身上的寄生虫都附着在车的衡轭和驾马的皮带上,所以要用火熏或燎烤。⑤ 显然,长期的游牧生活使他们对养马有着丰富的经验,他们意识到寄生虫对牛马的危害,并通过火燎的办法予以解决,这应该是秦人的生活经验被上升为法律。

《秦律杂抄》中还有一条《公车司马猎律》:"射虎车二乘为曹。虎未越泛薜,从之,虎环(还),赀一甲。虎失(佚),不得,车赀一甲。虎欲犯,徒出射之,

---

① 《史记》卷五《秦本纪》。

② 同上注。

③ 《汉书》卷二十八《地理志》。

④ 《秦简牍合集·释文注释修订本》(壹),第251页。

⑤ 参见裘锡圭:《〈睡虎地秦墓竹简〉注释商榷(八则)》,见《裘锡圭学术文化随笔》,中国青年出版社,1999年。

弗得，赀一甲。豹旞（遂），不得，赀一盾。"①"泛薛"，裴锡圭认为是双音词，与"蹒跚""蹁跹"，以至"盘旋""盘桓"，皆为言近义通之词。② 这里规定射虎车以两辆为一组。老虎未远越走开，蹒跚而行就加以追逐，使老虎逃回者，罚一甲。虎逃走，没有猎获，每车罚一甲。老虎要进犯，出车徒步射虎，没有猎获，罚一甲。豹逃走，没有猎获，罚一盾。这显然是秦人狩猎活动中形成的纪律，并一直遵守。

此外，秦的早期习俗中还有一些与中原迥然不同的内容，被人一概斥之为所谓的"戎翟之教"。下面仅举两例：

第一，"父子无别，同室而居"。③《谷梁传》："秦乱人子女之教，无男女之别。"《后汉书·西羌传》："昭王立，义渠王朝秦，遂与昭王母宣太后通，生二子。至王赧四十三年，宣太后诱杀义渠王于甘泉宫，因起兵灭之，始置陇西、北地、上郡焉。"蒙文通曰："宣后义渠之事，于华夏为异闻。在秦人视之，敌国君后为婚媾，倘为见惯。"④《后汉书·郑泰传》："关西诸郡，颇习兵事，自顷以来，数与羌战，妇女犹戴戟操矛，挟弓负矢。"蒙文通曰："自陇以西，妇人任战之习，汉末犹然。秦起汧渭之首，当战国之世，决有此俗，夫复何疑。"⑤

第二，无嫡庶之别，"贱嫡贵仲"。蒙文通说："《春秋·昭五年》秋：'秦伯卒。'《公羊传》曰：'何以不名？秦者夷也，匿嫡之名也。其名何？嫡得之也。'何氏《解诂》曰：'嫡子生，不以名，令于四境挥勇猛者而立之，独莒稻以嫡得立，故名也。'马长寿君谓：贱嫡贵次，为由母系社会过渡至父系社会必有之现象。秦人匿嫡，正此故耳。"⑥"秦贱嫡故贵仲，其在春秋，秦嫡之得立者仅二人。由战国至始皇，嫡仲之争亦每见。则贵嫡为东方之习，不足语于秦也。"⑦秦人的早期习惯和他们的谋生方式有着密切关系，都是生活的自然环境和社会生产方式所赐，有其内

①《秦简牍合集·释文注释修订本》（壹），第168页。参看曹旅宁：《从秦简〈公车司马猎律〉看秦律的历史渊源》，见氏著：《秦律新探》，中国社会科学出版社，2002年，第19—33页。

② 参见裴锡圭：《〈睡虎地秦墓竹简〉注释商榷（八则）》，见《裴锡圭学术文化随笔》，中国青年出版社，1999年。

③《史记》卷六十八《商君列传》。

④ 蒙文通：《秦之社会》，见《古史甄微》，巴蜀书社，1999年，第219页。

⑤ 同上注，第219页。

⑥ 同上注，第219页。

⑦ 同上注，第220页。

在合理性,为了生存不得不如此。①

第二节　秦立国之后的移风易俗

周平王东迁,秦襄公领兵护送,被赐以岐西之地,并说:"戎无道,侵夺我岐、丰之地,秦能攻逐戎,即有其地。"②《史记·秦本纪》:"三年,文公以兵七百人东猎。四年,至汧渭之会","即营邑之"。③

秦人进入关中的农业区,开始以农业为生活生式,但长时间内仍保留其以前的游猎放牧传统和习俗,如秦穆公仍于岐下牧马。祭祀仍是西戎旧俗,与中原迥然不同。如"襄公于是始国,与诸侯通使聘享之礼,乃用骝驹、黄牛、羝羊各三,祠上帝西畤。"④商鞅变法时,秦国"初为赋"。《集解》引徐广曰:"制贡赋之法也。"《索隐》引谯周云:"初为军赋也。"大概之前没有此法,沿用旧俗不变。

可见,直到商鞅变法以前,秦人的旧俗仍然大量保存,因此中原诸侯多以"秦僻在雍州,不与中国诸侯之会盟,夷翟遇之"。⑤

秦人从游牧过度到农业,法律成了生活所必需,孟德斯鸠说:"一个从事商业与航海的民族比一个只满足于耕种土地的民族所需要的法典,范围要广得多。从事农业的民族比那些以牧畜为生的民族所需要的法典,内容要多得多。从事牧畜的民族比以狩猎为生的民族所需要的法典,内容那就更多了。"⑥

事实上,秦人立国后就开始设立国家的各种典章制度,如"初有史以纪事",如文公二十年"法初有三族之罪",武公三年依此法"诛三父等而夷三族"。穆公时,对食善马之三百多野人由"吏逐得,欲法之",等等,都说明秦国开始明确立法,并以法律御众。

---

① 孟德斯鸠曾说:"法律和各民族谋生的方式有着非常密切的关系。""法律应该和国家的自然状态有关系;和寒、热、温的气候有关系;和土地的质量、形势与面积有关系;和农、猎、牧各种人民的生活方式有关系。"分别见《论法的精神》上册第284、7页,商务印书馆,1963年。

② 《史记》卷五《秦本纪》。

③ 同上注。

④ 同上注。

⑤ 同上注。

⑥ (法)孟德斯鸠著:《论法的精神》,上册第284页。

　　秦国早期法律有两个渊源，一是由秦的早期习惯风俗如生活经验、生产纪律等转化而来（如前所述），一是进入周人故地后承袭了周人的一些礼俗文化，如祭礼、如谥法等。[①] 秦国早期的法律实际上是以秦人传统习惯和承袭的周人礼俗为基础的。

　　秦国早期的风俗习惯存在着很多的问题，这是孝公所以要急切变法的原因之一。《韩非子·奸劫弑臣篇》："古秦之俗，君臣废法而服私，是以国乱兵弱而主卑。商君说秦孝公以变法易俗而明公道，赏告奸，困末作，而利本事。当此之时，秦民习故俗之有罪可以得免，无功可以得尊显也，故轻犯新法。"[②]蒋礼鸿曰："据韩非之说，则卖官冀迁，孝公前非不可有。韩非纵有夸饰，当亦不能尽诬。"[③]

　　商鞅变法，实质上是秦国历史上一次大规模的"移风易俗"，对秦人旧俗、旧礼、旧法的一次彻底改造。商鞅强调"观俗立法"，即考察研究具体的国情风俗来建立法制。"圣人之为国也，观俗立法则治，察国事本则宜；不观时俗，不察国本，则其法立而民乱，事剧而功寡。"[④]"观俗立法"或作"度俗而为法"，"圣人之为国也；不法古，不修今，因世而为之治，度俗而为之法；故法不察民之情而立之，则不成；治宜于时而行之，则不干。"[⑤]商鞅把"法"与"礼"相提并论，"当时而立法，因事而制礼，礼法以时而定，制令各顺其宜"。[⑥] 商鞅因俗因时以建立法令的观念是秦国变法的总纲领。[⑦]

　　只有通过移风易俗修订新法，走以法治国的道路才能实现"强国利民"的目标，这也是商君最终能说服打动秦孝公的原因。《盐铁论·论儒》："故商君以王道说孝公，不用，即以强国之道，卒以就功。"[⑧]"因俗立法"的主要内容就是强调

---

　　① 据传谥法为周公所作。秦国从襄公立国就开始使用谥法，后来被秦始皇废止。《史记·秦始皇本纪》制曰："朕闻太古有号毋谥，中古有号，死以行为谥。如此，则子议父，臣议君也，甚无谓，朕弗取焉。自今已来，除谥法。朕为始皇帝。后世以计数，二世三世至于万世，传之无穷。"

　　② 梁启雄：《韩子浅解》，中华书局，1960年，第105页。下引该书皆同此版本。

　　③ 蒋鸿礼：《商君书锥指》，中华书局，1986年，第2页。下引该书皆同此版本。

　　④ 同上注，第48页。

　　⑤ 同上注，第62—63页。

　　⑥ 同上注，第4页。

　　⑦ 秦变法时的情形类似于赵武灵王进行胡服骑射改革时的情形。赵武灵王亲自去说服反对改革的公子成时说："夫服者，所以便用也；礼者，所以便事也。圣人观乡而顺宜，因事而制礼，所以利其民而厚其国也。"（《史记》卷四十三《赵世家》）。

　　⑧ 王利器：《盐铁论校注》，第165页，中华书局，2019年。

"耕战",即"内务耕稼,外劝战死之赏罚"。一手抓经济,一手强军事。"耕稼"是周人的生活方式,说明秦人早已放弃了以往的狩猎、游牧等生活方式和习惯,已经过上较先进的"耕稼"生活。在此基础上,强调厉兵秣马,事实上激发秦人血液里流淌的尚武传统。

"废井田,开阡陌"就是对旧有土地制度的改造和创新,使秦国的耕稼更具活力。从出土竹简《为田律》《龙岗秦简》上都可以看出来,这些做法非秦之旧俗,亦非周的传统,自然遭到一些人的反对,如"甘龙、杜挚等弗然,相与争之"。这次变法是一次彻底的社会变革,使秦国法律制度焕然一新,也使秦的国力充分体现了后发优势。

以贾谊为代表的汉儒对商鞅变法持批评的态度,他说:"商君遗礼义,弃仁恩,并心于进取,行之二岁,秦俗日败。故秦人家富子壮则出分,家贫子壮则出赘。借父耰锄,虑有德色;毋取箕帚,立而谇语。抱哺其子,与公并倨;妇姑不相说,则反唇而相稽。其慈子耆利,不同禽兽者亡几耳。然并心而赴时,犹曰蹶六国,兼天下。"①不可否认的是,商鞅变法对秦的风俗的因势利导,更加背离了儒家的价值标准,但事实上也为秦国"蹶六国,兼天下"打下坚实基础。

《荀子·强国篇》:"应侯问孙卿子曰:'入秦何见?'孙卿子曰:'……入境,观其风俗,其百姓朴,其声乐不流污,其服不挑,甚畏有司而顺,古之民也。及都邑官府,其百吏肃然莫不恭俭、敦敬、忠信而不楛,古之吏也。入其国,观其士大夫,出于其门,入于公门,出于公门,归于其家,无有私事也,不比周,不朋党,偶然莫不明通而公也,古之士大夫也。观其朝廷,其间听决百事不留,恬然如无治者,古之朝也。故四世有胜,非幸也,数也。是所见也。故曰:佚而治,约而详,不烦而功,治之至也。秦类之矣。虽然,则有其諰矣。兼是数具者而尽有之,然而县之以王者之功名,则倜倜然其不及远矣。是何也? 则其殆无儒耶! 故曰:粹而王,驳而霸,无一焉而亡,此亦秦之所短也。'"②

商鞅变法也使急功近利的法家思想成了秦文化的主色调。众所周知,法家

---

① 《汉书》卷四十八《贾谊传》。
② [清] 王先谦:《荀子集解》,中华书局,1988年,第302—304页。

人物非秦地出生,其思想及文化亦非秦之本土文化。① 但从商鞅变法开始,法家对原有秦国法律进行了改造,法家思想成了秦律的主导思想。《睡虎地秦墓竹简》所反映的秦法应该是商鞅变法的成果,有对三晋法律的吸收,《唐律疏议》:"魏文侯师于里悝,集诸国刑典,造《法经》六篇:一、盗法;二、贼法;三、囚法;四、捕法;五、杂法;六、具法。商鞅传授,改法为律。"②

其中最重要的贡献就是"改法为律"。祝总斌在《关于我国古代的"改法为律"问题》一文中认为商鞅本人并没有改法为律,因为从商鞅著作、同时期兵家、儒家著作及其他著作全都找不到法律意义上的"律"字,其他各国也没有改法为律,因此商鞅改法为律的说法不可信。但他无可否认四川青川出土的秦武王二年的《为田律》、睡虎地秦墓竹简中有《魏户律》《奔命律》以及大量的秦律律名,于是祝总斌将法律之"律"字开始使用的上限定为仅比睡虎地秦墓竹简中的《魏户律》《奔命律》早几年而已。③ 实际上,祝总斌先生用战国文献上出现"律"字进行统计分析,看似严密,实际上并不可靠。笔者倒是赞同张建国的观点,秦武王二年(前309年)更修《为田律》,说明之前已有《为田律》,而商鞅变法时又"为田开阡陌",丞相甘茂于武王二年的更修《为田律》距商鞅在世相隔不到30年,说明商鞅变法时很可能已制订了"为田律"。④ 毫无疑问,秦律是中国历史上第一部有系统的法。

第三节　秦统一与立法调整

在秦统一之前,秦的政治精英已作了政治思想上的准备,如吕不韦早就主

---

① 《史记·秦本纪》:"秦之先,帝颛顼之苗裔孙曰女脩。女脩织,玄鸟陨卵,女脩吞之,生子大业。大业取少典之子,曰女华。女华生大费,与禹平水土。"大费"佐舜调驯鸟兽,鸟兽多驯服,是为柏翳。舜赐姓嬴氏"。《正义》引《列女传》云:"陶子生五岁而佐禹。"曹大家注云:"陶子者,皋陶之子伯益也。"按此可知大业是皋陶。如果属实,秦人为悠久法律传统之民族。

② 《唐律疏议》,第2页。

③ 祝总斌:《关于我国古代的"改法为律"问题》,《北京大学学报》1992年第2期,亦见氏著:《材不材斋史学丛稿》,中华书局,2009年。

④ 张建国:《中国律令法体系概论》,《北京大学学报》1998年第5期。又见氏著:《帝制时代的中国法》,法律出版社,1999年。

张："必同法令,所以一心也。""故一则治,异则乱;一则安,异则危。"①随着不断扩张,秦军铁蹄所踏之处无不纳入帝国版图,秦的法吏和法律也随之而来。沈家本说:"春秋战国之时,诸侯各自为法令,势难统一。秦并天下,改封建为郡县,法令遂由一统,必有统一法令之书"。②《睡虎地秦墓竹简》在楚国故地发现,本身就说明秦吏带来的秦律已然取代了楚国的法律。以南郡守腾和墓主人"喜"为代表的秦国官员法吏正忙于颁布法律令及贯彻执行的文告,改变楚国的故有法律及其顽固的风俗习惯。

实际上,当时的统治者对在原六国故土推行秦律所遇到的阻力有充分的预估和思想准备,并采取了强有力的对策。如南郡守腾发布的文书说"民各有乡俗,其所利及好恶不同,或不便于民,害于邦"。说明他意识到推行秦法政的阻力来源于不同的习俗和文化。面对"今法律令已具矣,而吏民莫用,乡俗淫失(泆)之民不止"及"今法律令已布,闻吏民犯法为间私者不止,私好、乡俗之心不变"③的情形,南郡守腾采用了高压的手段,并加大执行的力度,"今且令人案行之,举劾不从令者,致以律,论及令、丞",④就是不断派人巡查,并追究地方官的法律责任。

李学勤先生讲:"秦朝统治的十几年,采取了以秦的思想文化为本的政策,对楚的思想学术无疑是严重的打击遏抑,但楚文化的传流并未由此断绝。"⑤睡虎地秦简《语书》记载:"廿年四月丙戌朔丁亥,南郡守腾谓县、道啬夫:古者,民各有乡俗,其所利及好恶不同,或不便于民,害于邦。是以圣王作为法度,以矫端民心,去其邪避(僻),除其恶俗。法律未足,民多诈巧,故后有闲令下者。凡法律令者,以教道(导)民,去其淫避(僻),除其恶俗,而使之之于为善殹(也)。今法律令已具矣,而吏民莫用,乡俗淫失(泆)之民不止,是即法(废)主之明法殹(也),而长邪避(僻)淫失(泆)之民,甚害于邦,不便于民。"⑥明白地揭示了秦在统一以后的郡县,用强力来推行秦法,用秦法代替各国旧有的法律。法律作为国家的基本制

---

①　《吕氏春秋·审分览·不二》。

②　《历代刑法考》第二册《律令二》,第948页。

③　《睡虎地秦墓竹简》,文物出版社,1978年,第15页。

④　同上注,第16页。

⑤　李学勤:《简帛与楚文化》,见氏著:《简帛佚籍与学术史》,江西教育出版社,2001年,第19页。

⑥　《秦简牍合集·释文注释修订本》(壹),第29页。

度,最具强制性。因此,随着六国的扫灭,秦律已然由诸侯国的地域性法律演化为大一统王朝的法律。

秦王朝法律的发展和演变,大抵可分为前、后两个阶段。前一阶段是秦始皇二十六年至三十三年,在这六、七年里,秦始皇在完成军事统一的基础上,进一步从事政治、经济、思想、文化方面的统一事业,颁行了一系列如实行郡县制、销兵铸金人、统一度量衡、统一文字等新的法律,并在全国各地普遍实施。另外也颁布了关于皇帝尊号、皇帝制诏,以及除谥法等中央集权制的君主专制政治制度中关于加强君权、维护君主地位的法律。这期间就刑法制度而言,似乎依然奉行秦国传统的刑律,并没有比以前增添些什么新的内容。

后一阶段即始皇三十四年至三十七年,这三四年间是秦法律的转变期。以三十四年李斯请焚书为导火线,先后颁布焚书命、挟书命,禁止法家以外其他学派的活动与存在,对谈论诗书和援古非今等罪确定了量刑标准,并对侵犯君主尊严及人身安全相关的谋反罪、诽谤罪、诅咒罪等大规模地处以族议。

秦二世继位,赵高对二世皇帝曰:"严法而刻刑,令有罪者相坐诛,至收族,灭大臣而远骨肉;贫者富之,贱者贵之。尽除去先帝之故臣,更置陛下之所亲信者近之。此则阴德归陛下,害除而奸谋塞,群臣莫不被润泽,蒙厚德,陛下则高枕肆志宠乐矣。计莫出于此。"二世听信采纳了赵高的计策,"乃更为法律"。①

《汉书·贾谊传》:"及秦而不然。其俗固非贵辞让也,所上者告讦也;固非贵礼义也,所上者刑罚也。使赵高傅胡亥而教之狱,所习者非斩劓人,则夷人之三族也。故胡亥今日即位而明日射人,忠谏者谓之诽谤,深计者谓之妖言,其视杀人若艾草菅然。"②

结果导致"法令诛罚日益刻深,群臣人人自危,欲畔者众",③后来李斯受到二世猜忌,李斯为求自保,"乃阿二世意,欲求容,以书对",其中建议二世行督责之术,"书奏,二世悦。于是行督责益严,税民深者为明吏。二世曰:'若此则可谓能督责矣。'刑者相半于道,而死人日成积于市。杀人众者为忠臣"。④ 并增加

---

① 《史记》卷八十七《李斯列传》。
② 《汉书》卷四十八。
③ 《史记》卷八十七《李斯列传》。
④ 同上注。

"失期法皆斩"之类的苛法,使得"秦法繁于秋荼,而网密于凝脂",更加趋于暴虐淫滥,终于导致秦王朝二世而亡。

综上所述,秦律是中华法系的第一部律,具有原发性。秦以后历代王朝的律实际上都是对前一王朝成型法律的继承,而秦律则是从秦人的本土文化中破土而出,茁壮成长起来的。秦人立国后,秦人的习惯法开始成文化,并先后吸收了周人的礼法文化以及三晋地区的法文化,并改法为律,成为当时最先进的法文化。在一统天下的过程中,由地方性的法律转化为大一统中央集权王朝的法律。

第二章　秦人法律文化观念

战国春秋之际,诸侯列国之间经过长期吞并,形成七雄对峙的局面。此时,在思想文化领域形成了诸子百家互相争鸣、百花齐放的局面,各家学说都在为解决现实社会问题各献良策,相互问难。台湾吴福助先生认为:"旧的封建政治制度及社会结构均告崩溃,儒家的德礼感化之教,墨家的兼爱非攻之说,道家的清静无为等等,均显迂缓,不足以驾驭人心,应付急遽变化的环境。唯有赖法治强制之力,才能收到高度政治效率,建立足以维持新秩序的富强集权国家。法家学说便是顺应这种局面,提供了一项具有速效可以解决纷乱的新政体,因而昌盛起来。战国七雄中,执行法家理论最彻底最成功的是僻居西陲的秦国。秦之立国,其封建贵族势力,本不如东方诸国深厚,加以杂西戎之俗,礼制尚未入人心,因此推行法治,阻力较少。自孝公采纳商鞅变法成功后,秦便遵循商鞅制订的这一套法家政策,凭借着苛细的法律制度,发挥其新兴民族的质朴勤奋精神,全国上下构成一组织严密,运作效率极高的生产战斗体。这种严峻的法治主义,逐步促进秦的强大,到了始皇时期,臻于鼎盛,终于助成其以风卷残云之势,扫灭六国,建立空前未有的集权中央的君主专制国家。"①

事实上,秦文化原来是一种地方性文化和游牧文化,在进入汧渭之会后,先是受到了周人礼乐文化的影响。但秦人对周文从的态度是拿来主义,并非全盘照搬,而是以秦文化为本,从实用主义角度出发选择性地摹仿周文化并加以改造使用。在商鞅变法时,也是从实用主义出发,从富国强兵的立场对法家思想以外的六国先进文化选择性地利用吸纳。

---

① 吴福助著:《睡虎地秦简论考》,第 95—96 页,文津出版社,1994 年。

第一节　周文化对秦法律文化的影响

秦人自襄公立国以后，进入关中。而关中为周人传统农业区，盛行周之礼乐文化。秦人作为一个游牧的落后民族，如何对待先进的周文化，而周文化在多大移度上影响了秦文化乃至秦的法律文化？蒙文通说："三代之文，于周为最，酆鄗旧京，尤礼义德教所从出。及秦有关中，而虞夏殷周之化，扫地以尽，岂无故哉？鲁仲连曰：'彼秦者，弃礼义而尚首功之国也，权使其士，虏使其民，彼即肆然而为帝，过而为政于天下，则连有蹈东海而死耳，吾不忍为之民也。'殆以戎、夏之不并立，俗化之不两容，仲连之所为慷慨者，正以激于种族之悲、而文化之痛故也。"①蒙文通先生目光如炬，秦文化摈弃礼义，为崇尚功利之新兴民族。但在进入周人故地后，未始不受周礼文化的影响而简单摹仿学习。如殉葬制度为秦文化所本无，武公二十年，"武公卒，葬雍平阳。初以人从死，从死者六十六人"。② 穆公"三十九年，缪公卒，葬雍。从死者百七十七人，秦之良臣子舆氏三人名曰奄息、仲行、鍼虎，亦在从死之中。秦人哀之，为作歌《黄鸟》之诗"。③ "献公元年，止从死"。④

睡虎地秦简《秦律十八种》有《田律》云：

> 春二月，毋敢伐材木山林及雍（壅）堤水泉。夏三月，毋敢夜草为灰，取生荔、麛（卵）鷇，毋□□□□□□毒鱼鳖，置穽罔（网），到七月而纵之。唯不幸死而伐绾（棺）享（椁）者，是不用时。⑤

张家山汉简《田律》中也有相似内容：

---

① 蒙文通：《秦之社会》，见《古史甄微》，巴蜀书社，1999 年，第 217 页。
② 《史记》卷五《秦本纪》。
③ 同上注。
④ 同上注。
⑤ 《秦简牍合集·释文注释修订本》（壹），第 42 页。

禁诸民更徒隶,春夏毋敢伐材木山林,及进〈雍〉堤水泉,燔草为灰,取产牒(麛)卵、穀(觳);毋杀其绳重者,毋毒鱼。①

李学勤先生将以上两条做对比,认为"汉初因袭秦律,对于律文也有所更改"。不仅如此,李学勤先生又将秦汉律的内容与《吕氏春秋·十二纪》《礼记·月令》及《周礼·地官·山虞》进行比较,认为"《十二纪》成于秦始皇即位八年(公元前239年),和秦律间有影响是自然的。《十二纪》体现了四时生杀的阴阳思想,所以秦律的规定不仅反映了生产的需要,也有着特殊的思想文化史背景,是特定时期的产物",还认为"《周礼》的规定比较简单,而且不具有那种四时阴阳的色彩。在这里,斩伐山林的树木是在冬夏,斩材只说有期日,禁废卵也没有和一定日期联系起来。显然,《周礼》要早于秦汉律,而且比《逸周书·大聚》似乎也要早一个时期"。②

秦穆公时,"戎王使由余于秦"。"秦缪公示以宫室、积聚。由余曰:'使鬼为之,则劳神矣。使人为之,亦苦民矣。'缪公怪之,问曰:'中国以诗书礼乐法度为政,然尚时乱,今戎夷无此,何以为治,不亦难乎?'由余笑曰:'此乃中国所以乱也。夫自上圣黄帝作为礼乐法度,身以先之,仅以小治。及其后世,日以骄淫。阻法度之威,以责督于下,下罢极则以仁义怨望于上,上下交争怨而相篡弑,至于灭宗,皆以此类也。夫戎夷不然。上含淳德以遇其下,下怀忠信以事其上,一国之政犹一身之治,不知所以治,此真圣人之治也。'"③

秦穆公对由余夸示"宫室、积聚",而由余惊叹"使鬼为之,则劳神矣。使人为之,亦苦民矣"!可见穆公时宫室之壮丽远非早期"板屋"之简陋,积聚也多,居然以"中国"自视,可见秦人对周文化、中原先进文化是艳羡的。

《毛诗序》:"《蒹葭》,刺襄公也。未能用周礼,将无以固其国。"郑笺曰:"秦处周之旧土,其人民被周之德教日久矣,襄公新为诸侯,未习周之礼法,故国人未服焉。"魏源云:"襄公初有岐西之地,以戎俗变周民也。豳郇皆公孙太王遗民,久习礼教,一旦为秦所有,不以周道变成俗,反以戎俗变周民,如苍苍之葭,遇霜而黄。

---

① 《二年律令与秦谳书》,第190页。
② 李学勤:《简帛佚籍与学术史》,江西教育出版社,2001年,第113页。
③ 《史记》卷五《秦本纪》。

肃杀之政行,忠厚之风尽,盖谓非此无以自强于戎狄。不知自强之道在于求贤,其时故都遗老隐居薮泽,文武之道,未坠在人,特时君尚诈力,则贤人不至,故求治逆而难;尚德怀则贤人来辅,故求治顺而易,溯洄不如溯游也。襄公急霸西戎,不遑礼教,流至春秋,诸侯终以夷狄摈秦,故诗人兴霜露焉。"王先谦案:"魏说于事理诗义皆合,三家义或然。"①

第二节　商鞅对秦法律文化的影响

桓谭《新书》:"魏文侯师李悝,著《法经》。以为王者之政,莫急于盗贼。故其律始于《盗》《贼》,盗贼须劾捕,故著《囚》《捕》二篇。其轻狡、越城、博戏、假借、不廉、淫侈、踰制为《杂律》一篇。又以《具律》具其加减,所著六篇而已。卫鞅受之,入相于秦。是以秦、魏二国,深文峻法相近。"②

桓谭认为秦律受了魏《法经》的影响,因此"秦、魏二国,深文峻法相近"。实际上不仅如此,以商鞅为代表的三晋法家文化对秦文化产生了重大影响。董仲舒曾指出秦"师申商之法,行韩非之说,憎帝王之道,以贪狼为俗,非有文德以教训于下也。诛名而不察实,为善者不必免,而犯恶者未必刑也。是以百官皆饰虚辞而不顾实,外有事君之礼,内有背上之心;造伪饰诈,趣利无耻;又好用憯酷之吏,赋敛亡度,竭民财力,百姓散亡,不得从耕织之业,群盗并起。是以刑者甚众,死者相望,而奸不息,俗化使然也。"③

关于商鞅的思想学术渊源,《商君列传》:"商君者,卫之诸庶孽公子也,名鞅,姓公孙氏,其祖本姬姓也。鞅少好刑名之学,事魏相公叔座为中庶子。"而卫国为殷文化的重镇,是西周灭商以后安置殷遗民而建立的。《周本纪》记载:"周公奉成王命,伐诛武庚、管叔,放蔡叔。以微子开代殷后,国于宋。颇收殷余民,以封武王少弟封为卫康叔。"④《史记·管蔡世家》记载:"周公旦承成王命伐诛武庚,杀管叔,而放蔡叔,迁之,与车十乘,徒七十人从。而分殷余民为二:其一封微子

①　[清]王先谦撰:《诗三家义集疏》,中华书局,2009年,第447—448页。
②　《新辑本桓谭新论》,中华书局,2009年,第5页。
③　《汉书》卷五十六《董仲舒传》。
④　《史记》卷四《周本纪》。

启于宋,以续殷祀;其一封康叔为卫君,是为卫康叔。"①而殷文化的法律高度发达,具有显明色彩,因此,蒋礼鸿认为"商君者,盖尝学殷道,而变本加厉,以严罚壹其民者也。《书》称殷罚有伦,罚蔽殷彝;荀卿言刑名从商。刑罚之起虽自远古,要其有伦有彝,则始殷时。李斯上二世书、刘向《说苑》并云商君之法刑弃灰于道者,而韩非书以此为殷法。非说为后人所不信,然观《礼·表记》称殷人先罚而后赏,其民之弊,荡而不静,胜而无耻,则殷罚固重,韩非之说不尽为诬,而商君之严刑当即滥觞于殷法也"。②

商鞅认为"神农既没,以强胜弱,以众暴寡,故黄帝作为君臣上下之义,父子兄弟之礼,夫妇妃匹之合,内行刀锯,外用甲兵,故时变也。由此观之,神农非高于黄帝也,然其名尊者,以适于时也"。③法律是历史的产物,而且法律并非一成不变。古代帝王都是"各当时而立法,因事而制礼,礼法以时而定,制令各顺其宜"。④因此"治世不一道,便国不必法古"。⑤

基于以上认识,商鞅从壮大秦国力量出发,认为必须富国强兵。为了保证富国强兵,商鞅主张必须实行"法治",具体内容即"壹赏""壹刑""壹教"。

所谓"壹赏",就是指赏赐只能施于有功农战和告奸的人,要求"利禄官爵抟(专)出于兵,无有异施也"。坚持"国以功授官予爵",而"不滥富贵其臣",做到"有功者显荣,无功者虽富无所芬华"。为了奖励军功,商鞅还重订军功爵二十级,斩得敌人甲士首一级,即赐爵一级。按照爵位高低授予种种特权,包括犯罪也可减刑的特权,这在《游士律》中有所反映:"有为故秦人出,削籍,上造以上为鬼薪,公士以下刑为城旦。"⑥帮助秦人出境,或除去名籍的,上造以上罚为鬼薪,公士以下刑为城旦。

所谓"壹刑",是指"刑无等级,自卿相将军以至大夫庶人,有不从王令、犯国禁、乱上制者,罪死不赦。有功于前,有败于后,不为损刑;有善于前,有过于后,

①　《史记》卷三十五《管蔡世家》。
②　《商君书锥指序》,第 1 页。
③　《商君书锥指》,第 107 页。
④　同上注,第 4 页。
⑤　同上注,第 5 页。
⑥　《秦简牍合集·释文注释修订本》(壹),第 158 页。

不为亏法"。① 法是天下之公器,适用法律必须一律平等。商鞅坚决贯彻到底这一用刑原则,因为这是关系"法治"是否实行、国家能否富强的关键。商鞅在总结前人推行"法治"经验的基础上得出一条教训,就是"法之不行,自上犯之"。因此一反过去"刑不上大夫"的旧传统,雷厉风行。秦孝公太子犯法,鞅曰:"法之不行,自上犯之。"将以法来办太子。因为太子为君嗣,不可施刑,"刑其傅公子虔,黥其师公孙贾。明日,秦人皆趋令。行之十年,秦民大说,道不拾遗,山无盗贼,家给人足。民勇于公战,怯于私斗,乡邑大治。秦民初言令不便者有来言令便者"。②

需要注意的是,"刑过不避大臣,赏善不遗匹夫"主要是指适用法律的原则。这一原则同等级制度并不根本对立,当时的法律本身就有维护等级制度、下不僭上的规定,秦律的许多条款也反映了对等级地位高的人的优待。

所谓"壹教",是指取缔一切不符合法令、不利于农战的思想言论。商鞅把被他认为不利于农战的"礼、乐、诗、书、修善、孝弟、诚信、贞廉、仁义、非兵、羞战"说成是"六虱",反对"国以六虱授官予爵",并不许"私议"。实际上就是要用法家所主张的法令来统一思想,取缔其他各家,特别是儒家,以至发展到"燔诗书而明法令",要求在意识形态领域中实行文化专制。

商鞅的法治概括起来就是重刑厚赏,就是充分地利用了人性的弱点来驱策百姓为秦国的富国强兵效力。法家以为赏罚之所以有效,即在于人都有"好利恶害"的本性。这种人性论正是法家主张"法治"的主要理论根据。商鞅多次谈到"民之性,饥而求食,劳而求佚,苦则索乐,辱则求荣"。③ 在此人性论基础上,通过刑过与赏善来掌握驱使老百姓:"夫过有厚薄,则刑有轻重;善有大小,则赏有多少。此二者,世之常用也。"④正因为人性如此,"好爵禄而恶刑罚",所以就赏善罚过,用奖赏的办法来鼓励他们努力从事农战,用惩罚的办法来制止他们去做有害于农战的事情。所以"刑赏"是治国的"二柄"。

商鞅还论述了实行厚赏重刑的理由和目的:"夫刑者所以禁邪也,而赏者所

---

① 《商君书锥指》,第 100 页。

② 《史记》卷六十八《商君列传》。

③ 《商君书锥指》,第 45 页。

④ 同上注,第 57 页。

以助禁也。羞辱劳苦者,民之所恶也。显荣佚乐者,民之所务也。故其国刑不可恶(刑罚不被人憎恶),而爵禄不足务也(爵禄不被人追求),此亡国之兆也。"(《算地》)①

"夫利天下之民者莫大于治;而治莫康于立君。立君之道莫广于胜法。胜法之务莫急于去奸。去奸之本莫深予严刑。故王者以赏禁,以刑劝,求过不求善,藉刑以去刑。"(《开塞》)②章炳麟认为商鞅是"以刑维其法,而非以刑为法之本也。"③

商鞅反对"重重而轻轻"用刑原则,宣扬"重刑轻罪"说:"故行刑重其轻者,轻者不生则重者无从至矣,此谓治之于其治也。行刑,重其重者,轻其轻者,轻者不止,则重者无从止矣,此谓治之于其乱也。故重轻,则刑去事成,国强。重重而轻轻,则刑至而事生,国削。"通过"重刑"达到"无刑""去刑"和预防犯罪的社会效果:"重刑连其罪,则民不敢试。民不敢试,故无刑也。夫先王之禁,刺杀断人之足,黥人之面,非求伤民也,以禁奸止过也。故禁奸止过,莫若重刑。刑重而必得,则民不敢试,故国无刑民。国无刑民,故曰明刑不戮。"④

只有重刑驱民,才可以国强民勇。"以刑去刑,国治。以刑致刑,国乱。故曰:行刑重轻,刑去事成,国强;重重而轻轻,刑至事生,国削。刑生力,力生强,强生威,威生惠,惠生于力。举力以成勇战多战以成知谋。"(《去强》)⑤"民勇,则赏之以其所欲。民怯,则杀之以其所恶:故怯民使之以刑,则勇。勇民使之以赏,则死。"⑥

商鞅认为道德教化不但不能奏效,反会助长奸邪。小罪不断,以至于大罪不止,就是所谓"以刑致刑"。而法家主张重刑的,"民莫敢非",就可以达成"刑措"不用了,是最好的治国之法。他说:"夫先王之禁,刺杀断人之足,黥人之面,非求伤民也,以禁奸止过也。"(《赏刑》)⑦

① 《商君书锥指》,第49页。
② 同上注,第58页。
③ 章炳麟著,徐复注:《訄书详注》,上海古籍出版社,2017年,第568页。
④ 《商君书锥指》,第101页。
⑤ 同上注,第32页。
⑥ 同上注,第38页。
⑦ 同上注,第101页。

商鞅反对"刑加于罪所终,则奸不去,赏施于民所义,则过不止。刑不能去奸,而赏不能止过者,必乱。"(《开塞》)①主张"刑用于将过"。把刑罚用在将要犯罪的时候,可谓预防刑,即对预谋犯、预备犯、未遂犯、轻微违法行为,都要给以刑罚。商鞅说:"故王者刑于将过,则大邪不生。"②

在法律制订上,商鞅要求:"故圣人为法,必使之明白易知,名正,愚智遍能知之;为置法官,置主法之吏,以为天下师,令万民无陷于险危。故圣人立,天下而无刑死者,非不刑杀也,行法令,明白易知,为置法官吏为之师,以道(导)之知,下民皆知所避就,避祸就福,而皆以自治也。"(《定分》)③睡虎地秦简中南郡守腾发布的《语书》说:"今法律令已具矣,而吏民莫用,乡俗淫失(泆)之民不止,是即法(废)主之明法殹(也),而长邪避(僻)淫失(泆)之民,甚害于邦,不便于民。故腾为是而修法律令、田令及为间私方而下之,令吏明布,令吏民皆明智(知)之,毋巨(歫)于罪。"④可以明显看出,南郡守腾将法律条文公布于众命属县吏民明知遵用、宣明法制以便使政治走上轨道的重要观念是商鞅思想的具体体现。

秦孝公卒,太子立。公子虔之徒告商君欲反,发吏捕商君。商君亡至关下,欲舍客舍。客人不知其是商君也,曰:"商君之法,舍人无验者坐之。"商君喟然叹曰:"嗟乎,为法之敝一至此哉!"⑤

商鞅虽死,但为秦开帝业,奠定扫灭群雄、统一中国的基础。从变法是为了富国强兵的初衷来看,商鞅变法无疑是成功的。"商君治秦,法令至行,公平无私,罚不讳强大,赏不私亲近,法及太子,黥劓其傅。期年之后,道不拾遗,民不妄取,兵革大强,诸侯畏惧。然刻深寡恩,特以强服之耳。"⑥

第三节　申不害思想对秦法律文化的影响

申不害,郑国人。《史记》本传:"申不害者,京人也,故郑之贱臣。学术以干

---

① 《商君书锥指》,第 57 页。
② 同上注,第 57 页。
③ 同上注,第 146 页。
④ 《秦简牍合集·释文注释修订本》(壹),第 29 页。
⑤ 《史记》卷六十八《商君列传》。
⑥ 《战国策》卷三《秦一》,第 75 页,上海古籍出版社,1985 年。

韩昭侯,昭侯用为相。内修政教,外应诸侯,十五年。终申子之身,国治兵彊,无侵韩者。申子之学本于黄老而主刑名。著书二篇,号曰申子。"①

申子之学"本于黄老而主刑名",其思想带有道家痕迹。他把法家的"法治"和道家的"君人南面之术"结合起来。申不害重视"术",在于维护君主专制政体,防备贵族势力"蔽君之明,塞君之聪,夺之政而专其令,有其民而取其国"。申不害的"术"大致有以下两个方面内容。

一是任免、监督、考核臣下之术。即韩非所谓"术者,因任而授官,循名而责实,操生杀之柄,课君臣之能者也"。根据才能来授予官职,又根据其职责来考查其政绩,以此定其黜陟赏罚。韩昭侯正是这种原则的忠实执行者:"昔者韩昭侯醉而寝,典冠者见君之寒也,故加衣于君之上。觉寝而悦,问左右曰:谁加衣者?左右对曰:典冠。君因兼罪典衣与典冠。其罪典衣,以为其失事也;其罪典冠,以为越其职也。"②

申不害"循名查实"既不许失职,又不许越权,所谓"功当其事,事当其意,则赏;功不当其事,事不当其意,则罚";③"臣不得越官而有功,不得陈言而不当。越官则死,不当则罚"。④

二是驾驭臣下、防范百官之术。即韩非所谓"术者,藏之于胸中,以偶众端,而潜御群臣也"。要求君主"去听""去视""去智":"去听无以闻则聪,去视无以见则明,去智无以知则公。去三者不任则治,三者任则乱。"⑤即装作没听见、没看见、不知道、不暴露自己的真实意图,使臣下觉得君王高深莫测,无法揣度他的真实想法,无法找到他的弱点,就没有空子可钻,而臣下也就无法隐蔽自己的短处和过失。于是,"惟无为可以规(窥)之"。韩昭侯是相当厉害的人物,但他却是一位爱弄小智小慧,自作聪明的人。

《韩非子·内储说上》:"韩昭侯握爪而佯亡一爪,求之甚急。左右因割其爪而效之。昭侯以此察左右之不诚。"⑥

---

① 《史记》卷六十三《老子申韩列传》。
② 《韩子浅解》,第 45 页。
③ 同上注,第 44 页。
④ 同上注,第 45 页。
⑤ 许维遹撰:《吕氏春秋集释》,中华书局,2009 年,第 446 页。
⑥ 《韩子浅解》,第 245 页。

《吕氏春秋·任数》:"韩昭釐侯视所以祠庙之牲,其豕小,昭釐侯令官更之。官以是豕来也,昭釐侯曰:'是非向者之豕邪?'官无以对。命吏罪之。从者曰:'君王何以知之?'君曰:'吾以其耳也。'"①

申不害强调督责之木。督责,《史记索隐》:"督者,察也。察其罪,责之以刑罚也。"申不害的这种思想对秦的统治层有重大影响。如秦末,"李斯子由为三川守,群盗吴广等西略地,过去弗能禁。章邯以破逐广等兵,使者覆案三川相属,诮让斯居三公位,如何令盗如此。李斯恐惧,重爵禄,不知所出,乃阿二世意,欲求容",②故而上书二世,大谈特谈"督责之术":

> 夫贤主者,必且能全道而行督责之术者也。督责之,则臣不敢不竭能以徇其主矣。此臣主之分定,上下之义明,则天下贤不肖莫敢不尽力竭任以徇其君矣。是故主独制于天下而无所制也。能穷乐之极矣,贤明之主也,可不察焉!
>
> 故申子曰"有天下而不恣睢,命之曰以天下为桎梏"者,无他焉,不能督责,而顾以其身劳于天下之民,若尧、禹然,故谓之"桎梏"也。夫不能修申、韩之明术,行督责之道,专以天下自适也,而徒务苦形劳神,以身徇百姓,则是黔首之役,非畜天下者也,何足贵哉!夫以人徇己,则己贵而人贱;以己徇人,则己贱而人贵。故徇人者贱,而人所徇者贵,自古及今,未有不然者也。凡古之所为尊贤者,为其贵也;而所为恶不肖者,为其贱也。而尧、禹以身徇天下者也,因随而尊之,则亦失所为尊贤之心矣,夫可谓大缪矣。谓之为"桎梏",不亦宜乎?不能督责之过也。
>
> 明主圣王之所以能久处尊位,长执重势,而独擅天下之利者,非有异道也,能独断而审督责,必深罚,故天下不敢犯也。
>
> 是以明君独断,故权不在臣也。然后能灭仁义之涂,掩驰说之口,困烈士之行,塞聪揜明,内独视听,故外不可倾以仁义烈士之行,而内不可夺以谏说忿争之辩。故能荦然独行恣睢之心而莫之敢逆。若此然后可谓能明申、

---

① 许维遹撰:《吕氏春秋集释》,中华书局,2009年,第445页。
② 《史记》卷八十七《李斯列传》。

韩之术,而修商君之法。法修术明而天下乱者,未之闻也。故曰"王道约而易操"也。唯明主为能行之。若此则谓督责之诚,则臣无邪,臣无邪则天下安,天下安则主严尊,主严尊则督责必,督责必则所求得,所求得则国家富,国家富则君乐丰。故督责之术设,则所欲无不得矣。群臣百姓救过不给,何变之敢图? 若此则帝道备,而可谓能明君臣之术矣。虽申、韩复生,不能加也。

"书奏,二世悦。于是行督责益严,税民深者为明吏。二世曰:'若此则可谓能督责矣。'刑者相半于道,而死人日成积于市。杀人众者为忠臣。二世曰:'若此则可谓能督责矣。'"①

可见,申不害的督责之术对李斯、对秦二世产生了多大的影响,秦帝国二世而亡,亡于秦二世的"能督责"矣。王夫之在《读通鉴论》中感慨:"尽古今概贤不肖,无有忍言此者,而昌言之不忌。呜呼,亦何至此哉! 斯亦尝学于荀卿氏矣,亦尝与始皇谋天下而天下并矣。岂其飞廉、恶来之所不忍言者而言之不忌,斯之心其固以为然乎? 苟非二世之愚,即始皇之骄悖,能受此言而不谴乎? 斯抑谓天下后世之不以己为戒首而无所恤乎? 无他,畏死患失之心迫而有所不避耳。"②

申不害的循名责实,监督考核群臣奉法尽职的观念进一步发展,就成为对官吏的品行加以规范并重视的官箴,韩非子主张的"明主治吏不治民"的思想也是从这里来的。睡虎地秦简《语书》中就明确地概括了"良吏"与"恶吏"的特征:"凡良吏明法律令,事无不能殹(也);有(又)廉絜(洁)敦愨而好佐上;以一曹事不足独治殹(也),故有公心;有(又)能自端殹(也),而恶与人辨治,是以不争书。恶吏不明法律令,不智(知)事,不廉絜(洁),毋(无)以佐上,緰(偷)随(惰)疾事,易口舌,不羞辱,轻恶言而易病人,毋(无)公端之心,而有冒牴(抵)之治,是以善斥(诉)事,喜争书。争书,因恙(佯)瞋目扼(腕)以视(示)力,吁询疾言以视(示)治,誯訑丑言麃斫以视(示)险,坑阆强肮(伉)以视(示)强,而上犹智之殹(也)。"③

<hr>

① 《史记》卷八十七《李斯列传》。
② 王夫之:《读通鉴论》,第4页,中华书局,1975年。
③ 《秦简牍合集·释文注释修订本》(壹),第33页。

第四节　韩非子思想对秦法律文化的影响

韩非是先秦法家思想的集大成者。《史记·韩非列传》载：“韩非者，韩之诸公子也。喜刑名法术之学，而其归本于黄老。非为人口吃，不能道说而善著书。与李斯俱事荀卿。斯自以为不如非，非见韩之弱，数以书谏韩王，韩王不能用。”①韩非著作《孤愤》《五蠹》《内外储》《说林》《说难》十余万言。“人或传其书至秦。秦王见《孤愤》《五蠹》之书，曰：‘嗟呼，寡人得见此人与之游，死不恨矣！’”②后秦国攻打韩国，韩王派韩非出使秦国。“秦王悦之，信用。李斯、姚贾害之。”③后下狱经年，被迫自杀。《韩非子》五十五篇，绝大部分是韩非所作。韩非总结了法家诸流派的法律观点和主张，在更高的理论层次上建立了完整的法律思想体系，这就是法、势、术相结合的统治理论。

第一，好利恶害的人性论。韩非进一步发挥商鞅“好利恶害”人性说，否认儒家性善、仁爱、亲情说，认为人与人之间只有一种现实功利关系：“夫买庸播耕者，主人费家而美食，调布而求易钱者，非爱庸客也，曰：如是，耕者且深，耨者熟耕也。庸客致力而疾耘耕者，尽巧而正畦陌者，非爱主人也，曰：如是，羹且美，钱布且易云也。”④“医善吮人之伤，含人之血，非骨肉之亲也，利所加也。故舆人成舆，则欲人之富贵；匠人成棺，则欲人之夭死。非舆人仁而匠人贼也。人不贵则舆不售，人不死则棺不卖，情非憎人也，利在人之死也。”⑤

君臣之间关系也是一种利益交换：“臣尽死力以与君市，君垂爵禄以与臣市。君臣之际，非父子亲也，计数之所出也。”⑥韩非“好利恶害”的人性论弥补了国家法律起源说的逻辑欠缺。法家把赏与刑称作治国的“二柄”，就是对人性弱点赤裸裸地肆意运用。“赏以利诱，刑以禁害，赏大则诱大，刑重则禁重”。“赏莫如厚

---

① 《史记》卷六十三《老子申韩列传》。
② 同上注。
③ 同上注。
④ 《韩子浅解》，第280页。
⑤ 同上注，第124页。
⑥ 同上注，第351页。

而信,使民利之。罚莫如重而必,使民畏之。法莫如一而固,使民知之。"①

第二,韩非"法治"论。韩非说:"释法术而任心治,尧不能正一国。去规矩而妄意度,奚仲不能成一轮。废尺寸而差短长,王尔不能半中。使中主守法术,拙匠守规矩尺寸,则万不失矣。君人者,能去贤巧之所不能,守中拙之所万不失,则人力尽而功名立。"②就是说,无论作什么事,都需要依靠一种客观的标准,不能依靠主观的判断。韩非在这里所说的"法术"意思就是法,就是一种客观的标准。

有了这种标准以后,君臣上下都要以它作为判断是非、指导行为的标准。韩非说:"故明主使其群臣,不游意于法之外,不为惠于法之内,动无非法。"③"不游意法之外"就是说,不但言论、行为不能出乎法之外,就是思想也不能出乎法之外。"不为惠法之内"就是说,在法之内思想和行动也只是照客观的法办,而不是出于个人的恩惠或者智慧。必须达到这个程度,才是"动无非法",合乎守法的标准。

第三,"轻刑伤民"的重刑说。韩非认为儒家的德教说无济于事,对坏人恶人不起作用。"今有不才之子,父母怒之弗为改,乡人谯之弗为动,师长教之弗为变。夫以父母之爱,乡人之行,师长之智,三美加焉而终不动,其胫毛不改。州部之吏操官兵,推公法而求索奸人,然后恐惧,变其节,易其行矣。故父母之爱不足以教子,必以待州部之严刑者,民固骄于爱,听于威矣。"④赞同商鞅主张"重刑轻罪"说。"公孙鞅之法也,重轻罪。重罪者人之所难犯也,而小过者人之所易去也。使人去其所易,无离(罹)其所难,此治之道。夫小过不生,大罪不至,是人无罪而乱不生也。"⑤韩非进一步分析,如果犯罪行为所获的利大而所受的刑罚轻,那就无异于鼓励人们冒险犯法;相反,如果犯罪行为所受的刑罚大大超过所获的利益,那么人们就不敢轻易以身试法:

是以上设重刑而奸尽止,奸尽止,则此奚伤于民也! 所谓重刑者,奸之

①　《韩子浅解》,第 474 页。
②　同上注,第 218 页。
③　同上注,第 40 页。
④　同上注,第 473 页。
⑤　同上注,第 236 页。

所利者细,而上之所加焉者大也。民不以小利加大罪,故奸必止也。所谓轻刑者,奸之所利者大,上之所加焉者小也。民慕其利而傲其罪,故奸不止也。故先圣有谚曰:不蹶于山,而蹶于垤。山者大,故人顺之;垤微小,故人易之也。今轻刑罚,民必易之,犯而不诛,是驱国而弃之也;犯而诛之,是为民设陷也。是故轻罪者,民之垤也。是以轻罪之为道也,非乱国也,则设民陷也,此则可谓伤民矣。①

"重刑厚赏"的意义是扩大法律的影响,提高统治效率:

重一奸之罪,则止境内之邪,此所以为治也。重罚者,盗贼也,而悼惧者,良民也。欲治者奚疑于重刑!②"若夫厚赏者,非独赏功也,又劝一国,受赏者甘利,未赏者慕业,是报一人之功而劝境内之众也。欲治者何疑于厚赏!"③

第四,抱法处势的法势统一说。韩非指出一个政权想推行它的法令,必须有专政的权力。这个威力就是"势"。"尧为匹夫不能治三人,而桀为天子能乱天下。吾以此知势位足恃而贤智之不足慕也。"势力具体的表现就是赏罚,亦称为刑赏或刑德。韩非称赏罚为君的"二柄"。韩非说:"明主之所导制其臣者,二柄而已矣。二柄者,刑德也。何谓刑德?杀戮之谓刑;庆赏之谓德。为人臣者,畏诛罚而利庆赏。故人主自用其刑德,则群臣畏其威而归其利矣。"④

章炳麟说:"法家之所患,在魁柄下移。"⑤

第五,"不可一无"的法术兼重说。韩非认为"法"与"术"两者不可或缺:"君无术则弊于上,臣无法则乱于下,此不可一无,皆帝王之具也。"⑥韩非认为商鞅的不足之处是"徒法而无术",只知变法和加强法制,却"无术以知奸",结果权贵阶级悄悄把持国政。

《定法》:"及孝公、商君死,惠王即位,秦法未败也,而张仪以秦殉韩、魏。惠

---

① 《韩子浅解》,第433页。
② 同上注,第432页。
③ 同上注,第432页。
④ 同上注,第43页。
⑤ 章炳麟著、徐复注:《訄书详注》,上海古籍出版社,2017年,第582页。
⑥ 《韩子浅解》,第406页。

王死，武王即位，甘茂以秦殉周。武王死，昭襄王即位，穰侯越韩、魏而东攻齐，五年而秦不益一尺之地，乃成其陶邑之封。应侯攻韩八年，成其汝南之封。自是以来，诸用秦者皆应、穰之类也。故战胜则大臣尊，益地则私封立，主无术以知奸也。商君虽十饰其法，人臣反用其资，故乘强秦之资数十年而不至于帝王者，法虽勤饰于官，主无术于上之患也。"①国家虽然富强了，"则以其富强也资人臣而已"，国家打了胜仗，扩大了版图，"故战胜则大臣尊，益地则私封立"。"商君虽十饰其法，人臣反用其资。故乘强秦之资数十年而不至于帝王者，法虽勤饰于官，主无术于上之患也"。②

韩非子还指出申不害"徒术而无法"的缺点，只知用术去驾驭臣下，却不注意维护法的统一性，《定法》：

> 韩者，晋之别国也。晋之故法未息，而韩之新法又生。先君（晋君）之令未收，而后君（韩君）之令又下。申不害不擅（专）其法，不一（统一）其宪令，则奸多，故利在故法前令，则道（依从，依照）之；利在新法后令，则道之。利在故新相反，前后相悖，则申不害虽十使昭侯用术，而奸臣犹有所谲（诡辩）其辞矣。故托万乘之劲韩，十七年而不至于霸王者，虽用术于上，法不勤饰（修整）于官之患也。③

韩非的"术"名目颇多，有"疑诏诡使""挟知而问""倒言反事""众端参观""一听责下""信赏尽能""必罚明威"。"众端参观"是说对众人所言和所行之事作参验比较，观察长短得失，不偏听偏信。"挟知而问"就是明知故问。"倒言反事"就是或倒其言说反话，或反行其事，则奸情可得尽。"必罚明威"就是不以仁慈之爱乱法，凡有罪者必受罚，显示法度的威严和不可侵犯。"疑诏诡使"，疑诏使臣下疑其所诏，诡使即言近而示之远，远而示之近，反其所使也。

郭沫若在《十批判书》中说："术是运用之妙存乎一心的东西，玩弄起来，似乎很不容易捉摩。韩非自己也说过：明主之行制也天，其用人也鬼。不过，无论是

---

①　《韩子浅解》，第 408 页。

②　同上注，第 409 页。

③　同上注，第 407 页。

怎样神秘,已经写成文字、着了迹象的东西,我们总可以追求得一个大概的。……似乎也不外下列的七种:(一)权势不可假人;(二)深藏不露;(三)把人当成坏蛋;(四)毁坏一切伦理价值;(五)励行愚民政策;(六)罚须严峻,赏须审慎;(七)遇必要时不择手段。"①

　　韩非子的思想对秦的统治阶层有巨大影响。侯生和卢生说秦始皇为人"天性刚戾自用","乐以刑杀为威";②贾谊说秦始皇"废王道,立私权,禁文书而酷刑法","以暴虐为天下始";③班固说秦始皇"毁先王之法,灭礼谊之官,专任刑罚"。④ 秦始皇的这种性格、思想、态度与他所信奉的法家学说有密切关系。郭沫若曾说:"韩非虽然身死于秦,但他的学说实为秦所采用,李斯、姚贾、秦始皇、秦二世实际上都是他的高足弟子。秦始皇的作风,除掉迷信方士、妄图长生之外,没有一样不是按照韩非的法术行事的,焚书坑儒的两项大德政正好是一对铁证。焚书本出于李斯的拟议,其议辞和令文,不仅精神是采自韩非,连字句都有好些是雷同的。"⑤

---

　　① 郭沫若:《韩非子的批判》,见氏著:《中国古代社会研究》下《十批判书》,河北教育出版社,2000年,第935页。

　　② 《史记》卷六《秦始皇本纪》。

　　③ 同上注。

　　④ 《汉书》卷二十三《刑法志》。

　　⑤ 郭沫若:《韩非子的批判》,见氏著:《中国古代社会研究》下《十批判书》,第966页。

第三章　秦的法律形式

从战国时代开始,中国进入了律令法时代。律与令是两种最基本、也是最主要的法律形式。杜预云:"律以正罪名,令以存事制。"也就是说,律是关于定罪量刑的常法,令是发号施令的行政法,一偏重于消极方面,一偏重于积极方面。秦代除了律、令两种主要的法律渊源外,还有法律解释、程、式、行事等法律形式作为补充。

第一节　律 的 创 制

秦律是中国历史上的第一部律典,也就是说,律作为法律形式是秦国首创的。《唐律疏议》:"战国异制,魏文侯师于里悝,集诸国刑典,造《法经》六篇:一、盗法;二、贼法;三、囚法;四、捕法;五、杂法;六、具法。商鞅传授,改法为律。"

祝总斌在《关于我国古代的"改法为律"问题》一文中认为商鞅本人并没有改法为律,因为从商鞅著作、同时期兵家、儒家著作及其他著作全都找不到法律意义上的"律"字,其他各国也没有改法为律,因此商鞅改法为律的说法不可信。但他无可否认四川青川出土的秦武王二年的《为田律》、睡虎地秦墓竹简中有《魏户律》《奔命律》以及大量的秦律律名,于是祝总斌将法律之"律"字开始使用的上限定为仅比睡虎地秦墓竹简中的魏户律、奔命律早几年而已。[①] 实际上,祝总斌先生用战国文献上出现"律"字进行统计分析,看似严密,实际上并不可靠。笔者倒是赞同张建国的观点,秦武王二年(前 309 年)更修《为田律》,说明之前已有《为田律》,而商鞅变法时又"为田开阡陌",丞相甘茂于武王二年的更修《为田律》距

---

① 祝总斌:《关于我国古代的"改法为律"问题》,《北京大学学报》1992 年第 2 期,亦见于氏著:《材不材斋史学丛稿》,中华书局,2009 年。

商鞅在世相隔不到 30 年,说明商鞅变法时很可能已制订了"为田律"。①

《睡虎地秦墓竹简》中存在大量律名,说明秦律是中国历史上第一部律典是毫无疑问的。目前,仅从《睡虎地秦墓竹简》《岳麓书院藏秦简》中统计出的律名就达 33 种之多,如《司空律》《田律》《徭律》《关市律》《杂律》《具律》《置吏律》《贼律》《兴律》《狱校律》《金布律》《行书律》《戍律》《奔敬(警)律》《仓律》《傅律》《内史杂律》《尉卒律》《亡律》《效律》《厩苑律》《军爵律》《均工律》《传食律》《尉杂律》《属邦律》等等。

除了所谓商鞅"改法为律",即将李悝《法经》中"六法"改为"六律":《盗律》《贼律》《囚法》《捕律》《杂律》《具律》外,尚有汉初萧何撰《九章律》时增加的《户律》《厩律》《兴律》。其中《户律》《厩律》见于《睡虎地秦墓竹简》之《魏户律》《厩苑律》,《岳麓书院藏秦简》有《兴律》等。此外,《司空律》《田律》《徭律》《关市律》《置吏律》《狱校律》《金布律》《行书律》《戍律》《奔敬(警)律》《仓律》《傅律》《内史杂律》《尉卒律》《亡律》《效律》《军爵律》《均工律》《传食律》《尉杂律》《属邦律》等律名皆为传世文献所未见。

第二节　秦　令　与　诏　令

日本学者富谷至认为令即诏,秦令即是诏令,认为秦没有类似汉令这样的令,对秦令的存在持质疑的态度。② 但从里耶秦简、岳麓书院藏秦简等出土文献来看,秦令是确实存在的,是律的重要补充。见于出土文献和传世文献的秦令计有《分户令》《田令》《垦草令》《焚书令》,岳麓秦简中有《挟兵令》,等等。除了诏令,各级官员也随时颁发各种即时性命令。

南玉泉在《秦律研究》把秦令按发布的机构分为"行政之令""君王之令""命令与制诏",他认为"行政之令的最高级别自然是君王之令"。"国家最高级别的长官所发布的行政命令,如果具有稳定的、长期的、普遍的约束力,那就与法律没

---

① 张建国:《中国律令法体系概论》,《北京大学学报》1998 年第 5 期。又见氏著:《帝制时代的中国法》,法律出版社,1999 年。

② (日)富谷至著,朱腾译:《通往晋泰始律令之路(Ⅰ):秦汉的律与令》(上册),中国政法大学法律史学研究院编:《日本学者中国法论著选译》,中国政法大学出版社 2012 年版,第 144、148 页。

有区别了。因此,这种最高级别的行政命令具有向法律形式转化的潜力。秦国变法到秦国统一天下,时值政治制度、经济制度、法律制度的变革时期,这种具有稳定的、长期的、普遍约束力的君王之令、皇帝之令的数量应当较多。随着形势的发展,皇帝之令指向的范围会更广泛,时效性也更长,最终会成为正式的国家制度。"①

令渊源自君主或皇帝的命令,如《始皇本纪》:"命为制,令为诏。"而且秦令具有较强的针对性,往往为单行法令,为一事一时之法。如张家山汉简《奏谳书》所载:"令:所取荆新地,多群盗,吏所兴与群盗遇,去北,以儋乏不斗律论。律:儋乏不斗,斩。"显然,先有"儋乏不斗斩"之律,后有针对荆新地多有群盗,官府兴兵征讨,士卒与盗相遇,不斗而逃亦适用此律的令文,是对律的补充。睡虎地秦墓竹简《语书》云"法律未足,民多诈巧,故后有间令下者",也说明了这一点。秦国在商鞅变法时曾颁《垦草令》《分户令》等。

除了帝王颁令,地方行政官员亦在职权范围内颁发命令。睡虎地秦简《语书》:"故腾为是而修法律令、田令及为间私方而下之,令吏明布,令吏民皆明智(知)之,毋巨(拒)于罪。今法律令已布,闻吏民犯法为间私者不止,私好、乡俗之心不变,自从令、丞以下智(知)而弗举论,是即明避主之明法殴(也),而养匿邪避(僻)之民。"②此段话中提到"法律令",可见令是与律同样重要的法律形式,同样都是南郡守腾治经地方的法律依据。另外,南郡守腾还特别提到了《田令》,当是一种在南郡亟待推行的法令。

南郡守腾紧接着又说:"今且令人案行之,举劾不从令者,致以律,论及令、丞。有(又)且课县官,独多犯令而令、丞弗得者,以令、丞闻。"③南郡守腾督责下属执行律令,在这篇文告中特别指出"不从令""犯令"的法律责任。

秦令有较高的法律效力,在秦律中设有"不从令""不如令""违令""犯令"的罪名。《田律》:"百姓居田舍者毋敢(酤)酉(酒),田啬夫、部佐谨禁御之,有不从令者有罪。"④《仓》:"日食城旦,尽月而以其余益为后九月禀所。城旦为安事而

①　徐世虹等著:《秦律研究》,武汉大学出版社,2017年,第62—63页。
②　《秦简牍合集·释文注释修订本》(壹),第29页。
③　同上注,第29页。
④　同上注,第47页。

益其食,以犯令律论吏主者。减舂城旦月不盈之禀。"①《金布》:"县、都官坐效、计以负赏(偿)者,已论,啬夫即以其直(值)钱分负其官长及冗吏,而人与参辨券,以效少内,少内以收责之。其入赢者,亦官与辨券,入之。其责(债)毋敢隃(逾)岁,隃(逾)岁而弗入及不如令者,皆以律论之。"②《关市》:"为作务及官府市,受钱必辄入其钱缿中,令市者见其入,不从令者赀一甲。"③《内史杂》:"官啬夫免,□□□□□□□其官骤置啬夫。过二月弗置啬夫,令、丞为不从令。"④"令赦史毋从事官府。非史子殹(也),毋敢学学室,犯令者有罪。"⑤"有不从令而亡、有败、失火,官吏有重罪,大啬夫、丞任之。"⑥

实际上,秦令从内容上可以分为禁令和使令,即禁止性的令规定不能或不要做的事,使令规定应该做的事或要求做的事。只要所作所为与命令违背就是"不如令""不从令"。秦律中又具体细分,违反禁令称"犯令",违反使令称"废令"。《法律答问》:"可(何)如为'犯令'、'法(废)令'?律所谓者,令曰勿为,而为之,是谓'犯令';令曰为之,弗为,是谓'法(废)令'殹(也)。廷行事皆以'犯令'论。"⑦

唐律中的相关规定显然是继承了秦的做法。《唐律疏议》:"诸违令者,笞五十"。注:"谓令有禁制而律无罪名者。"疏议曰:"'令有禁制',谓《仪制令》'行路,贱避贵,去避来'之类,此是'令有禁制,律无罪名',违者,得笞五十。"⑧与秦律规定比较,如出一辙,其间承继关系不言自明。

第三节　法律解释

商鞅主张的"壹刑",章炳麟说:"夫法家不厌酷于刑而厌歧于律。"⑨不仅要求在法律适用的无差别对待,实际上也要求立法上,法律的语言要严密准确表达

---

①　《秦简牍合集·释文注释修订本》(壹),第 81 页。

②　同上注,第 91 页。

③　同上注,第 57 页。

④　同上注,第 136 页。

⑤　同上注,第 137 页。

⑥　同上注,第 139 页。

⑦　同上注,第 236 页。

⑧　《唐律疏议》,第 521—522 页。

⑨　章炳麟著,徐复注:《訄书详注》,上海古籍出版社,2017 年,第 30 页。

律意,律意应前后贯通,律条之间应彼此谐调,不致前后出现牴牾踳驳。这也导致秦的法律解释也异常发达,大概也要一批精通法律的人从事此项工作。

《商君书·定分》:

为法令,置官置吏朴足以知法令之谓者,以为天下正,则奏天子;天子则各主法令之,皆降,受命发官。各主法令之。敢忘行主法令之所谓之名,各以其所忘之法令名罪之。主法令之吏有迁徙物故,辄使学者读法令所谓,为之程式,使日数而知法令之所谓;不中程,为法令以罪之。有敢剟定法令一字以上,罪死不赦。诸官吏及民有问法令之所谓也于主法令之吏,皆各以其故所欲问之法令明告之。各为尺六寸之符,明书年、月、日时,所问法令之名以告吏民。主法令之吏不告及之罪而法令之所谓也,皆以吏民之所问法令之罪各罪主法令之吏。即以左券予吏之问法令者,主法令之吏谨藏其右券,木柙以室藏之,封以法令之长印。即后有物故,以券书从事。①

法令皆副置:一副天子之殿中,为法令为禁室,有键钥为禁而以封之,内藏法令。一副禁室中,封以禁印。有擅发禁室印,及入禁室视禁法令,及剟禁一字以上,罪皆死不赦。②

吏民知法令者,皆问法官,故天下之吏民无不知法者。吏明知民知法令也,故吏不敢以非法遇民,民不敢犯法以干法官也。遇民不循法,则问法官,法官即以法之罪告之。民即以法官之言正告之吏。吏知其如此,故吏不敢以非法遇民,民又不敢犯法。如此,天下之吏民虽有贤良辩慧,不敢开一言以枉法。虽有千金,不能以用一铢。③

《睡虎地秦墓竹简》中有《法律答问》,说明秦已有法律解释,并且是迄今为止已知最早的法律解释。李学勤先生认为《法律答问》类似于汉代的"律说",所以他提出可以把睡虎地秦简《法律答问》看作"秦律说"。④ 可见,秦的法律解释对

① 《商君书锥指》,第141页。
② 同上注,第143页。
③ 同上注,第144页。
④ 李学勤:《简帛佚籍与学术史》,台湾时报出版公司出版,1994年。

汉的法律解释有直接影响,并对汉以后的法律解释都产生了深远影响。

对于《法律答问》,整理小组认为:"《法律答问》所引用的某些律文的形成年代是很早的。例如律文说'公祠',解释的部分则说'王室祠'。看来律文应形成于秦称王以前,很可能是商鞅时期制定的原文。"①云梦秦简发现之初,学术界对《法律答问》的研究形成了基本共识,即赞同整理小组的看法:《法律答问》是国君设置官吏统一对法令的解释,决不会是私人对法律的任意解释,是有法律效力的法律解释。但随着研究的深入,在某些问题的看法上产生了分歧。如有的学者认为《法律答问》应为秦的立法解释,其解释权在中央;张伯元先生认为《法律答问》可能是私家解释,是一种司法解释,②也有学者认为《法律答问》"为法律实务题集"。③

以《法律答问》为例,秦律解释主要有对法律适用中疑难问题的解释,如"求盗盗,当刑为城旦,问罪当驾(加)如害盗不当? 当。"④"人臣甲谋遣人妾乙盗主牛,买(卖),把钱偕邦亡,出徼,得,论各可(何)殹(也)? 当城旦黥之,各畀主。"⑤"或盗采人桑叶,臧(赃)不盈一钱,可(何)论? 赀繇(徭)三旬。"⑥

也有对术语语义的界定,如"可(何)谓匧面? 匧面者,耤(藉)秦人使,它邦耐吏、行旞与偕者,命客吏曰匧,行旞曰面。"⑦"可(何)谓臧(赃)人? 臧(赃)人者,甲把其衣钱匿臧(藏)乙室,即告亡,欲令乙为盗之,而实弗盗之谓殹(也)。"⑧"可(何)谓室人? 可(何)谓同居? 同居,独户母之谓殹(也)。室人者,一室,尽当坐罪人之谓殹(也)。"⑨"甲乙雅不相智(知),甲往盗丙,戠(缠)到,乙亦往盗丙,与甲言,即各盗,其臧(赃)直(值)各四百,已去而偕得。其前谋,当并臧(赃)以论;不谋,各坐臧(赃)。"⑩

---

① 《秦简牍合集·释文注释修订本》(壹),第 243 页。
② 张伯元:《秦简〈法律答问〉与秦代法律解释》,《华东政法学院学报》1999 年第 3 期。
③ 曹旅宁:《睡虎地秦简〈法律答问〉为法律实务题集说》,见氏著:《秦汉魏晋法制探微》,人民出版社,2013 年。
④ 《秦简牍合集·释文注释修订本》(壹),第 182 页。
⑤ 同上注,第 183 页。
⑥ 同上注,第 186 页。
⑦ 同上注,第 261 页。
⑧ 同上注,第 261 页。
⑨ 同上注,第 239 页。
⑩ 同上注,第 187 页。

在解释中用"甲""乙"虚拟法律主体及案情来设问的这种方法,被《唐律疏议》等唐以后历代律的解释所借鉴。

秦对法律条文及法律术语的解释,除了使官吏对律义有进一步的精确理解,也还有一个重要原因,那就是秦律是秦文化的产物,虽然与三晋文化、楚文化、齐鲁文化、吴越文化同属周文化衍生而来的地方文化,除了有共通之处外,其差异性也十分明显。在秦统一的过程中,随着统一战争的推进,秦的法律也被法官法吏带到了不同文化背景的异"国"他乡,为了使征服地区的百姓更好地接受、理解并遵守秦的法律,需要对秦律特别是最具秦地域特点的法律条文乃至法律术语、甚至普通语言进行解释。这些法律解释在《法律答问》中比比皆是。如《法律答问》:"可(何)如为'大误'？人户、马牛及者(诸)货材(财)直(值)过六百六十钱为'大误',其它为小。"①"可(何)谓'羊躯'？'羊躯',草实可食殹(也)。"②"可(何)谓'人貉'？谓'人貉'者,其子入养主之谓也。不入养主,当收;虽不养主而入量(粮)者,不收,畀其主。"③"可(何)谓'甸人'？'甸人'守孝公、(献)公冢者殹(也)。"④其中错算人户、牛马以及价值超过六百六十钱的财货才算是"大误","六百六十钱"以上这种划分等差方式大概只有秦国才有。"羊躯"是一种可以吃的草籽,这种叫法后世文献未见,当是关中或故秦地牧区的叫法。

第四节　其他形式

一、程

关于"程",多见诸秦汉典籍,不妨罗列有关资料加以探究。程,《说文》:"程品也。十发为程,一程为分,十分为寸。从禾呈声。"段玉裁注:"品者,众庶也。因众庶而立之法则,斯谓之程品。"显然是指汉制而言。程的本意指人们对实物计量时的一种规定或约定,并与人们熟悉的农作物有密切联系,如《说文》对"称"的解释说:"铨也,从禾尔声。春分而禾生,日夏至晷景可度。禾有秒,秋分而秒

---

① 《秦简牍合集·释文注释修订本》(壹),第262页。
② 同上注,第262页。
③ 同上注,第257页。
④ 同上注,第255页。

定,律数十二。十二秒而当一分,十分而寸,其以为重。十二粟为一分,十二分为一铢。故诸程品皆从禾。"从这里可以看出,程的本义与计量有关,后来凡与计量有关的法律也称为程。与程意义相近的还有"科",《说文》:"程也。从禾、斗。斗者,量也。"《广韵》:"程也,条也,本也,品也。"①用定量性法律去考课、监督也称为"程",如《汉书·主父偃传》:"上自虞夏殷周,固不程督。"师古曰:"程,课也。督,视责也。"《汉书·谷永传》:"明度量以程能,考功实以定德。"师古曰:"程,效也。"秦汉时期程、科义同,那么汉代所谓的科是不是也即程,这尚须进一步考证。科又称"课",在出土文献中有"邮书课"等。

《荀子·致仕篇》:"程者,物之准也。礼者,节之准也。程以立数,礼以定伦。"注:"程者,度量之总名也。"②《诗·鲁颂》:"奚斯所作。"注:"奚斯作者,教护属功课章程也。"疏:"《汉书》称高祖使张苍定章程,谓定百工用材多少之量及制度之程品,是谓章程之事也。"③《史记·秦始皇本纪》:"上至衡石量书,日夜有呈,不中呈,不得休息。"《正义》:"言表笺奏请,称取一石,日夜有程期,不满不休息。"④《汉书·景十三王传》:"不中程辄掠。"师古曰:"程者,作之课也。"⑤《汉书·陈万年传》:"为地曰木杵,舂不中程"。《文选·魏都赋》:"明宵有程"。李善注:"程犹限也。'程'与'呈'通。"⑥《樊安碑》:"作呈作式"。《冀州从事郭君碑》:"先民有呈。"《为吏之道》:"作务员程"⑦。《睡虎地秦墓竹简·尉杂》:"其官之更□□□□□□□□□□法律程籍,勿敢行,行者有罪。"⑧《睡虎地秦墓竹简·效律》中也有所谓"律程":"计脱实及出实多于律程,及不当出而出之,直(值)其贾(价),不盈廿二钱,除;廿二钱以到六百六十钱,赀官啬夫一盾;过六百六十钱以上,赀官啬夫一甲,而复责其出也。人户、马牛一以上为大误。误自重也。"⑨

① ［清］段玉裁撰:《说文解字注》,上海古籍出版社,1988年,第327页。
② ［清］王先谦著:《荀子集解》,《诸子集成》本,上海书店,1986年影印本。
③ 引自沈家本《历代刑法考》第二册《律令二》,第866页。
④ 《史记》卷六《秦始皇本纪》。
⑤ 《汉书》卷五十三《景十三王传》。
⑥ ［梁］萧统编、［唐］李善注:《文选》第274页,上海古籍出版社,1986年。
⑦ 睡虎地秦墓竹简整理小组编:《睡虎地秦墓竹简》,第286页,文物出版社,1978年。
⑧ 《秦简牍合集·释文注释修订本》(壹),第308页。
⑨ 同上注,第154页。

彭浩先生认为"'程'是政府对某种物品计量带有法律性质的规定"。① 他的看法是有见地的,程是由国家对需要做出定量限制的各有关方面的一种带有强制性的定量、限量等,章程又与律、令等法律形式有着密不可分的关系,很有可能,程不是一种具有独立品格的立法形式,沈家本先生认为"《高纪》张苍章程,与萧何次律令,韩信申军法,陆贾造《新语》同相提并论,是章程非律令书也"。②事实上,律令与章程是不可分的。它是融合在律、令等法律形式中的一种具有计量性质的法律条款。

《睡虎地秦墓竹简·工人程》:"隶臣、下吏、城旦与工从事者冬作,为矢程,赋之三日而当夏二日。冗隶妾二人当工一人,更隶妾四人当工[一]人,小隶臣妾可使者五人当工一人。隶妾及女子箴(针)为缗绣它物,女子一人当男子一人。"③《睡虎地秦墓竹简·徭律》:"县为恒事及献有为也,吏程攻(功),赢员及减员自二日以上,为不察。上之所兴,其程攻(功)而不当者,如县然。"④

二、廷行事

秦法还有一种"判例法"渊源,即"廷行事"。睡虎地秦墓竹简《法律答问》中"廷行事"凡十一例。于豪亮先生认为"廷行事"即"判例"之意,相当于汉代的"决事比"。⑤

第一,"廷行事"指成例,或已生效的判例、先例。《法律答问》:"告人盗百一十,问盗百,告者可(何)论? 当赀二甲。盗百,即端盗驾(加)十钱,问告者可(何)论? 当赀一盾。赀一盾应律,虽然,廷行事以不审论,赀二甲。"⑥整理小组注:"廷行事,法廷成例。"并引《汉书·翟方进传》:"时庆有章劾,自道行事以赎论。"师古注引刘敞云:"汉时人言'行事'、'成事',皆已行已成事也。"王念孙《读书杂志》:"行事者,言已行之事,旧例成法也。"

① 彭浩:《中国最早的数学著作算数书》,《文物》2000 年第 9 期。
② 《历代刑法考》第三册《汉律摭遗》,第 1390 页。
③ 《秦简牍合集·释文注释修订本》(壹),第 102—104 页。
④ 同上注,第 105 页。
⑤ 于豪亮:《秦律丛考·廷行事》,《于豪亮学术文存》,中华书局 1985 年。
⑥ 《秦简牍合集·释文注释修订本》(壹),第 196 页。

廷行事在司法实践中产生,大都是在律令无明确规定的情况下,由司法者创制,有法官主法的倾向。《法律答问》:"实官户关不致,容指若抉,廷行事赀一甲。"①

《法律答问》:"仓鼠穴几可(何)而当论及谇? 廷行事鼠穴三以上赀一盾,二以下谇。鼱穴三当一鼠穴。"②

《法律答问》:"实官户扇不致,禾稼能出,廷行事赀一甲。"③

《法律答问》:"甲告乙盗直(值)□□,问乙盗卅,甲诬驾(加)乙五十,其卅不审,问甲当论不当? 廷行事赀二甲。"④从以上几例可以看出,廷行事是在立法不完善或有空白的情况下出现的,而且廷行事是在司法过程中创制的,带有法官立法的特点。

第二,廷行事具有释疑的功能。廷行事具有较高的法律效力,司法官员每遇疑难案件或律无明文的情况,往往援引廷行事以为法律依据。《法律答问》:"可(何)如为'犯令'、'法(废)令'? 律所谓者,令曰勿为,而为之,是谓'犯令';令曰为之,弗为,是谓'法(废)令'殹(也)。廷行事皆以'犯令'论。"⑤这里,律与令显然不一致,廷行事是为了调和律与令之不协调。《法律答问》:"封啬夫可(何)论? 廷行事以伪写印。"⑥显然是补充律之不足。

第三,廷行事并非具体案例,而是具有高度概括性的规定。如:"廷行事:有罪当迁,已断已令,未行而死若亡,其所包当诣迁所。"⑦"廷行事:吏为诅伪,赀盾以上,行其论,有(又)废之。"⑧《法律答问》:"百姓有责(债),勿敢擅强质,擅强质及和受质者,皆赀二甲。廷行事:强质人者论,鼠(予)者不论;和受质者,鼠(予)者□论。"⑨

《法律答问》:"求盗追捕罪人,罪人挌(格)杀求盗,问杀人者为贼杀人,且斲

① 《秦简牍合集·释文注释修订本》(壹),第239页。
② 同上注,第239页。
③ 同上注,第239页。
④ 同上注,第198页。
⑤ 同上注,第236页。
⑥ 同上注,第204页。
⑦ 同上注,第205页。
⑧ 同上注,第205页。
⑨ 同上注,第239页。

（斗）杀？斲（斗）杀人，廷行事为贼。"①

三、封诊式

睡虎地秦墓竹简中有封诊式,整理小组在说明中认为封诊式是"对案件进行调查、检验、审讯等程序的文书程式,其中包括了各类案例,以供有关官吏学习,并在处理案件时参照执行"。② 实际上,《封诊式》大多内容为"爰书"范本,供司法官吏在撰写司法文书时作为范式参考。《说文》:"式,法也。"后世法律形式中也有"式",如《唐式》即以"轨扬程式"。③

"封守乡某爰书:以某县丞某书,封有鞫者某里士五(伍)甲家室、妻、子、臣妾、衣器、畜产。甲室、人:一宇二内,各有户,内室皆瓦盖,木大具,门桑十木。妻曰某,亡,不会封。子大女子某,未有夫。子小男子某,高六尺五寸。臣某,妾小女子某。牡犬一。几讯典某某、甲伍公士某某:甲党(倘)有【它】当封守而某等脱弗占书,且有罪。某等皆言曰:甲封具此,毋(无)它当封者。即以甲封付某等,与里人更守之,侍(待)令。"④

四、语书

《语书》是秦王政(始皇)二十年(前 227 年)四月初二日南郡的郡守腾颁发给本郡各县、道的一篇文告。文书中提到的江陵,就是楚国的旧都郢。这时,秦在南郡地方已统治了半个世纪,但当地的楚人势力还有很大影响,同时楚国也在力图夺回这一地区。因此,都守腾在文告中指出:"今法律令已具矣,而吏民莫用,乡俗淫失(泆)之民不止,是即法(废)主之明法殹(也),而长邪避(僻)淫失(泆)之民,甚害于邦,不便于民。故腾为是而修法律令、田令及为间私方而下之,令吏明布,令吏民皆明智(知)之,毋巨(距)于罪。"

又说:"今法律令已布,闻吏民犯法为闲私者不止,私好、乡俗之心不变,自从令、丞以下智(知)而弗举论,是即明避主之明法殹(也),而养匿邪避(僻)之民。

① 《秦简牍合集·释文注释修订本》(壹),第 208 页。
② 同上注,第 263 页。
③ 〔唐〕李林甫撰:《唐六典》,第 166 页,中华书局,2014 年。
④ 《秦简牍合集·释文注释修订本》(壹),第 269 页。

如此,则为人臣亦不忠矣。若弗智(知),是即不胜任、不智殹(也);智(知)而弗敢论,是即不廉殹(也)。此皆大罪殹(也),而令、丞弗明智(知),甚不便。今且令人案行之,举劾不从令者,致以律,论及令、丞。有(又)且课县官,独多犯令而令、丞弗得者,以令、丞闻。"①

刘海年认为:"《语书》既有一般原则性的论述,又有具体规定,还提出了实施办法,所以它是一篇首尾完具的法规。由于它是南郡守腾发布的,针对的是南郡地区的具体情况,其法律效力也只限于南郡辖区,所以它是一篇地方性的法规。"②

五、课

睡虎地秦简《秦律杂抄》中有《牛羊课》,整理小组认为"牛羊课,关于考核牛羊畜养的法律"。③ 徐世虹先生却指出,"牛羊课"从性质上看属于制裁规范而非行政文书,所以秦的法源中有无"课"这样一种法律形式,尚有探讨的必要。④

《牛羊课》:"牛大牝十,其六毋(无)子,赀啬夫、佐各一盾。""羊牝十,其四毋(无)子,赀啬夫、佐各一盾。"⑤

① 《秦简牍合集·释文注释修订本》(壹),第 29 页。
② 刘海年:《秦始皇二十年的一个地方性法规》,《学习与探索》1984 年第 6 期。又收入氏著:《战国秦代法制管窥》,法律出版社,2006 年。
③ 《秦简牍合集·释文注释修订本》(壹),第 155 页。
④ 徐世虹:《秦"课"刍议》,《简帛》第 8 辑,上海古籍出版社,2013 年,第 265—267 页。
⑤ 《秦简牍合集·释文注释修订本》(壹),第 171 页。

第四章　秦的刑赏制度

第一节　秦的刑罚概论

秦文化受法家影响很大,从人性恶出发,利用人们的趋利避害的特性,奉行"刑重而必""赏厚而信"的"重刑厚赏"理念,认为只有重刑轻罪方可"禁奸止过",因此,秦的刑罚制度原本就比较严厉,统一以后又吸收了六国的刑制,使秦朝的体系更为复杂、手段更为残酷。[①]

秦的刑罚体系由"刑"与"罚"组成,《尚书·吕刑》:"两造具备,师听五辞。五辞简孚,正于五刑。五刑不简,正于五罚。"这里的"刑"专指死刑和肉刑,针对的是重罪;"罚",《吕刑》中指赎刑,适用于"疑罪"及"罪之小者",[②]次于"五刑"。秦受法家影响很大,奉行"重刑"原则,刑罚制度原本就比较严厉,统一以后又吸收了六国的刑制,使秦朝的体系更为复杂、手段更为残酷。[③] 汉初的统治者从秦亡的教训中取得在刑罚方面"罪大者罚重,罪小者罚轻"的普遍共识,因之刑罚制度发生很大变化,并形成了汉初"刑"与"罚"相互配合的刑罚体系。

秦的刑罚体系由作为惩戒手段的非正刑"笞"、作为小罪、过失犯罪的"罚"(包括罚金、赎刑)和作为正"刑"的无期劳役(包括司寇、隶臣妾、鬼薪白粲、城旦舂)、肉刑(黥、劓、斩左止、斩右止、腐)、死刑(弃市、腰斩、枭首、磔)组成,并将肉刑与劳役结合起来,形成一个从轻到重、生到死,相互衔接,有等次的刑罚统一体。主观上的过误、特殊的犯罪主体以及轻罪,往往适用较轻的"罚金""赎刑"。

[①]　刘海年:《秦律刑罚考析》,中华书局编:《云梦秦简研究》,中华书局,1985年;栗劲:《秦律通论》第五章《秦律的刑罚体系》,山东人民出版社,1985年。

[②]　［清］段玉裁:《说文解字注》,上海古籍出版社,1988年,第182页。

[③]　请参看刘海年:《秦律刑罚考析》,中华书局编:《云梦秦简研究》;栗劲:《秦律通论》第五章《秦律的刑罚体系》。

主观上的故意、严重违犯伦理秩等重罪，则适用较重的劳役刑、肉刑、直到死刑。肉刑一般不单独运用，往往根据罪行轻重先处以不同肉刑，"刑尽"即施加肉刑后，又罚使各种劳役，实际上是肉刑与无期劳役并处，这是文帝刑制改革的基础。刑制改革以后，笞刑取代了肉刑，劳役由无期变为有期，因此，刑罚体系中除死刑外，主要刑罚即是有期劳役附加不同数目的笞刑了，笞刑成为一种主刑。汉初刑罚体系明显受到先秦刑罚思想的影响，刑罚被视为对犯罪者的"报复"，带有强烈的特殊预防和一般预防的色彩。

第二节　收孥与连坐

收，又称"收孥制"，指古代将罪犯一定范围内的亲属收捕，并使之成为罪隶的制度。"收孥"起源很早，《尚书·泰誓》"罪人以族"，孔传："一人有罪，刑及父母、兄弟、妻子"，《泰誓》虽"为东晋人伪作"，但沈家本认为"其语必有所本，非尽臆造"，①"收孥"很可能是氏族社会的遗俗，秦国早在文公二十年就设立"三族之罪"，这种族刑也是由"原始社会部落战争中胜利一方屠杀战败一方全体族类的习惯发展而来的"。② 秦孝公时，商鞅正式设立"收孥之法"。可以看出，"收孥"虽由来已久，并非战国时期法家的发明创造，但这种传统却在法家"行刑重轻"思想的影响下得到了进一步的强化，使"父母妻子同产相坐及收，所以累其心，使重犯法也"，③通过加重犯罪成本以达到预防犯罪的目的。

汉《收律》应从秦律直接继承而来，④汉文帝废除的《收律》，⑤在景帝时恢复。⑥《史记·商君列传》："事末利及怠而贫者，举以为收孥。"沈家本说："汉之

---

① ［清］沈家本著，张全民点校：《历代刑法考》，中国检察出版社，2003 年，第 73 页。

② 栗劲：《秦律通论》，山东人民出版社，1985 年，第 17 页。

③ 《史记》卷十《孝文本纪》。

④ 《汉书·文帝纪》应劭曰："秦法，一人有罪，并其室家"。

⑤ 《汉书》的两处记载不一致，《文帝纪》记载"（元年十二月）尽除收帑相坐律令"，《刑法志》则记载为"孝文二年"。司马迁在《史记·汉兴以来将相名臣年表》记载为"孝文元年，除收孥相坐律"。《史记·考文本纪》中的记载相同。司马迁生活于武帝时期，距文帝不远，因此应认定《收律》除于文帝元年。日本泷川资言亦云："《汉书刑法志》为文帝二年事，误。"见《史记会注考证》卷十，上海古籍出版社，2015 年。

⑥ 《汉书·武帝纪》：建元元年五月，"赦吴楚七国帑输在官者"。应劭曰："吴楚七国反时，其首事者妻子没入为官奴婢，武帝哀焉，皆赦遣之也。"

收律,承秦之旧,其应收者,不仅罢民,而罢民其一端也。"

秦汉时期的连坐与"收"近似,但也有明显不同之处:(1)对象不同,收孥在汉律中仅以妻子儿女为对象,连坐除妻子外,还可能包括父母、兄弟同产等亲属,还有监临部主、邻伍等非亲属。沈家本说:"收者,收其孥;坐,不独罪及什伍,即监临部主亦连坐矣。"①(2)收孥为原始社会的氏族习惯;连坐则是法家的创制,"至于战国,韩任申子,秦用商鞅,连相坐之法,造参夷之诛"。(3)收孥以血缘关系为基础,连坐以地缘关系为基础,汉代连坐法应从秦律继承而来,《史记·商君列传》"匿奸者与降敌同罚",沈家本说:"同罚即连坐之事。一家有罪,九家连坐,不论其为亲族与否,与并坐家室之律不同,盖即《文纪》之相坐法。"②(4)收是将正犯的妻、子收孥,即变为官奴婢;连坐者视正犯罪行而定,如因谋反被缘坐者,"其父母、妻子、同产,无少长皆弃市"。(5)收孥"所以累其心,使重犯法也",连坐则在于让邻伍之间"相收司",相互伺察,相互监督及举告非法。当然,收律与连坐有较多共通之处,后世不加区分,统称为"缘坐",清代王明德说:"缘坐者,孽非本犯所自作,罪非本犯所自取,缘乎犯法之人罪大恶极,法无可加,因以及其所亲所密而坐之以罪"。③

汉《收律》规定:"罪人完城旦舂、鬼薪以上,及坐奸府(腐)者,皆收其妻、子、财、田宅。"由此可见,"收"是针对正犯犯了完城旦、鬼薪白粲以上较重犯罪。秦律近似,"夫盗三百钱,告妻,妻与共饮食之,可(何)以论妻?非前谋盗也,当为收;其前谋,同罪。""夫盗千钱,妻所匿三百,可(何)以论妻?妻智(知)夫盗而匿之,当以三百论为盗;不智(知),为收。"据秦律,"不盈五人,盗过六百六十钱,黥(劓)以为城旦;不盈六百六十钱到二百廿钱,黥为城旦;不盈二百廿钱以下到一钱,迁之。"④那么,盗三百钱者应黥为城旦舂、盗千钱者应劓为城旦,并收其妻。谋反大逆等重罪,就不能仅"收孥",而是正犯的父母、妻子、同产皆弃市。⑤

①　[清]沈家本著,张全民点校:《历代刑法考》,中国检察出版社,2003年,第87页。
②　同上注,第85页。
③　[清]王明德撰,何勤华等点校:《读律佩觽》卷之三,法律出版社,2001年,第57页。
④　《秦简牍合集·释文注释修订本》(壹),第181页。
⑤　如汉《贼律》规定:"以城邑亭障反,降诸侯,及守乘城亭障,诸侯人来攻盗,不坚守而弃去之若降之,及谋反者,皆要(腰)斩。其父母、妻子、同产,无少长皆弃市。"

"收人",包括罪犯的妻、子。在秦律中,还有收其"外妻"及所生子的规定:"隶臣将城旦,亡之,完为城旦,收其外妻、子。子小未可别,令从母为收。"

收没罪犯的田宅财产。云梦秦简《法律答问》:"妻有罪以收,妻媵(腾)臣妾、衣器当收,且畀夫? 畀夫。"①汉简《收律》:"当收者,令狱史与官啬夫、吏杂封之,上其物数县廷,以临计。"

子女免于"收"的规定:其一,"其子有妻、夫,若为户、有爵,及年十七以上,若为人妻而弃、寡者,皆勿收"。这里,"其子"兼指儿女,意思是正犯之子有妻、正犯之女有夫,或另立为户、有爵位,及年龄在十七岁以上,或为他人妻子而被休弃、守寡者,皆不得收。后世法律即有"女嫁不坐"或"许嫁不坐"②的规定,此外还有"出养、入道"不坐③等规定。其二,妇女没有丈夫,及为他人偏房,或另立门户不同户籍者,有罪应收为官婢者,"毋收其子",即不得将其子女收为官奴婢。

"毋收"妻或夫妻互相"免于收"。首先,夫妻是利害关系的共同体,所以秦律规定:"夫有罪,妻先告,不收。"④汉律也规定:"夫有罪,妻告之,除于收及论;妻有罪,夫告之,亦除其夫罪。"其次,在丈夫"坐奸、略妻及伤其妻"的情形下,可不收其妻。

"奴有罪,毋收其妻子为奴婢者。"就是说,私奴有罪,不收其为奴的妻、子。但奴有罪已被告而尚未逮捕就已死亡者,其妻、子收为官奴婢。藏匿者,与盗同法。因为奴婢"律比畜产",藏匿应被收的奴婢,以盗窃罪来论处。唐以后法律也规定奴婢"犯反逆者,止坐其身"。⑤

一般认为"收"就是"罪人妻子没为奴婢"。应劭《风俗通》说:"古制本无奴婢,即犯事者或原之,臧者被赃罪,没入为官奴婢,获者,逃亡获得为官奴婢也。"⑥但张家山汉简公布后,人们发现汉简《金布律》明确规定:"诸收人,皆入以

---

① 《秦简牍合集·释文注释修订本》(壹),第 247 页。

② 参看[清]沈之奇撰:《大清律辑注》(下)卷十八"谋反大逆条"。

③ 参看刘俊文:《唐律疏议笺解》(下),中华书局,1996 年,第 1249 页。

④ 《睡虎地秦墓竹简》,第 224 页。

⑤ 《唐律疏议》,第 324 页。

⑥ [唐]徐坚:《初学记》卷一九,中华书局,1980 年。

为隶臣妾。"①有学者根据这条资料提出,"'收人'与隶臣妾地位相同",收人"没入为官奴婢,社会地位卑下,相当于徒刑之隶臣妾"。② 但问题是"隶臣妾"的性质本身就存在着学术观点的分歧。有的学者认为"隶臣妾"是刑徒罪犯,有的学者认为"隶臣妾"是官奴婢,也有学者认为"隶臣妾"既是刑徒又是官奴婢。因此,要想弄清"收人"的法律地位,必须先釐清"隶臣妾"的问题,③才能进一步弄清楚"收人"与"隶臣妾"有什么不同。

根据汉简,"隶臣妾"无疑是汉代刑罚体系中的一种刑罚,有时也指处该刑罚的刑徒。《盗律》:"诸当坐劫人以论者,其前有罪隶臣妾以上,及奴婢,毋坐,为民;为民者亦勿坐。"这里所谓"其前有罪隶臣妾以上"就是指犯有前科、曾被判处隶臣妾刑的人,这就清楚表明"隶臣妾"是基于一定的犯罪行为而被判处的刑徒。作为劳役刑之一种,"隶臣妾"重于司寇,轻于鬼薪白粲。那么据前引简文"诸收人,皆入以为隶臣妾"的法律规定,"收人"所服劳役及待遇应与"隶臣妾"同,因此《二年律令》中常见"收人"与"隶臣妾"相提并论,如《钱律》:"捕盗铸钱及佐者死罪一人,予爵一级。其欲以免除罪人者,许之。捕一人,免除死罪一人,若城旦春、鬼薪白粲二人,隶臣妾、收人、司空三人以为庶人。"《亡律》:"隶臣妾、收人亡,盈卒岁,系城旦春六岁;不盈卒岁,系三岁。自出也,□□。其去系三岁亡,系六岁;去系六岁亡,完为城旦春。"

但同时应指出,"收人"毕竟不同于"隶臣妾":(1)"隶臣妾"一般为正犯,身自犯法,而"收人"一般为正犯之妻子,非身自犯法;(2)汉初,"隶臣妾"刑期不定,文帝以后改为有期,所谓"罪人各以轻重,不亡逃,有年而免",晁错称为"罪人有期";④"收人"被限制人身自由、强制服劳役的期限则应视正犯而定。

① 此条疑为《收律》内容。

② 李均明:《张家山汉简〈收律〉与家族连坐》,《文物》2002 年第 9 期。

③ 关于"隶臣妾",在云梦秦简发现并公布以前,学术界对"隶臣妾"身份的看法并无异义。自秦简公布以后,秦律中的"隶臣妾"问题遂成了当时学术界争论的焦点问题之一。1977 年,高恒发表《秦律中"隶臣妾"问题的探讨》一文,引起了对"隶臣妾"问题的热烈讨论,这种讨论持续了很长时间。据粗略统计,发表的文章及有关论著有三十多篇/部,参与讨论的学者也近三十位。《张家山汉墓竹简》公布以后,李学勤先生指出:"张家山汉简有关材料不少,在几个关键方面都较秦律更为清楚,促使众说有以折衷。"由于"隶臣妾"问题及对此问题的讨论极其复杂,本人有专文阐述。

④ 《汉书》卷四十九《晁错传》。

第三节　秦 的 死 刑

一、车裂

秦有车裂之刑，用以惩罚谋反叛逆者。如《商君列传》记载："秦惠王车裂商君以徇"，且曰："莫如商鞅反者！"《始皇本纪》：嫪毐作乱，"卫尉竭、内史肆、佐弋竭、中大夫令齐等二十人皆枭首，车裂以徇，灭其宗。及其舍人，轻者为鬼薪。及夺爵迁蜀四千余家，家房陵"。又："子婴车裂赵高"。《陈涉世家》："宋留以军降秦。秦传留至咸阳，车裂留以徇。"但车裂之刑似非秦所独有，《苏秦列传》："苏秦且死，乃谓齐王曰：臣即死，车裂臣以徇于市，曰苏秦为燕作乱于齐，如此则臣之贼必得矣。"反映出齐国也有此刑，但汉代似乎已不用此刑。

二、枭首

《史记·秦始皇本纪》记载嫪毐作乱："卫尉竭、内史肆、佐弋竭、中大夫令齐等二十人皆枭首，车裂以徇，灭其宗。"[1]《集解》："县首于木上曰枭。"程树德说："秦杀缪毐，其徒二十人皆枭首，是枭首本秦制。"但《史记》记载秦之枭首刑仅此一例，在《睡虎地秦墓竹简》中竟未见此刑。《墨子·备城门》以下的各篇被认为是反映战国晚期秦国法律制度的文献，其《号令》篇云："禁无得举矢书若以书射寇，犯令者父母、妻子皆断，身枭城上。"枭首被视为死刑中最严厉的一种，所谓"枭首者恶之长，斩刑者罪之大，弃市者死之下。"《大戴礼记》中有所谓的"逆人伦者"，[2]枭首主要针对这类犯罪。古人以为鸱枭为不孝之鸟："方生之初，母为多方哺食，尽极劬劳。及其羽翼将成，母则目盲力竭，不复能为攫取以供，乳枭遂群嗷其母以供饱。母不能避，惟坚啮木枝，任其肆食而毙……其不尽者，惟余一首，空悬木枝之上。"因此，"人主即其义而取之以警乎众"。

枭首在汉代为常见死刑。因此，枭首主要针对的是"无尊上、非圣人、不孝

---

① 《史记》卷六《秦始皇本纪》。
② "大罪有五：逆天地者，罪及五世；诬文武者，罪及四世；逆人伦者，罪及三世；诬鬼神者，罪及二世；杀人者，罪止其身。故大罪有五，杀人为下。"[清]王聘珍撰：《大戴礼记解诂》，中华书局，2004年，第256页。

者"等被认为最严重的犯罪。沈家本《汉律摭遗》中归纳汉之枭首刑之适用：

> 《栾布传》："汉召彭越，责以谋反，夷三族，枭首洛阳。（下）布还，奏事彭
> 越头下，祠而哭之。"此谋反之枭首也。《外戚传》："女子楚服等坐为皇后巫
> 蛊祠祭祝诅，大逆无道，相连及诛者三百余人，楚服枭首于市。"《刘屈牦传》：
> "妻子枭首。"此大逆之枭首也。殴父枭首见《董仲舒决狱》。梁平王之后任
> 后亦以不孝枭首于市。此不孝之枭首也。并与此言合。然汉之枭首亦只此
> 三者用之，它不用也。其有于律外用之者，非法也。楚服、屈牦妻、任后皆妇
> 女，亦枭首。与今法不同。今法妇女不枭。

三、腰斩

《史记·商君传》："卒定变法之令。令民为什伍，而相牧司连坐。不告奸者腰斩，告奸者与斩敌首同赏，匿奸者与降敌同罚。事未利及怠而贫者，举以为收孥。"[①]《史记》记载李斯具五刑，要斩咸阳市，因此程树德认为"是要斩本秦制"。

刘熙《释名》曰："斫腰曰腰斩。"《战国策·秦策》载范雎曰："今臣之胸不足以当椹质，要（腰）不足以待斧钺。"沈家本认为"范雎谓胸当椹质，要待斧钺。言胸伏于椹质上，而以斧钺斩其要也，其状甚明"。"要斩"皆裸身受刑，《汉书·张苍传》记载"苍当斩，解衣伏质，身长大，肥白如瓠"。[②]

《公羊》文十六传："无营上、犯军法者斩要。"韦昭《鲁语》注："斧钺，军戮。《书》曰：'后至者斩。'"古时候将军出征，帝王赐以斧钺，表示有专征专伐之权。

四、磔

《说文》："言磔者，开，张也，剔其胸腰而张之，令干枯不收。"《史记·李斯列传》："杀大臣蒙毅等，公子十二人僇死咸阳市，十公主矺死于杜。"《索隐》："矺与磔同。"汉初承袭秦律，景帝中二年"改磔曰弃市"。《周礼·秋官·掌戮》注："膊

---

① 《史记》卷六十八《商君列传》。
② 《汉书》卷四十三《张苍传》。

谓去衣磔之。"正因如此,妇女一般无磔刑,因此,张家山汉简《二年律令》中有"女子当磔若要(腰)斩者,弃市"的规定。

五、弃市

弃市不仅剥夺罪犯的生命,而且带有很大的侮辱性,《释名》:"市死曰弃市,言与众人共弃之也。"《史记·高祖本纪》司马贞《索隐》:"按礼云:刑人于市,与众弃之。故今律谓绞刑为弃市也。"①湖南益阳兔子山九号井秦简:"十月己酉,劾曰女子尊择不取行钱,问辞如劾,鞫审。己未,益阳守起、丞章、史完论刑尊市,即弃死市盈十日,令徒徙弃冢间。"②实际上弃市就是不许收尸,兔子山秦简则提供了弃市十日及不许收尸并弃诸乱冢间的证据。

弃市是死刑中最轻的一等,沈家本说:"汉之弃市,斩首之刑也。"③据《左传》中晋国将秦国间谍弃市后八日复苏以及放马滩秦简《墓主记》弃市后复活的材料,认为"弃市"应为绞杀。④ 祝总斌先生也以为魏晋南北朝"弃市"为绞刑说⑤。

汉代弃市继承了秦制,秦律《法律答问》:"同母异父相与奸,可(何)论? 弃市。""士五(伍)甲毋(无)子,其弟子以为后,与同居,而擅杀之,当弃市。"《始皇本纪》:"有敢偶语诗书者弃市。"

《汉书·景帝纪》记载:"中元二年,改磔曰弃市,勿复磔。"颜师古注引应劭曰:"先此诸死刑皆磔于市,今改曰弃市,自非妖逆不复磔也。"⑥可见,在秦的死刑方式中,磔要重于弃市。

六、囊扑

刘向《说苑》云:"秦始皇太后不谨,幸郎嫪毐,始皇取毐四支车裂之,取两弟

---

①　《史记》卷八《高祖本纪》。

②　湖南省文物考古研究所、益阳市文物处撰:《湖南益阳兔子山九号井遗址发掘简报》,《文物》2016年第5期。

③　[清]沈家本:《汉律摭遗》,见《历代刑法考》第三册。

④　曹旅宁:《从放马滩秦简看秦代的弃市》,见氏著:《秦律新探》,中国社会科学出版社,2002年。

⑤　祝总斌:《关于魏晋南北朝"弃市"为绞刑说》,《黎虎教授古稀纪念中国古代史论丛》,世界知识出版社,2006年。

⑥　《汉书》卷五《景帝纪》。

扑杀之,取太后迁之咸阳宫。下令曰:'以太后事谏者,戮而杀之,蒺藜其脊。'谏而死者二十七人。茅焦乃上说曰:'齐客茅焦,原以太后事谏。'皇帝曰:'走告若,不见阙下积死人耶?'使者问焦。焦曰:'陛下车裂假父,有嫉妒之心;囊扑两弟,有不慈之名;迁母咸阳,有不孝之行;蒺藜谏士,有桀纣之治。天下闻之,尽瓦解,无向秦者。'王乃自迎太后归咸阳,立茅焦为傅,又爵之上卿。"

七、定杀

定杀,作为死刑为现存史籍和古代律典所不载,初次见于秦简。《法律答问》:"疠者有罪,定杀。定杀可(何)如? 生定杀水中之谓殹(也)。或曰生埋,生埋之异事殹(也)。"[①]又:"甲有完城旦罪,未断,今甲疠,问甲可(何)以论? 当迁疠所处之;或曰当迁迁所定杀。"[②]从睡虎地秦简的内容来看,定杀主要是针对麻风病人,活着投入水中淹死,而且特别说明不是活埋,大概因为麻风病有着强烈传染性。

八、戮与戮尸

戮,《说文》:"戮,杀也。又辱也。"《周礼·秋官·掌戮》郑注:"戮,犹辱也,既斩杀又辱之。"《说苑》云:"秦始皇太后不谨,幸郎嫪毐,始皇取毐四支车裂之,取两弟扑杀之,取太后迁之咸阳宫。下令曰:'以太后事谏者,戮而杀之,蒺藜其脊。'谏而死者二十七人。"此处戮应指刑辱而后杀之。《法律答问》:"誉适(敌)以恐众心者,翏(戮)。翏(戮)者可(何)如? 生翏(戮),翏(戮)之已乃斩之之谓殹(也)。"整理小组:"什么叫'戮'? 先活着刑辱示众,然后斩首。"[③]但如何刑辱示众,简文中未见有具体说明。《左传》昭公四年记载了楚王戮齐庆封的过程:楚王"执齐庆封而尽灭其族。将戮庆封,椒举曰:'臣闻无瑕者可以戮人,庆封惟逆命,是以在此,其肯从于戮乎? 播于诸侯焉用之?'王弗听。负之斧钺以徇于诸侯。使言曰:'无或如齐庆封弑君,弱其孤,以盟其大夫。'庆封曰:'无或如楚共王之庶子围,弑其君兄之子麇而代之,以盟诸侯。'王使速杀

---

① 《秦简牍合集·释文注释修订本》(壹),第230页。
② 同上注,第230页。
③ 同上注,第201页。

之。"楚王戮庆封,就是让庆封背着斧钺到诸侯面前去宣布自己的罪状,然后再斩杀。结果庆封不仅未按楚王的要求宣布自己的要求,反而揭了楚王的老底。楚王不得不把他"速杀之"。刘海年认为"秦律所记载的刑的方法,与《左传》的记载是一致的"。①

戮尸是对有罪死者的尸体施加刑辱。《史记·秦始皇本纪》:始皇八年,"王弟长安君成蟜将军击赵,反,死屯留。军吏皆斩死,迁其民于临洮。将军壁死,卒屯留、蒲鶮反,戮其尸"。②《国语·晋语九》:"杀其生者,而戮其死者。"韦昭注:"陈尸为戮。"《韩非子·内储说上》齐桓公问管仲:"布帛尽则无以为币,林木尽则无以为守备,如民之厚葬不休,奈何?"管仲对曰:"凡人之有为也,非名之则利之。于是乃下令曰:'棺椁过度者戮其尸,罪夫当葬者。'"

九、阬

阬,也作"坑",指活埋。《史记·天官书》:"项羽救钜鹿,枉矢西流,山东遂合从诸侯,西坑秦人,诛屠咸阳。"③阬,往往多人集体活埋。《史记·秦始皇本纪》:"秦王之邯郸,诸尝与王生赵时母家有仇怨,皆阬之。"又:"诸生在咸阳者,吾使人廉问,或为訞言以乱黔首。于是使御史悉案问诸生,诸生传相告引,乃自除犯禁者四百六十余人,皆阬之咸阳,使天下知之,以惩后。"④《法律答问》:"'疠者有罪,定杀。''定杀'可(何)如?生定杀水中之谓殴(也)。或曰生埋,生埋之异事殴(也)。"⑤

十、赐死

赐死之刑,古代为优待大臣的制度。《汉书·贾谊传》:"故其在大谴大何之域者,闻谴何则白冠氂缨,盘水加剑,造请室而请罪耳,上不执缚系引而行也。其有中罪者,闻命而自弛,上不使人颈盭而加也。其有大罪者,闻命则北面再拜,跪

---

①　刘海年:《秦律刑罚考析》,见氏著:《战国秦代法制管窥》,法律出版社,2006年,第95页。

②　《史记》卷六《秦始皇本纪》。

③　《史记》卷二十七《天官书》。

④　《史记》卷六《秦始皇本纪》。

⑤　《秦简牍合集·释文注释修订本》(壹),第230页。

而自裁,上不使捽抑而刑之也"。①

秦国史记常见的"赐死"记载也多用于亲近臣子及功勋卓著者。《史记·秦始皇本纪》:"高乃与公子胡亥、丞相斯阴谋破去始皇所封书。更为书赐公子扶苏、蒙恬,数以罪,赐死。"②《史记·李斯列传》记录了诏书内容及赐死过程:

"朕巡天下,祷祠名山诸神以延寿命。今扶苏与将军蒙恬将师数十万以屯边,十有余年矣,不能进而前,士卒多耗,无尺寸之功,乃反数上书直言诽谤我所为,以不得罢归为太子,日夜怨望。扶苏为人子不孝,其赐剑以自裁!将军恬与扶苏居外,不匡正,宜知其谋。为人臣不忠,其赐死,以兵属裨将王离。"封其书以皇帝玺,遣胡亥客奉书赐扶苏于上郡。

使者至,发书,扶苏泣,入内舍,欲自杀。蒙恬止扶苏曰:"陛下居外,未立太子,使臣将三十万众守边,公子为监,此天下重任也。今一使者来,即自杀,安知其非诈?请复请,复请而后死,未暮也。"使者数趣之。扶苏为人仁,谓蒙恬曰:"父而赐子死,尚安复请!"即自杀。③

《史记·秦始皇本纪》:"秦法,不得兼方不验,辄死。"《正义》:"言秦施法不得兼方者,令民之有方伎不得兼两齐,试不验,辄赐死。言法酷。"④

《史记·陈余列传》陈余亦遗章邯书曰:"白起为秦将,南征鄢郢,北阬马服,攻城略地,不可胜计,而竟赐死。"⑤《汉书·刑法志》还提到秦有凿颠、抽胁之刑。

第四节　秦的肉刑与劳役刑

一、肉刑

肉刑有五等,黥最轻,依次加重,最重为腐刑即宫刑,张家山汉简《具律》规

---

① 《汉书》卷四十八《贾谊传》。
② 《史记》卷六《秦始皇本纪》。
③ 《史记》卷六十七《李斯列传》。
④ 《史记》卷六《秦始皇本纪》。
⑤ 《史记》卷八十九《张耳陈余列传》。

定:"有罪当黥,故黥者劓之,故劓者斩左止(趾),斩左止(趾)者斩右止(趾),斩右止(趾)者府(腐)之。"①当承袭秦律。肉刑主要针对男性,《左传》"妇人无刑。虽有刑,不在朝市。"

1. 黥

黥,"墨刑在面也",郑玄谓"先刻其面,以墨窒之"。先秦时期,黥刑还针对严重的失信行为,《周礼·司约》:"凡大约剂书于宗彝,小约剂书于丹图。若有讼者,则珥而辟藏,其不信者服墨刑。"②《尚书大传》:"非事而事之,出入不以道义,而诵不祥之辞者,其刑墨。"郑玄注:"'非事而事之',今所不当得为也。"③

孝文帝废肉刑以前,东周各国大约皆用黥刑,《史记·孙子吴起列传》:"膑至,庞涓恐其贤于己,疾之,则以法刑断其两足而黥之,欲隐勿见。"④秦国亦有此刑,而且使用得较为广泛。《史记·秦本纪》:"鞅之初为秦施法,法不行,太子犯禁。鞅曰:'法之不行,自于贵戚。君必欲行法,先于太子。太子不可黥,黥其傅师。'于是法大用,秦人治。"⑤《史记·范雎传》:"须贾辞于范雎,范雎大供具,尽请诸侯使,与坐堂上,食饮甚设。而坐须贾于堂下,置莝豆其前,令两黥徒夹而马食之。"⑥《史记·张耳陈余列传》:"秦法重,足下为范阳令十年矣,杀人之父,孤人之子,断人之足,黥人之首,不可胜数。"⑦《史记·黥布列传》:"秦时为布衣。少年,有客相之曰:'当刑而王。'及壮,坐法黥。"⑧

黥刑是肉刑中的最轻的一等,一般不单独施用,《史记·秦始皇本纪》:"臣请史官非秦记皆烧之。非博士官所职,天下敢有藏诗、书、百家语者,悉诣守、尉杂烧之。有敢偶语诗书者弃市。以古非今者族。吏见知不举者与同罪。令下三十日不烧,黥为城旦。"⑨

① 《张家山汉墓竹简》,第21页。
② 徐正英、常佩雨译:《周礼》,中华书局,2014年,第154页。
③ [汉]伏胜:《尚书大传》,济南出版社,2018年,第256页。
④ 《史记》卷六十五《孙子吴起列传》。
⑤ 《史记》卷五《秦本纪》。
⑥ 《史记》卷七十九《范雎蔡泽列传》。
⑦ 《史记》卷八十九《张耳陈余列传》。
⑧ 《史记》卷九十一《黥布列传》。
⑨ 《史记》卷六《秦始皇本纪》。

"伤人者刑"为古代法律的一般性原则及通例,故黥刑亦多用于故意伤人者。《睡虎地秦墓竹简》:"以箴(针)、鈚、锥,若箴(针)、鈚、锥伤人,各可(何)论? 斗,当赀二甲;贼,当黥为城旦。""殴大父母,黥为城旦舂。"①

根据法律规定,完城旦舂罪需加重一等时,往往附加以黥刑,或直接对于某些犯罪法定处以黥为城旦舂。《睡虎地秦墓竹简》:"完城旦,以黥城旦诬人。可(何)论? 当黥。""当黥城旦而以完城旦诬人,可(何)论? 当黥(劓)。"②

同时期,少数民族有以墨面为俗者,如《史记·匈奴传》:"匈奴法,汉使非去节而以墨黥其面者不得入穹庐。王乌,北地人,习胡俗,去其节,黥面,得入穹庐。单于爱之,详许甘言,为遣其太子入汉为质,以求和亲。"③但南越国则以黥为刑,显然与中原风俗相同,《史记·南越列传》记载武帝灭南越,"除其故黥劓刑,用汉法,比内诸侯。"

2. 劓

劓,即截鼻之刑。劓刑为传说中皋陶王刑之一。《史记·五帝本纪》:"舜曰:'皋陶,蛮夷猾夏,寇贼奸轨,汝作士,五刑有服,五服三就;五流有度,五度三居,维明能信。'"《集解》引马融曰:"五刑,墨、劓、剕、宫、大辟。"④《尚书大传》:"触易君命,革舆服制度,奸轨寇攘伤人者,其刑劓。"《法律答问》:"不盈五人,盗过六百六十钱,黥劓以为城旦。"汉简《具律》规定有罪当黥,"故黥者劓之",也就是说,以往曾因犯罪被处以黥刑者加重,处以劓刑。"赎劓、黥,金一斤。"

秦国故有劓刑,《史记·商君列传》:"行之四年,公子虔复犯约,劓之。"⑤而且秦国使用劓刑较多,仲长统《政论》云:"秦割六国之君,劓杀其民,于是赭衣塞路,有鼻者丑,故百姓鸟惊兽骇,不知所归命。"⑥劓刑也见于关东六国,如《史记·田单列传》记载,田单奉一士卒为师,"每出约束,必称神师。乃宣言曰:'吾唯惧燕军之劓所得齐卒,置之前行,与我战,即墨败矣。'燕人闻之,如其言。城中

① 《秦简牍合集·释文注释修订本》(壹),第 216 页。
② 同上注,第 229 页。
③ 《史记》卷一百一十《匈奴列传》。
④ 《史记》卷一《五帝本纪》。
⑤ 《史记》卷六十八《商君列传》。
⑥ [汉] 崔寔著,孙启治校注:《政论校注》,中华书局,2012 年,第 191 页。

人见齐诸降者尽劓,皆怒,坚守,唯恐见得。"①《韩非子·奸劫弑臣》:"及襄子之杀智伯也,豫让乃自黥劓,败其形容,以为智伯报襄子之仇。"

汉初也一直沿用劓刑,直到文景废肉刑为止。《楚汉春秋》:"正疆数言事而当,上使参乘,解玉剑以佩之。天下定,以为守。有告之者,上曰:天下方急,汝何在?曰:亡。上曰:正疆沐浴霜露与我从军,而汝亡,告之何也!下廷尉,劓。"《史记·南越列传》:"除其故黥劓刑,用汉法,比内诸侯。"②

3. 斩左止

斩左止就是"断足"之刑,即古之刖刑。沈家本说:"古者之刖,初犯刖左足,复犯刖右足。"实际上,"止"即"脚趾"的象形,斩止即断去脚掌之刑,不包括脚后跟。《德充符》:"鲁有兀者叔山无趾,踵见仲尼。"《说文》认为跀又作𬩽,也可省作"兀"。如《庄子》中常提到"兀者",据李颐注:"刖足曰兀。"兀者叔山即受了跀刑而无趾即无脚,所以只能用脚后跟走路去见仲尼。③

古代斩止一般适用于"决关梁、逾城郭而略盗"者,④如"卫国之法,窃驾君车者罪至刖"。⑤秦律继承了这个传统,云梦秦简《法律答问》:"五人盗,臧(赃)一钱以上,斩左止,有(又)黥以为城旦。"⑥"群盗赦为庶人,将盗戒(械)囚刑罪以上,亡,以故罪论,斩左止为城旦,后自捕所亡,是谓'处隐官'。"⑦汉简《津关令》:"越塞,斩左止(趾)为城旦。"⑧汉简《具律》规定有罪当黥,"故劓者斩左止(趾),斩左止(趾)者斩右止(趾)"。⑨ 也就是说,规定有罪当黥,以往曾犯罪被处以劓刑者加重处以斩左趾,因犯罪已被处斩左趾刑者,再加重处以斩右趾。

---

① 《史记》卷八十二《田丹列传》。

② 《史记》卷一百一十三《南越列传》。

③ 参见吴荣曾:《〈周礼〉和六国刑制》,见氏著:《读书丛考》,中华书局,2014年。

④ 《书传》:"决关梁、逾城郭而略盗者,其刑膑。"《三国志·魏书·陈群传》:"使淫者下蚕室,盗者刖其足,则永无淫放穿窬之奸矣。"

⑤ 《史记》卷六十三《老子申韩列传》。

⑥ 《秦简牍合集·释文注释修订本》(壹),第181页。

⑦ 同上注,第231页。

⑧ 《张家山汉墓竹简》,第83页。

⑨ 同上注,第21页。

ceptionception ...

4. 斩右止

《汉书·刑法志》：“诸当完者，完为城旦舂；当黥者，髡钳为城旦舂；当劓者，笞三百；当斩左止者，笞五百；当斩右止，及杀人先自告，及吏坐受赇枉法，守县官财物而即盗之，已论命复有笞罪者，皆弃市。”①在汉文帝未除肉刑以前，汉代的刑制当是承袭秦制，可见秦律中一般不直接判处斩右趾，已被处斩左趾罪者要加重处以斩右趾，一方面说明斩左止为初犯斩止刑，斩右止为再犯斩止重罪，另一方面说明斩右止重于斩左止，所以文帝废除肉刑时，将斩右趾加重为弃市。②据说，孝景时又恢复。③

《史记·鲁仲连邹阳列传》“昔卞和献宝，楚王刖之。”《集解》引应劭曰：“卞和得玉璞，献之武王。武王示玉人，玉人曰‘石也’。刖右足。武王没，复献文王，玉人复曰‘石也’。刖其左足。至成王时，卞和抱璞哭于郊，乃使玉尹攻之，果得宝玉。”《索隐》：“楚人卞和得玉璞事见《国语》及《吕氏春秋》。案世家，楚武王名熊通。”

鋈足，见于睡虎地秦简《法律答问》：“葆子□□未断而诬告人，其罪当刑城旦，耐以为鬼薪而鋈足。”④整理小组注：“鋈（wo，沃），读为夭，《广雅·释诂一》：‘折也。’鋈足，意为刖足。一说，鋈足应为在足部施加刑械，与钛足、鍺足类似。”⑤《史记》《汉书》常见“钛足”，如《史记·平准书》：“钛左趾。”《集解》引韦昭曰：“钛，以铁为之，着左趾以代刖也。”张斐《汉晋律序》云：“状如跟衣，着[左]足下，重六斤，以代膑，至魏武改以代刖也。”睡虎地秦墓竹简有“公士以下居赎刑罪、死罪者，居于城旦舂，毋赤其衣，勿枸椟欙杕。鬼薪白粲，群下吏毋耐者，人奴妾居赎赀责（债）于城旦，皆赤其衣，枸椟欙杕，将司之；其或亡之，有罪。葆子以上居赎刑以上到赎死，居于官府，皆勿将司。”⑥其中“枸椟欙杕”皆为刑具，整理小组注：“枸椟应为木械，如枷或桎梏之类。欙，读为缧（lei），系在囚徒颈上的黑

①　《汉书》卷二十三《刑法志》。
②　《汉书·刑法志》：“当斩右止，及杀人先自告，及吏坐受赇枉法，守县官财物而即盗之，已论命复有笞罪者，皆弃市。”
③　《三国志·魏书·钟繇传》：“孝景之令，当弃市欲斩右趾者许之。”
④　《秦简牍合集·释文注释修订本》（壹），第224页。
⑤　同上注，第225页。
⑥　同上注，第112页。

索。杕，读为釱（di），套在囚徒足胫的铁钳。"①因此，刘海年认为："杕即釱。字形书写的变化，表明刑具用料发生了变化。这种刑具可能由最初的以铁为之，改变为后来的以木为之，或者铁木交互使用。近几年在考古发掘中，获得了战国和西汉时的铁钳，从实物上印证了秦鋈足刑罚的存在。秦律中的鋈足，应是釱刑的一种。按照法律规定，在某些情况下，对于某种人，它可以取代刖刑"②

5. 腐刑

腐即宫刑，是"次死之刑"，苏林曰："宫刑，其创腐臭，故曰腐也。"如淳曰："腐，宫刑也。丈夫割势，不能复生子，如腐木不生实。"腐刑严重毁坏男性的生理机能，而且带有极大的侮辱性，专门针对男性奸非犯罪。《尚书大传》："男女不以义交者，其刑宫。"

《史记·吕不韦列传》："始皇帝益壮，太后淫不止。吕不韦恐觉祸及己，乃私求大阴人嫪毐以为舍人，时纵倡乐，使毐以其阴关桐轮而行，令太后闻之，以啗太后。太后闻，果欲私得之。吕不韦乃进嫪毐，诈令人以腐罪告之。不韦又阴谓太后曰：'可事诈腐，则得给事中。'太后乃阴厚赐主腐者吏，诈论之，拔其须眉为宦者，遂得侍太后。"③可见，秦朝的腐刑由专门机构施行，汉代亦复如是。汉《囚律》规定"有罪当府（腐）者，移内官，内官府（腐）之。"

二、劳役

关于秦的劳役刑问题，学术界至今存在分歧。有主张无期说的，也有主张有期说的，这个分歧在"隶臣妾"问题表现得尤为突出。现在看来，无期说是有一定道理的。秦的劳役刑是由"城旦舂""鬼薪、白粲""隶臣、妾""司寇""侯"组成的一个刑罚等级序列，"自城旦而下逐次降低。把劳作工种，劳役强度，服刑役加刑具、色衣、监视与否，以及加肉刑情况诸方面统一结合起来，就构成为各种刑徒的名称和轻重不同的等级序列"，而且都无固定期限，这个序列为汉代所继承，文帝

---

① 《秦简牍合集·释文注释修订本》（壹），第113页。
② 刘海年：《秦律刑罚考析》，见氏著：《战国秦代法制管窥》，法律出版社，2006年，第101页。
③ 《史记》卷八十五《吕不韦列传》。

以后改无期为有期，所谓"罪人各以轻重，不亡逃，有年而免"，晁错称为"罪人有期"。

1. 司寇

司寇是较轻的劳役，《汉旧仪》："司寇男备守，女为作如司寇，皆作二岁。"《张皓传》注："司寇二岁刑，输作司寇，因以名焉。"①沈家本说："司犹察也，古别无'伺'字，司即伺察之字。司寇，伺察寇盗也，男以守备，其意盖如此。"蔡枢衡认为"司寇作实是筥篓研，亦即以编织精致竹器为内容的自由和劳动刑。"②

睡虎地秦墓竹简中多见"司寇"。

《仓律》："城旦之垣及它事而劳与垣等者，旦半夕参；其守署及为它事者，参食之。其病者，称议食之，令吏主。城旦舂、舂司寇、白粲操土攻（功），参食之；不操土攻（功），以律食之。"③规定了包括"舂司寇"在内的各种刑徒的伙食定量。"舂司寇"是女司寇参加舂米劳役。

《司空》："司寇勿以为仆、养、守官府及除有为殹（也）。有上令除之，必复请之。"④不得任用司寇作赶车的仆、烹炊的养、看守官府或其他的事。如有上级命令任用他们，一定要重新请示。

《内史杂》："侯（候）、司寇及群下吏毋敢为官府佐、史及禁苑宪盗。"⑤候、司寇以及众下吏，都不准作官府里的佐、史和禁苑的宪盗。

《法律答问》："当耐司寇而以耐隶臣诬人，可（何）论？当耐为隶臣。当耐为侯（候）罪诬人，可（何）论？当耐为司寇。"⑥

2. 隶臣妾

作为劳役刑之一种，"隶臣妾"重于司寇，轻于鬼薪白粲。自云梦秦简发现后，学术界曾就"隶臣妾"问题展开激烈争论，观点不一，有"刑徒"说，有"官奴隶"

① 《后汉书》卷五十六《张皓传》。
② 蔡枢衡著：《中国刑法史》，中国法制出版社，2005 年，第 116 页。
③ 《秦简牍合集·释文注释修订本》（壹），第 79 页。
④ 同上注，第 121 页。
⑤ 同上注，第 138 页。
⑥ 同上注，第 128 页。

说,还有"刑徒"兼"奴隶"说。如果从劳役的等级序列看,从整个刑罚体系来看,"隶臣妾"应为刑徒。

3. 鬼薪、白粲

鬼薪白粲,其得名是由于服此役者,男犯"取薪给宗庙为鬼薪",女犯"坐择米使正白为白粲"。鬼薪白粲轻于"城旦舂",而且不施加肉刑。因此,"鬼薪白粲"成为有一定身份者犯重罪的优待,如《汉书·惠帝纪》记载惠帝即位,下诏"上造以上及内外公孙耳孙有罪当刑及当为城旦舂者,皆耐为鬼薪白粲"。①

睡虎地秦简《游士律》:"有为故秦人出,削籍,上造以上为鬼薪,公士以下刑为城旦。"②

《法律答问》:"葆子□□未断而诬告人,其罪当刑城旦,耐以为鬼薪而鋈足。""可(何)谓当刑为鬼薪? 当耐为鬼薪未断,以当刑隶臣及完城旦诬告人,是谓当刑鬼薪。"③

"可(何)谓赎鬼薪鋈足? 可(何)谓赎宫? 臣邦真戎君长,爵当上造以上,有罪当赎者,其为群盗,令赎鬼薪鋈足;其有府(腐)罪,【赎】宫。其它罪比群盗者亦如此。"④

"鬼薪白粲"为官府服杂役,如牧马、牛、羊等,如果马、牛、羊食人稼穑,"鬼薪白粲"被笞打一百,并"禁毋牧",并由"县官皆为赏(偿)主"。"鬼薪白粲"有一定的人身自由,但其家室不能"居民里中",否则以亡论。其诉讼权力受到限制,"城旦舂、鬼薪白粲告人,皆勿听。"

4. 城旦舂

"城旦舂"是最重的一种劳役刑,其得名与所服苦役有关,"城旦者,旦起行治城;舂者,妇人不豫外徭,但舂作米"。《汉书·外戚传》有城旦舂服刑的描述:"高祖崩,惠帝立,吕后为皇太后,乃令永巷囚戚夫人,髡钳衣赭衣,令舂。戚夫人舂

---

① 《汉书》卷二《惠帝纪》。
② 《秦简牍合集·释文注释修订本》(壹),第158页。
③ 同上注,第224页。
④ 同上注,第226页。

且歌曰：'子为王，母为虏，终日春薄暮，常与死为伍！相离三千里，当谁使告女？'"①城旦春可分为几种：只服"城旦春"苦役，"不加肉刑髡剃"者称为完城旦春；在服"城旦春"苦役前若施黥、劓、斩趾等刑，称为"刑城旦春"，依次分别称作"黥为城旦春""斩左趾以为城旦春"，作为对某些犯罪加重的刑等。

《史记集解》引如淳曰："律说'论决为髡钳，输边筑长城，昼日伺寇虏，夜暮筑长城'。城旦，四岁刑。"②城旦春为"四岁刑"之说，应是文帝以后的制度，从秦到汉初，"城旦春"应无明确刑期。汉简《具律》："隶臣妾及收人有耐罪，系城旦春六岁。系日未备而复有耐罪，完为城旦春。城旦春有罪耐以上，黥之。""隶臣妾、收人亡，盈卒岁，系城旦春六岁；不盈卒岁，系三岁。自出殹（也），□□。其去系三岁亡，系六岁；去系六岁亡，完为城旦春。"

睡虎地秦墓简《法律答问》有大量适用城旦刑的法律解释，城旦刑主要用于：

第一，赃数较大的窃盗罪，分别处以完城旦或黥城旦。如《法律答问》："五人盗，臧（赃）一钱以上，斩左止，有（又）黥以为城旦；不盈五人，盗过六百六十钱，黥劓以为城旦；不盈六百六十到二百廿钱，黥为城旦；不盈二百廿以下到一钱，迁之。""人臣甲谋遣人妾乙盗主牛，买（卖），把钱偕邦亡，出徼，得，论各可（何）殹（也）？当城旦黥之，各畀主。""甲盗牛，盗牛时高六尺，系一岁，复丈，高六尺七寸，问甲可（何）论？当完城旦。""士五（伍）甲盗，以得时直（值）臧（赃），臧（赃）直（值）过六百六十，吏弗直（值），其狱鞠乃直（值）臧（赃），臧（赃）直（值）百一十，以论耐，问甲及吏可（何）论？甲当黥为城旦；吏为失刑罪，或端为，为不直。"

"上造甲盗一羊，狱未断，诬人曰盗一猪，论可（何）殹（也）？当完城旦。"③

第二，擅杀罪。擅杀虽为杀人，但杀人者往往为被杀者之尊长，对其拥有一定的人身权力，故此类杀人量刑较轻。《法律答问》："擅杀子，黥为城旦春。其子新生而有怪物其身及不全而杀之，勿罪。""人奴擅杀子，城旦黥之，畀主。"④

第三，情节较重的伤人。"殴大父母，黥为城旦春。""或与人斗，缚而尽拔其须麋（眉），论可（何）殹（也）？当完城旦。""士五（伍）甲斗，拔剑伐，斩人发结，可

①　《汉书》卷九十七《外戚传》。
②　《史记》卷六《秦始皇本纪》。
③　《秦简牍合集·释文注释修订本》（壹），第 201 页。
④　同上注，第 209 页。

（何）论？当完为城旦。"①

第五节　秦的耻辱刑

一、髡

将人的头发剃掉。髡作为一种刑罚似乎较晚，《尚书》的五刑中没有髡，《周礼》的《司刑》中也没有髡，但《掌戮》中有"髡者使守积"的规定，与刖、墨、宫等刑余之人同等待遇。古代罪人与奴隶不分，因而奴隶皆髡发，如战国时齐人淳于髡，《史记》说他"齐之赘婿也"。平民转化为奴，亦必髡发，《史记·季布传》："乃髡钳季布，衣褐衣，置广柳车中，并与其家僮数十人，之鲁朱家所卖之。朱家心知是季布，乃买而置之田。诫其子曰：田事听此奴，必与同食。"②

髡为奴辱之刑，与肉刑有相似之处，就是人体之一部分被切割。在古人心目中，发肤与身体的其他部分同样重要。但髡又明显轻于肉刑，即髡刑不流血，无肉体之痛苦，且头发具有再生功能，故髡刑不在五刑之内，是一种仅能造成精神痛苦和形象毁损的耻辱性。

《法律答问》："士五（伍）甲斗，拔剑伐，斩人发结，可（何）论？当完为城旦。""或与人斗，缚而尽拔其须麋（眉），论可（何）殹（也）？当完城旦。"③

以上两例犯罪有"斩人发结""拔其须麋（眉）"的情节，按照"以牙还牙，以眼还眼"同态复仇的用刑原则，两种犯罪均"当完城旦"，即髡其发而为城旦。

二、耐

《史记·淮南衡山列传》："臣之愚计，可伪为丞相御史请书，徙郡国豪桀任侠及有耐罪以上。"《集解》引应劭曰："轻罪不至于髡，完其耏鬓，故曰耏。古'耏'字从'彡'，发肤之意。杜林以为法度之字皆从'寸'，后改如是。耐音若能。"如淳曰："律'耐为司寇，耐为鬼薪、白粲'。耐犹任也。"苏林曰："一岁为罚作，二岁刑

---

① 《秦简牍合集·释文注释修订本》（壹），第213—215页。
② 《史记》卷一百《季布栾布列传》。
③ 《秦简牍合集·释文注释修订本》（壹），第215、214页。

已上为耐。耐，能任其罪。"①

《史记·赵奢列传》司马贞《索隐》引江遂曰"汉令称完而不髡曰耐，是完士未免从军也"。②

三、完

《法律答问》："女子为隶臣妻，有子焉，今隶臣死，女子北其子，以为非隶臣子殴（也），问女子论可（何）殴（也）？或黥颜颊为隶妾，或曰完，完之当殴（也）。"③

历来对髡、耐、完的解释有矛盾之处。《说文》段玉裁注："髡者，剃发也。不剃发，仅去其鬓曰耐，亦曰完。谓之完者，言完其发也。"按段玉裁的意见，髡是一个等级，耐与完又是一个等级。《史记·赵奢传》注引汉令："完而不髡曰耐，是以耐即不髡。"这就是说，耐刑仅剃去鬓毛和胡须，完其发，所以又称完刑，耐与完是一种刑罚的两种称呼。历来对髡、耐、完三者的关系的说法颇多矛盾。但有一点大家均无疑问，髡、耏、完既可以单独用来惩罚犯罪，也可以作为附加刑和徒刑结合使用。

吴荣曾认为："髡也可写成完字，完、髡音近，可以通假。如《周礼》的'髡者使守积'，而《汉书·刑法》引这句话，写作'完者使守积'，可以为证。另外如张家山出土汉简中所引用的《鲁法》，其中有'完为倡'之语。这个'完'字和秦的完城旦之'完'一样，即髡之假借。倡是乐人，属于官奴身份，官奴是要髡首的。"④

韩树峰也认为："秦至汉文帝改制前，徒刑中最重的城旦春既可附加肉刑，亦可附加剃去发须的耐刑、髡刑。肉刑'断支体，伤肌肤'，犯人受刑后，形貌无法复原，而剃去发须的耐、髡之刑虽然暂时改变了形貌，但以后仍可复原。为强化对比，因此前者常称为'刑城旦'，后者则称为'完城旦'。较轻的司寇、隶臣妾、鬼薪白粲等徒刑一般不附加肉刑，而是附加剃去发须之刑。由于没有肉刑相对照，所以称为'耐司寇'、'耐隶臣妾'、'耐鬼薪白粲'，而不称完刑。"⑤

---

① 《史记》卷一百一十八《淮南衡山列传》。
② 《史记》卷八十一《廉颇蔺相如列传》。
③ 《秦简牍合集·释文注释修订本》（壹），第248页。
④ 吴荣曾：《读史丛考》，中华书局，第59页。
⑤ 韩树峰：《汉魏法律与社会》，社会科学文献出版社，2011年，第23页。

第六节　秦的迁刑与戍边

一、迁

迁,放逐、贬谪。秦从商鞅时开始便实行了这种刑罚。商鞅曾把他认为的"乱化之民""尽迁之于边地",①昭王和始皇时也都曾广泛运用。秦的迁刑近于后世的流刑,但和后世的流刑有区别。

秦律中迁刑有夺爵者,也有不夺爵而迁者。如《史记·秦始皇本纪》:嫪毐谋反"中大夫令齐等二十人皆枭首。车裂以徇,灭其宗。及其舍人,轻者为鬼薪。及夺爵迁蜀四千余家,家房陵。"此夺爵的例子,也有保留了爵位的,如始皇"十二年,文信侯不韦死,窃葬。其舍人临者,晋人也逐出之;秦人六百石以上,夺爵,迁;五百石以下不临,迁,勿夺爵。"②其中两种情况皆有。可见,秦律规定判处迁刑的,不一定是很重的罪,甚至无罪之人也迁徙戍边,如"陈涉,瓮牖绳枢之子,甿隶之人,而迁徙之徒"。

从迁刑适用的罪名来看,亦皆轻罪。《法律答问》:"五人盗,臧(赃)一钱以上,斩左止,有(又)黥以为城旦;不盈五人,盗过六百六十钱,黥劓以为城旦;不盈六百六十到二百廿钱,黥为城旦;不盈二百廿以下到一钱,迁之。"③此例所迁者为最轻微的盗罪。

《傅律》:"匿敖童,及占癃(癃)不审,典、老赎耐,百姓不当老,至老时不用请,敢为酢(诈)伪者,赀二甲;典、老弗告,赀各一甲;伍人,户一盾,皆迁之。"④这是一例在申报户籍时弄虚作假的行为,按秦律规定,隐匿成童及申报废疾不确实,里典、伍老应赎耐。百姓不应免老,或已应免老而不加申报、敢弄虚作假的,罚二甲;里典,伍老不加告发,各罚一甲;同伍的人,每家罚一盾,并处以迁刑。

《秦律杂抄》:"吏自佐、史以上负从马、守书私卒,令市取钱焉,皆迁。"⑤自

---

① 《史记》卷六十八《商君列传》。
② 《史记》卷六《秦始皇本纪》。
③ 《秦简牍合集·释文注释修订本》(壹),第181页。
④ 同上注,第171页。
⑤ 同上注,第162页。

佐、史以上的官吏有驮运行李的马和看守文书的私卒，用以贸易牟利。可见迁刑针对的都是轻微的犯罪，秦律规定"皆迁"，说明秦的迁刑在刑罚等级上较徒刑城旦轻。整理小组将秦律中的"迁"解释为"流放"，容易引起歧义，因为隋唐以后各封建王朝的流刑，则是仅次于绞、斩的重刑。

秦律迁刑，犯罪者的家人一起被迁徙。《法律答问》："啬夫不以官为事，以奸为事，论可(何)殹(也)？当迁。迁者妻当包不当？不当包。"①即使其妻子有自首行为也不能免除被迁的连带处罚，《法律答问》："当迁，其妻先自告，当包。"②

迁刑也是"疠"者的一种安置措施。《法律答问》："甲有完城旦罪，未断，今甲疠，问甲可(何)以论？当迁疠所处之；或曰当迁迁所定杀。"③"城旦、鬼薪疠，可(何)论？当迁疠迁所。"④

《封诊式》："(迁)子爰书：某里士五(伍)甲告曰：'谒鋈亲子同里士五(伍)丙足，迁蜀边县，令终身毋得去迁所，敢告。'告法(废)丘主：士五(伍)咸阳才(在)某里曰丙，坐父甲谒鋈其足，迁蜀边县，令终身毋得去迁所论之，迁丙如甲告，以律包。今鋈丙足，令吏徒将传及恒书一封诣令史，可受代吏徒，以县次传诣成都，成都上恒书太守处，以律食。法(废)丘已传，为报，敢告主。"⑤

从《迁子爰书》看，其子被迁，是在父亲请求下，政府按父亲的意愿要求而作出的一种对子的安置，不问缘由，有求必应，甚至"鋈其足"。

二、戍

戍即戍边。在秦律中往往见"戍一岁""戍三岁"，而且与赀刑并列。由于边地气候环境等恶劣，且有烽火之惊，"戍"是一种对过错的惩罚性措施，文献中常见谪戍。《史记·秦始皇本纪》："徙谪，实之初县。"《索隐》："徙有罪而谪之，以实初县，即上'自榆中属阴山，以为三十四县'是也。故汉七科谪亦因于秦。"《史记·郦生陆贾列传》："夫敖仓，天下转输久矣，臣闻其下乃有藏粟甚多，楚人拔荥

---

① 《秦简牍合集·释文注释修订本》(壹)，第205页。
② 同上注，第206页。
③ 同上注，第230页。
④ 同上注，第231页。
⑤ 同上注，第282页。

阳,不坚守敖仓,乃引而东,令適卒分守成皋,此乃天所以资汉也。"《索隐》案：通俗文云"罚罪云谪",即所谓谪戍。《汉书·晁错传》："秦之戍卒不能其水土,戍者死于边,输者偾于道。秦民见行,如往弃市,因以谪发之,名曰'谪戍'。先发吏有谪及赘婿、贾人,后以尝有市籍者,又以大父母、父母尝有市籍者,后入闾,取其左。"①文献所见为徙民实边戍边的政策,当为终身戍边。秦简所见为短期戍边,其所犯罪错之轻微更可知。如《秦律杂抄》："不当稟军中而稟者,皆赀二甲,法(废);非吏殹(也),戍二岁;徒食、敦(屯)长、仆射弗告,赀戍一岁;令、尉、士吏弗得,赀一甲。"②"军人买(卖)稟稟所及过县,赀戍二岁;同车食、敦(屯)长、仆射弗告,戍一岁;县司空、司空佐史、士吏将者弗得,赀一甲;邦司空一盾。"③

从上引两例可以看出,秦律既有"戍一岁""戍二岁",还有"赀戍",也就是出钱免戍。当然也有自愿戍边者,如《司空》："百姓有母及同牲(生)为隶妾,非適(谪)罪殹(也)而欲为冗边五岁,毋赏(偿)兴日,以免一人为庶人,许之。"④

第七节　秦的其他惩罚

一、赎刑

赎刑起源很早,西周时期为了防止刑罚冤滥,对于"疑罪从赦",即用赎刑来代替肉刑和死刑,即所谓"金作赎刑"。春秋时期,齐国赎罪以甲、盾,桓公是以称霸。以往,学术界限于当时文献资料,一般认为"汉初承秦苛法之余,未有赎罪之制",⑤赎刑为"武帝以后事"。⑥ 云梦秦简的发现,说明秦律不仅有赎刑,⑦而且以金钱、谷物、布帛甚至奴婢等收赎。⑧

汉初赎刑分六等："赎死,金二斤八两。赎城旦舂、鬼薪白粲,金一斤八两。赎

---

① 《汉书》卷四十九《晁错传》。
② 《秦简牍合集·释文注释修订本》(壹),第 162 页。
③ 同上注,第 162—163 页。
④ 同上注,第 121 页。
⑤ 程树德：《九朝律考》,中华书局,2003 年,第 46 页。
⑥ [清]沈家本著,张全民点校：《历代刑法考》,中国检查出版社,2003 年,第 340 页。
⑦ 《法律答问》："内公孙毋爵者当赎刑,得比公士赎耐不得？得比焉。"《睡虎地秦墓竹简》第 231 页。
⑧ 《墨子·号令》："邑人知识、昆弟有罪,虽不在县中而欲为赎,若以粟米、钱金、布帛、他财物免出者,令许之。"见[清]孙诒让撰：《墨子间诂》,中华书局,2001 年,第 600 页。

斩、府(腐),金一斤四两。赎劓、黥,金一斤。赎耐,金十二两。赎迁,金八两。"从前引汉简《金布律》可知,汉初既可以金赎,[1]也可以平价入钱,也可为他人纳赎除罪。

赎刑重于罚金,轻于劳役刑,汉《具律》规定"告不审及有罪先自告,各减其罪一等",司寇减轻为赎刑。沈家本说:"凡言赎者,皆有本刑,而以财易其刑,故曰赎。"[2]从张家山汉简来看,汉初法律往往直接规定某种犯罪处以某等赎刑,可见赎刑在汉初一方面作为规定刑,适用于全体犯罪者。另一方面,汉初法律也规定某种法定刑基于某种理由或法律规定可以收赎,主要是针对特殊身份者,赎刑则成为这些享有特权者的一种替代刑或换刑。[3] 具体地讲,赎刑适用有以下特点:

第一,一些主观非故意犯罪的法定刑。

马融说汉代法律规定"意善功恶,使出金赎罪,坐不戒慎者。"[4]江声曰:"功谓事也,谓意本无恶而所为之事或不戒慎而有伤害。纵之则无所惩,刑之则恐枉滥,姑使出金赎之。"汉简《囚律》规定:"其非故也,而失不□□以其赎论之。"张斐曰:"赎罚者误之诫。"[5]后世基本遵守这个基本原则,《唐律疏议》:"诸过失杀伤人者,各依其状,以赎论。"[6]从张家山汉简看,汉律中过失犯、误犯、主观无恶意等犯罪一般规定了相应的赎刑。

1. 行为人有一定的过失。《贼律》规定"其过失及戏而杀人,赎死"。船人摆渡,因过失导致意外"杀马牛及伤人,船人赎耐,船啬夫、吏赎迁"。

2. 行为人主观无恶意。根据封建伦理,父母有教诫子女、使之改恶从善的权力,但在行家法时使"子及奴婢以殴笞辜死",汉《贼律》规定处以"赎死"。官员有劾奏他人犯罪的权力,但如"劾人不审为失,以其赎半论之",[7]还有,"诸吏以

---

① 东汉赎罪以谷物、布帛等,《后汉纪·显宗孝明帝纪》诏曰:"其勑有司务顺时气,使无烦扰。天下亡命殊死以下,听得赎论:死罪入缣二十匹,右趾至髡钳城旦春十匹,完城旦至司寇作三匹。其未发觉,诏书到先自告者,半人赎。"

② 沈家本著,张全民点校:《历代刑法考》,中国检察出版社,2003年,第341页。

③ 日本学者角谷常子认为秦的赎刑大致可分为两类,"即作为身份性的特权而得到认可的换刑"和"作为规定刑"。(见氏著:《秦汉时代的赎刑》,陈青、胡平生译,《简帛研究二〇〇一》,广西师范大学出版社,2002年,第593页)。张建国认为汉初的赎"既可以与刑名后所附实刑的名称相关,也可与其无关,因此既可以体现为代替刑,也可以体现为独立刑"(见氏著:《论西汉初期的赎》,《政法论坛》2002年第5期)。

④ 《史记·五帝本纪》《集解》引马融语。

⑤ 《晋书·刑法志》。

⑥ 《唐律疏议》,第426页。

⑦ 胡平生、张德芳:《敦煌悬泉汉简释粹》,上海古籍出版社,2001年。

县官事笞城旦舂、鬼薪白粲,以辜死,令赎死"。

3. 行为人在不知的情形下误犯。如:"诸舍亡人及罪人亡者,不智(知)其亡,盈五日以上,所舍罪当黥□赎耐;完为城旦舂以下到赎耐,及亡收、隶臣妾、奴婢及亡盈十二月以上□赎耐。"

4. 行为人在不知的情形下不作为。《津关令》规定"诈伪出马",津关吏卒、吏卒乘塞者"弗智(知),皆赎耐"。

第二,一些轻罪的法定刑。

沈家本说"汉时自有赎论之律,情罪之轻者",①即轻罪可以判处赎刑。其中包括:1. 犯罪未遂,如"诸诈袭人符传出入塞之津关,未出入而得,皆赎城旦舂"。又如"越邑里、官市院垣,若故坏决道出入,及盗启门户,皆赎黥"。2. 赎刑本质上仍属于财产刑,非法获利往往处以赎刑,如"田宅当入县官而诈代其户者,令赎城旦,没入田宅"。3. 行为人客观上不作为或能力上不能够。盗铸钱"同居不告,赎耐"。如越塞阑关,"吏卒主者弗得,赎耐"。民宅园户籍、年细籍、田比地籍、田命籍、田租籍,"其或为(诈)伪,有增减也,而弗能得,赎耐"。"当戍,已受令而逋不行盈七日,若戍盗去署及亡盈一日到七日,赎耐"。

第三,特殊身份者犯罪的换刑。

汉代,有爵者犯罪可以收赎。商鞅为秦制爵二十级,"赐爵者,有罪得赎,贫者得卖与人"。②《墨子·号令》反映的是战国时期秦国的法律制度:"其不欲为吏而欲以受赐赏爵禄,若赎出亲戚、所知罪人者,以令许之。"《汉书·惠帝纪》:"民有罪,得买爵三十级以免死罪。"注引应劭曰:"一级直钱二千,凡为六万,若今赎罪入三十疋缣矣。"师古曰:"令出买爵之钱以赎罪。"但对于"贼杀伤父母,牧杀父母,欧〈殴〉詈父母,父母告子不孝"这类犯罪,《贼律》特别规定"毋得以爵偿、免除及赎"。唐律继承了这个传统,规定特殊身份者犯罪可以赎罪:"诸应议、请、减仅九品以上之官,若官品得减者之祖父母、父母、妻、子孙,犯流罪以下听赎"。③"诸年七十以上,十五以下及废疾,犯流罪以下,收赎"。④

---

① 《汉律摭遗》卷十,见《历代刑法考》第三册,第1554页。
② 《后汉书·光武纪》注。
③ 《唐律疏议》,第34页。
④ 同上注,第80页。

二、笞

古作"扑"，《尚书》"扑作教刑"，郑玄曰："扑，榎楚也，扑为教官为刑者"，①只有"学校、典礼诸事用之"，是老师对"不率教""犯礼"者的惩戒，不列于五刑之内。"春秋时，或用以治官事"。② 汉初常见笞一百和笞五十，文帝刑制改革以后，以笞替代肉刑，笞刑与劳役刑结合，在汉代刑罚体系中开始扮演重要角色。笞刑具有以下特点：

一、惩戒轻微罪错。"人有小愆，法须惩戒，故加捶挞以耻之。"③笞刑主要适用于轻微犯罪，如汉简《行书律》规定："邮人行书，一日一夜二百里。不中程半日，笞五十；过半日至盈一日，笞百；过一日，罚金二两。"《田律》规定，马、牛等吃了别人的庄稼，对马牛主人罚金，每头马、牛各一两，并负责赔偿庄稼的损失。如果是公家马、牛、羊，则处罚吏徒等主管负责者。如果是城旦舂、鬼薪白粲等负责看管，则对他们"笞百"，并禁止不许以后再放牧，由官府来赔偿庄稼的损失。鬼薪白粲犯了耐以上罪，黥以为城旦舂，如果犯"有赎罪以下，笞百"。

二、作为附加惩罚措施。奴婢"有赎罪以下"、或老小不施加肉刑、或受肉刑者，"皆笞百"。奴婢逃亡，若能"自出"或"自归主，主亲所智（知），皆笞百"。《亡律》规定"鬼薪白粲"逃亡，"皆笞百"。吏民亡，能"自出"，"笞五十"。秦律《法律答问》也规定："隶臣妾系城旦舂，去亡，已奔，未论而自出，当治（笞）五十，备系日。"④

三、笞刑可以用罚金替代。"吏、民有罪当笞，谒罚金一两以当笞者，许之。"

三、赀刑与罚金

罚金、赎刑起源很早，《周礼·秋官》：职金"掌受士之金罚、货罚"，《国语·齐语》记载齐桓公与管种谈论以赎刑、罚金解决甲兵不足问题，管仲建议："重罪赎以犀甲一戟，轻罪赎以鞼质一戟，小罪谪以金分。"韦昭注："小罪，不入于五刑

---

① 见《史记·五帝本纪》裴骃《集解》。

② ［清］沈家本著，张全民点校：《历代刑法考》，中国检查出版社，2003 年，第 369 页。

③ 《唐律疏议》，第 3 页。

④ 《秦简牍合集·释文注释修订本》（壹），第 234 页。

者。以金赎，有分两之差，今之罚金是也。"①张家山汉简《奏谳书》记载鲁国法律："盗一钱到廿，罚金一两；过廿到百，罚金二两；过百到二百，为白徒；过二百到千，完为倡。"

沈家本认为"罚金乃刑之最轻者"。② 秦有赀刑而没有罚金，汉初即有罚金，约分一两、二两、四两、八两、一斤、二斤等。③ 根据张家山汉简统计，罚金适用最广的是"罚金四两"，见于《二年律令》者不少于三十二例，其次是罚金二两、一两，其次是罚金八两，最少见的罚金一斤，④仅一例。罚金二斤不见于张家山汉简，见于《汉书·景帝纪》："吏迁徙免罢，受其故官属所将监治送财物，夺爵为士伍，免之。无爵，罚金二斤，没入所受。"⑤《汉书·昭帝纪》注引如淳曰："律，诸当占租者家长身各以其物占，占不以实，家长不身自书，皆罚金二斤，没入所不自占物及贾钱县官也。"⑥据《晋书·刑法志》，曹魏罚金刑凡六等，盖沿汉制。又，汉制一斤为十六两，汉罚金刑等级是成倍增加的。

《金布律》规定："有罚、赎、责（债），当入金，欲以平贾（价）入钱，及当受购、偿而毋金，及当出金、钱县官而欲以除其罚、赎、责（债），及为人除者，皆许之。"⑦可见，罚金既可入金，也可以平价入钱，也可为他人代交罚金。罚金在汉代刑罚体系中占有重要地位，其适用有以下特点：

第一，针对轻微违法行为。

从张家山汉简看，罚金刑主要针对的是一些违法行为后果不严重、社会危害

---

① 上海师范大学古籍整理组点校：《国语》，上海古籍出版社，1978年，第239、240页。
② 《汉律摭遗》卷九，《历代刑法考》第三册，第1533页。
③ 秦之赀刑和汉之罚金都属财产刑，因此，有学者认为汉之罚金源于秦之赀刑。如日本学者藤田高夫说："虽然秦代的刑法体系中没有罚金，但罚金刑的直按来源确是秦"，"汉代继承了秦代赀罪的部分原则，并赋予汉代独自的特点，从而形成罚金刑的体系"。（见氏著：《秦汉罚金考》，杨振红译，《简帛研究二〇〇一》，广西师范大学出版社，2002年，第609页。）事实上，张家山汉简《兴律》中还有一条有关赀罚的规定："已（？）繇（徭）及车牛当繇（徭）而乏之，皆赀日十二钱，有（又）赏（偿）乏繇（徭）日，车……"正如宋艳萍所指出："汉初经济处罚已由秦代的赀钱变成了以罚金为主的形式。"（见氏著：《从〈二年律令〉中的"赀"看秦汉经济处罚形式的转变》，载于《出土文献研究》第6辑，上海古籍出版社，2004年，第148页。）
④ 敦煌悬泉汉简中有一条《贼律》："殴亲父母及同产，耐为司寇，作如司寇。其奊诟詈之，罚金一斤。"见胡平生、张德芳：《敦煌悬泉汉简释粹》，上海古籍出版社，2001年。
⑤ 《汉书》卷五《景帝纪》。
⑥ 《汉书》卷七《昭帝纪》。
⑦ 《张家山汉墓竹简》，第67页。

性不大的轻微犯罪行为,如汉简《盗律》:盗赃值"不盈百一十钱到廿二钱,罚金四两。不盈廿二钱到一钱,罚金一两"。[1] 如果与人徒手斗殴,"其毋伤也,下爵殴上爵,罚金四两。殴同死〈列〉以下,罚金二两;其有痏痕及□,罚金四两"。[2] 又如"□诸诈增减券书,及为书故诈弗副,其以避负偿",若果"所避毋罪名、罪名不盈四两,及毋避也,皆罚金四两"。"亡书,符〈符〉券,入门卫木久,摹〈塞〉门、城门之蘥〈钥〉,罚金各二两。""敢择不取行钱、金者,罚金四两。""诸有责〈债〉而敢强质者,罚金四两。""盗侵巷术、谷巷、及狠〈垦〉食之,罚金二两。"有些还是没有危害性行为,如矫制"不害,罚金四两。"

第二,误犯、过失犯罪。

汉代法律根据犯罪的主观方面,将犯罪行为区分为故意、过误两种。故意犯从重,过误犯从轻,一般情况下处以罚金,如《贼律》规定,"失火延燔"寺舍、民室屋庐舍、积聚等,"罚金四两,责〈债〉所燔"。[3] 再如船人摆渡,"败亡粟米它物",除了负责赔偿以外,还要"罚船啬夫、吏金各四两";"□□□而误多少其实,及误脱字,罚金一两"。[4]《后汉书·郭躬传》中常侍孙章宣诏,"误言两报重,尚书奏章矫制,罪当腰斩"。[5] 但郭躬认为"法令有故、误,章传命之谬,于事为误,误者其文则轻",因此"章应罚金"。南朝陈律也规定"若公坐过误,罚金"。[6]

第三,职务犯罪。

汉代对一般性职务犯罪处以罚金,后世继承了之个传统,梁武帝"依周、汉旧事",规定"凡在官身犯,罚金"。[7] 南朝陈律规定"将吏已上及女人应有罚者,以罚金代之"。

一、擅权行为。1."擅赋敛者";2."县道官敢擅坏更官府寺舍";3."书不急,擅以邮行";4."擅兴车牛,及繇〈徭〉不当繇〈徭〉使者";5."擅繇〈徭〉使史、卜、祝学童";6."财物私自假贰〈贷〉人";7. 县道官有请而当为律令者,毋得

---

① 《张家山汉墓竹简》,第 16 页。
② 同上注,第 12 页。
③ 同上注,第 8 页。
④ 同上注,第 10 页。
⑤ 《后汉书》卷四十六《郭躬传》。
⑥ 《隋书·刑法志》。
⑦ 同上注。

径请。

二、失职行为。1. "乡部主邑中道,田主田道。道有陷败不可行者";2. 盗贼发,"令、丞、尉弗觉智(知)";3. "发致及有传送,若诸有期会而失期,乏事";4. "代户、贸卖田宅,乡部、田啬夫、吏留弗为定籍";5. 市贩匿不自占租,"列长、伍人弗告";6. 市贩匿不自占租,"啬夫、吏主者弗得";7. "有任人以为吏,其所任不廉、不胜任以免";8. "斗杀人而不得";9. 邮人行书不中程过一日;10. "邮吏居界过书,弗过而留之,半日以上";11. "诸行书而毁封者";12. "发致及有传送,若诸有期会而失期,乏事";13. 发致及有传送,"书已具,留弗行,行书而留过旬";14. 有移徙者,乡部啬夫、吏、令史"辄移户及年籍爵细徙所,并封。留弗移,移不并封,及实不徙数盈十日",数在所正、典弗告,乡部啬夫、吏主及案户者弗得;15. "流者可拯,同食、将吏及津啬夫、吏弗拯";16. 当置后,尉、尉史主者"留弗为置后过旬";17. 发生盗铸钱犯罪,"正典、田典、伍人不告"及"尉、尉史、乡部、官啬夫、士吏、部主者弗得";18. 越塞阑关,"吏卒主者弗得";19. "亡印";20. 不从律;21. "□□□不以次";22. 大祝考试小祝,善祝、明祠事者应入以为冗祝,"不入史、卜、祝者";23. "盗出财物于边关徼",吏部主者"弗智(知)";24. "守燧乏之,及见寇失不燔燧,燔燧而次燧弗私〈和〉";25. "乘徼,亡人道其署出入,弗觉"。

三、司法渎职。司法官员如"鞫狱故纵不直,及诊、报、辟故弗穷审者,各以其罪论之",对于轻罪的上述渎职行为,如"当系城旦舂、官府偿日者,罚岁金八两;不盈岁,罚金四两"。

四、笞刑加重、赎刑减轻。汉律中笞刑轻,罚金重,因此"吏、民有罪当笞,谒罚金一两以当笞者,许之"。在法定须减罪的情形下,如汉《具律》规定"告不审及有罪先自告,各减其罪一等",那么赎耐以下减轻为罚金,"赎耐罪罚金四两"。

四、废

废作为罚之一,只适用于封建官吏、担任一定公职的人和王族成员等有官爵的人。它的意思是废除、取消其职务或身份。现存的有关秦的史籍中,未见到此种刑罚,从简文和汉代史料看,此种刑罚一般同其他刑罚结合使用。《游士律》:"为(伪)听命书,法(废)弗行,耐为侯(候);不辟(避)席立,赀二甲,法(废)。"①"䚢马五尺八寸以上,不胜任,奔挚(絷)不如令,县司马赀二甲,令、丞各一甲。先赋䚢马,马备,乃粼从军者,到军课之,马殿,令、丞二甲;司马赀二甲,法(废)。"②"不当禀军中而禀者,皆赀二甲,法(废)。"③"禀卒兵,不完善(缮),丞、库啬夫、吏赀二甲,法(废)。"④从秦律的规定可见,废多是在赀罚的同时,又废掉担任的公职。

五、谇

谇,《说文》:"责让也。"也就是申斥责骂。这是对犯赀罪以下的官吏的一种惩治。它相当于现代刑法中规定的"训诫"。刘海年认为:"这种刑罚,乍看起来不见得比某些行政处分重,但因为它是一种罚,一旦被谇,便是受了刑事处分,便算有了'前科',如再犯罪就必然受到加重惩罚。秦律《封诊式》的许多'爱书'中都标明了'无它坐罪',就是回答被告人过去是否犯过罪,是否有'前科'。由此看来,秦对犯罪人有无'前科'是很注意的。"⑤

第八节　秦的购赏

法家认为人性恶,有趋利避害的特性,故主张法律禁止的行为待以重刑严罚,鼓励激劝的行为予以厚赏,而且"刑重而必,赏厚而信"。《史记·刺客列传》:"夫樊将军,秦王购之金千斤,邑万家。"⑥《史记·张耳陈余列传》:"秦灭魏数岁,已闻此两人魏之名士也,购求有得张耳千金,陈余五百金。张耳、陈余乃变名姓,俱之陈,为里监门以自食。"⑦

---

① 《秦简牍合集·释文注释修订本》(壹),第157页。
② 同上注,第161页。
③ 同上注,第162页。
④ 同上注,第163页。
⑤ 刘海年:《秦律刑罚考析》,见氏著:《战国秦代法制管窥》,法律出版社,2006年,第121页。
⑥ 《史记》卷八十六《刺客列传》。
⑦ 《史记》卷八十九《张耳陈余列传》。

一、秦律的购赏的行为主要有：

1. 鼓励告奸。从商鞅变法开始，秦国实行"不告奸者腰斩，告奸者与斩敌首同赏，匿奸者与降敌同罚"的政策。《法律答问》："甲告乙贼伤人，问乙贼杀人，非伤殴（也），甲当购，购几可（何）？当购二两。""甲告乙盗牛，今乙贼伤人，非盗牛殴（也），问甲当论不当？不当论，亦不当购；或曰为告不审。"

2. 鼓励捕亡。《法律答问》："捕亡完城旦，购几可（何）？当购二两。""有投书，勿发，见辄燔之；能捕者购臣妾二人，系投书者鞫审谳之。""夫、妻、子五人共盗，皆当刑城旦，今中〈甲〉尽捕告之，问甲当购几可（何）？人购二两。""夫、妻、子十人共盗，当刑城旦，亡，今甲捕得其八人，问甲当购几可（何）？当购人二两。""有秩吏捕阑亡者，以畀乙，令诣，约分购，问吏及乙论可（何）殴（也）？当赀各二甲，勿购。""盗出朱（珠）玉邦关及买（卖）于客者，上朱（珠）玉内史，内史材鼠（予）购？可（何）以购之？其耐罪以上，购如捕它罪人；赀罪，不购。""或捕告人奴妾盗百一十钱，问主购之且公购？公购之之。"

二、秦律明确赏与不赏的界限。《法律答问》："盗出朱（珠）玉邦关及买（卖）于客者，上朱（珠）玉内史，内史材鼠（予）购？可（何）以购之？其耐罪以上，购如捕它罪人；赀罪，不购。"[1]从此例可以看出，如被捕获的罪犯被处耐罪以上，捕获者当获购赏；如被捕获的罪犯判不到耐罪，仅止赀刑罚款，捕获者就不奖赏。

《法律答问》："甲捕乙，告盗书丞印以亡，问亡二日，它如甲，已论耐乙，问甲当购不当？不当。"[2]整理小组引《礼记·缁衣》注"不一也"，谓"二日"意即"其日期与所控告不合"。甲所控乙偷盖县丞官印，经讯问逃亡日期不合，且被告仅止耐罪，所以没有给予奖赏。与上一例比较，一系捕获耐罪，一系举告耐罪，而此例没有给予奖赏，大概是因为此例为举告行为而不是捕获耐罪，举告易而捕获难，且所告日期不合。

秦律举告得实予以奖赏，诬告为犯罪，告不审界于罪与非罪之间，最难掌握。《法律答问》："甲告乙盗牛，今乙贼伤人，非盗牛殴（也），问甲当论不当？不当论，亦不当购；或曰为告不审。"[3]此例即在不奖不惩之间。

---

①　《秦简牍合集·释文注释修订本》（壹），第 236 页。

②　同上注，第 235 页。

③　同上注，第 198 页。

《法律答问》:"有秩吏捕阑亡者,以畀乙,令诣,约分购,问吏及乙论可(何)殹(也)? 当赀各二甲,勿购。"①分析此例,有秩吏有逮捕罪犯的法定职责,因而有秩吏捕获犯罪不予奖赏,所以此例中有秩吏将捕获的阑亡罪人交给乙,让乙去领赏,并试图瓜分奖金,被发现后不但不能受赏,而且被罚二甲。

三、从睡虎地秦墓竹简可知,秦律购赏方式有"公购"与"私购"之分,即国家奖励与私人奖励。如《法律答问》:"或捕告人奴妾盗百一十钱,问主购之且公购? 公购之之。"②公购是国家奖励,由代表国家的各种衙门具体实施奖励,如前引"盗出朱(珠)玉邦关及买(卖)于客者,上朱(珠)玉内史,内史材鼠(予)购。"即将珠玉上交内史,秦律规定即由内史量予奖赏。

此外,奖购内容有奖励黄金和奖给奴婢之不同。购臣妾者如"有投书,勿发,见辄燔之;能捕者购臣妾二人,系投书者鞫审讞之。"③奖励黄金常见有"购二两"。如:"甲告乙贼伤人,问乙贼杀人,非伤殹(也),甲当购,购几可(何)? 当购二两。"④再如:"捕亡完城旦,购几可(何)? 当购二两。"⑤

大约购黄金二两为最低之赏金,有时赏金计算可叠加累计,如《法律答问》:"夫、妻、子五人共盗,皆当刑城旦,今中〈甲〉尽捕告之,问甲当购几可(何)? 人购二两。"⑥此例"人购二两",甲"尽捕告"一家五人,当共获黄金十两。

"夫、妻、子十人共盗,当刑城旦,亡,今甲捕得其八人,问甲当购几可(何)? 当购人二两。"⑦此例一家十人共盗,甲"捕得其八人",当得奖金十六两黄金。

在岳麓秦简中还有购钱的例子。如《癸、琐相移谋购案》中涉案"死皋购钱四万三百廿;群盗盗杀人购八万六百卅钱"。

① 《秦简牍合集·释文注释修订本》(壹),第236页。
② 同上注,第236页。
③ 同上注,第202页。
④ 同上注,第234页。
⑤ 同上注,第235页。
⑥ 同上注,第235页。
⑦ 同上注,第235页。

第五章　秦的刑罚适用原则

秦有《具律》，是商鞅从李悝《法经》六篇中的《具法》承袭而来，《唐律疏议》："周衰刑重，战国异制，魏文侯师于里悝，集诸国刑典，造法经六篇：一、盗法；二、贼法；三、囚法；四、捕法；五、杂法；六、具法。商鞅传授，改法为律。"①所谓《具律》就是刑罚的适用原则，"具其加减"的意思，就是说在何种情况下加重刑罚，在何种情况下减轻刑罚的意思。

第一节　刑　事　责　任

《法律答问》："甲盗牛，盗牛时高六尺，系一岁，复丈，高六尺七寸，问甲可（何）论？当完城旦。"②

《法律答问》："甲小未盈六尺，有马一匹自牧之，今马为人败，食人稼一石，问当论不当？不当论及赏（偿）稼。"③刘海年认为"在一篇答问中反复提到六尺这一身体高度，绝不是偶然的。六尺很可能就是秦律规定的刑事犯罪责任年龄的界限。"④

《周礼》贾公彦疏："七尺谓年二十，六尺谓年十五。"当时是以六尺作为成年人与未成年人的界限的。前例是说，一不足六尺的小孩放马，马被惊吓而吃他人禾稼，判小孩为不赔偿不论处；后例则明确犯人刚到应处罚的年龄，囚禁一年后，又随其年龄的增长，处以完城旦。需要说明的是，秦简所规定的刑事责任年龄是

---

① 《唐律疏议》，第 2 页。

② 《秦简牍合集·释文注释修订本》（壹），第 184 页。

③ 同上注，第 242 页。

④ 刘海年：《秦律刑罚的适用原则》，原载《法学研究》1983 年第 1、2 期，又见氏著：《战国秦代法制管窥》，法律出版社，2006 年，第 138 页。

指本人应负责任的法定年龄,而对于受连坐的家属则不受年龄限制,一律行刑,如李斯一家老少几十口,皆连坐被刑于市。秦简中还有"子小未可别,令从母为收"的记载。

《法律答问》:"甲谋遣乙盗杀人,受分十钱,问乙高未盈六尺,甲可(何)论?当磔。"①

《封诊式》:"子小男子某,高六尺五寸。"②

《法律答问》:"女子甲为人妻,去亡,得及自出,小未盈六尺,当论不当?已官,当论;未官,不当论。"③

《秦律十八种》:"隶臣、城旦高不盈六尺五寸,隶妾、舂高不盈六尺二寸,皆为小;高五尺二寸,皆作之。"④

第二节　减轻刑罚的原则

一、大赦

《政论》:"大赦之造,乃圣王受命而兴,讨乱除残,诛其鲸鲵,赦其臣民,渐染化者耳。及战国之时,犯罪者辄亡奔邻国,遂赦之以诱还其逋逃之民。汉承秦制,遵而不越。"⑤

秦在昭襄王时多颁赦令,将秦人犯罪者赦免后迁往新征战之地区去实边,《史记·秦本纪》:"二十一年,错攻魏河内。魏献安邑,秦出其人,募徙河东赐爵,赦罪人迁之。""二十六年,赦罪人迁之穰。""二十七年,错攻楚。赦罪人迁之南阳。""二十八年,大良造白起攻楚,取鄢、邓,赦罪人迁之。"

秦孝王、庄襄王在继位后曾大赦一次。"孝文王元年,赦罪人,修先王功臣,褒厚亲戚,弛苑囿。"⑥"庄襄王元年,大赦罪人,修先王功臣,施德厚骨肉而布惠

---

① 《秦简牍合集·释文注释修订本》(壹),第 208 页。
② 同上注,第 269 页。
③ 同上注,第 246 页。
④ 同上注,第 72 页。
⑤ 〔汉〕崔寔著,孙启治校注:《政论校注》,中华书局,2012 年,第 157 页。
⑥ 《史记》卷五《秦本纪》。

于民。"①崔寔在《政论》中说："践作改元际，未尝不赦，每其令曰'荡涤旧恶，将与士大夫更始'，是褒己薄先，且违无改之义，非所以明孝抑邪之道也。"②

秦始皇即位，为配合所谓"水德"，"久者不赦"。《史记·秦始皇本纪》："刚毅戾深，事皆决于法，刻削毋仁恩和义，然后合五德之数。于是急法，久者不赦。"《索隐》："水主阴，阴刑杀，故急法刻削，以合五德之数。"③

二世皇帝继位时二十一岁，也曾大赦。《六国年表》："十月戊寅，大赦罪人。"④当陈胜吴广揭竿而起时，少府章邯曾建议："盗已至，众彊，今发近县不及矣。郦山徒多，请赦之，授兵以击之。"二世不得已大赦天下，使章邯将。⑤

大赦天下确实能缓和矛盾、化解社会危机，但大赦太过频繁，在某种程序上又助长了奸宄不逞之徒。崔寔曾指出："顷间以来，岁且壹赦，百姓怚忕，轻为奸非，每迫春节徼幸之会，犯恶尤多。近前年一期之中，大小四赦，谚曰：'一岁再赦，奴儿喑噁。'况不轨之民，孰不肆意？遂以赦为常俗，初切望之，过期不至，亡命蓄积，群辈屯聚，为朝廷忧。如是则劫，不得不赦。赦以趣奸，奸以趣赦，转相驱踧，两不得息，虽日赦之，乱甫繁耳。由坐饮多发消渴，而水更不得去口，其归亦无终矣。"⑥

《法律答问》："或以赦前盗千钱，赦后尽用之而得，论可（何）殹（也）？毋论。"⑦意思很清楚，有人在赦令颁布前盗窃一千钱，赦令颁布后将钱全部花费而被拿获，应如何论处？不予论处。

《法律答问》："群盗赦为庶人，将盗戒（械）囚刑罪以上，亡，以故罪论，斩左止为城旦，后自捕所亡，是谓'处隐官'。"⑧群盗已被赦免为庶人，带领判处肉刑以上罪的戴着刑械的囚徒，将囚徒失去，以过去犯的罪论处，断去左足为城旦，后来自己把失去的囚徒捕获，这样应"处隐官"。

---

① 《史记》卷五《秦本纪》。
② ［汉］崔寔著，孙启治校注：《政论校注》，第 164 页。
③ 《史记》卷六《秦始皇本纪》。
④ 同上注。
⑤ 《史记》卷十五《六国年表》。
⑥ ［汉］崔寔著，孙启治校注：《政论校注》，第 159 页。
⑦ 《秦简牍合集·释文注释修订本》（壹），第 196 页。
⑧ 同上注，第 231 页。

二、自首

秦律中有"自告"，相当于现代刑法所谓"自首"。汉代有"先自告除其罪"的规定。《史记·衡山王传》："元年冬，有司公卿下沛郡求捕所与淮南谋反者未得，得陈喜于衡山王子孝家。吏劾孝首匿喜。孝以为陈喜雅数与王计谋反，恐其发之，闻律先自告除其罪，又疑太子使白嬴上书发其事，即先自告，告所与谋反者救赫、陈喜等。廷尉治验，公卿请逮捕衡山王治之。"①汉律此条当从秦律而来。在秦律中，自告是指罪行未被发现，未被他人告发时，犯罪者自行去官府投首的行为。

《法律答问》："司寇盗百一十钱，先自告，可（何）论？ 当耐为隶臣，或曰赀二甲。"②司寇盗窃一百一十钱，先已自首，如何论处？ 应耐为隶臣，一说应赀二甲。

《法律答问》："当迁，其妻先自告，当包。"③应当流放的人，其妻事先自首，仍应随往流放地点。

"盗自告　□□□爰书：某里公士甲自告曰：'以五月晦与同里士五（伍）丙盗某里士五（伍）丁千钱，毋（无）它坐，来自告，告丙。'即令【令】史某往执丙。"④某里公士甲自首说：于五月末和同住一里的士伍丙盗窃了某里士伍丁一千钱，没有其他过犯，前来自首，并告发丙。当即命令史某前往将丙逮捕。

秦律还有一种类似"自首"的行为称"自出"。"自出"实际上指罪行已暴露，且在追捕中的人到官府去投首。

《法律答问》："把其叚（假）以亡，得及自出，当为盗不当？ 自出，以亡论。其得，坐臧（赃）为盗；盗罪轻于亡，以亡论。"⑤

《法律答问》："隶臣妾系城旦舂，去亡，已奔，未论而自出，当治（笞）五十，备系日。"⑥

《法律答问》："女子甲为人妻，去亡，得及自出，小未盈六尺，当论不当？ 已

①　《史记》卷一百一十八《淮南衡山列传》。
②　《秦简牍合集·释文注释修订本》（壹），第 186 页。
③　同上注，第 206 页。
④　同上注，第 272 页。
⑤　同上注，第 233 页。
⑥　同上注，第 234 页。

官,当论;未官,不当论。"①

《封诊式》:"亡自出　乡某爰书:男子甲自诣,辞曰:'士五(伍),居某里,以乃二月不识日去亡,毋(无)它坐,今来自出。'问之□名事定,以二月丙子将阳亡,三月中逋筑宫廿日,四年三月丁未籍一亡五月十日,毋(无)它坐,莫覆问。以甲献典乙相诊,今令乙将之诣论,敢言之。"②

"□捕　爰书:男子甲缚诣男子丙,辞曰:'甲故士五(伍),居某里,乃四月中盗牛,去亡以命。丙坐贼人□命。自昼甲见丙阴市庸中,而捕以来自出。甲毋(无)它坐。'"③

三、有特殊身份者

第一,葆子。

《秦律十八种》之《司空》规定服劳役刑的规定:"公士以下居赎刑罪、死罪者,居于城旦舂,毋赤其衣,勿枸椟欙杕。鬼薪白粲,群下吏毋耐者,人奴妾居赎赀责(债)于城旦,皆赤其衣,枸椟欙杕,将司之;其或亡之,有罪。葆子以上居赎刑以上到赎死,居于官府,皆勿将司。所弗问而久系之,大啬夫、丞及官啬夫有罪。居赀赎责(债)欲代者,耆弱相当,许之。作务及贾而负责(债)者,不得代。"④大意是公士以下的人以劳役抵偿赎刑、赎死的罪,要服城旦舂的劳役,但不必穿红色囚服,不施加木械、黑索和胫钳。鬼薪、白粲,下吏而不加耐刑的人们,私家奴婢被用抵偿赀赎债务而服城里劳役的,都穿红色囚服,施加木械、黑索和胫钳,并加监管;如让他们逃亡了,监管者有罪。葆子以上劳役抵偿赎剂以上到赎死的罪,而在官府服劳役的,都不加监管。若不加讯问而长期加以拘禁,则大啬夫、丞和该官府的啬夫有罪。

葆子,据张政烺先生考证,是一种受国家保护的人,这种人多是在前方作战之将士的亲属。为了使这些将士效忠于封建国家,安心作战,秦律规定葆子犯了罪得适当从轻处罚,判处赎刑服劳役也可以受到某些优待。所谓"葆子以上",当

---

①　《秦简牍合集·释文注释修订本》(壹),第 246 页。

②　同上注,第 297 页。

③　同上注,第 272 页。

④　同上注,第 112 页。

然包括有爵位和有官的人。"皆勿将司",就是指在服劳役时一律不要监管。

《法律答问》中还有二则对"葆子"犯罪减刑的规定:"葆子狱未断而诬告人,其罪当刑为隶臣,勿刑,行其耐,有(又)系城旦六岁。"①"葆子狱未断而诬【告人,其罪】当刑鬼薪,勿刑,行其耐,有(又)系城旦六岁。"②

第二,少数民族上层人物。

《法律答问》:"真臣邦君公有罪,致耐罪以上,令赎。"③"可(何)谓'赎鬼薪鋈足'? 可(何)谓'赎宫'? 臣邦真戎君长,爵当上造以上,有罪当赎者,其为群盗,令赎鬼薪鋈足;其有府(腐)罪,【赎】宫。其它罪比群盗者亦如此。"④

"真臣邦君公"和"臣邦真戎君长",都是指少数民族中的上层人士。这些人犯了罪,可以用金钱赎,即使犯了群盗罪,也允许赎,只不过赎金多一些罢了。在史籍中也有类似的记载,《后汉书·南蛮传》:"秦惠王并巴中,以巴氏为蛮夷君长,世尚秦女,其民爵比不更,有罪得以爵除。"⑤《华阳国志·巴志》:秦昭王"复夷人顷田不租,十妻不算,伤人者论,杀人雇死倓钱"。⑥

第三,有官爵的人。

《法律答问》:"将上不仁邑里者而纵之,可(何)论? 当系作如其所纵,以须其得;有爵,作官府。"⑦押送在乡里作恶的人而将之放走,应如何论处? 应当像他所放走的罪犯那样拘禁劳作,直到罪犯被捕获为止,如果是有爵的人,可在官府服役。

《法律答问》:"当迁,其妻先自告,当包。"⑧"啬夫不以官为事,以奸为事,论可(何)殹(也)? 当迁。迁者妻当包不当? 不当包。"⑨第一条意思是应当流放的人,其妻事先自首,仍应随往流放地点。第二条意思是啬夫不以官职为事,而专干坏事,应如何论处? 应流放。被流放者的妻应否随往流放地点? 不应随往。

① 《秦简牍合集·释文注释修订本》(壹),第224页。
② 同上注,第224页。
③ 同上注,第250页。
④ 同上注,第226页。
⑤ 《后汉书》卷八十六《南蛮西南夷列传》。
⑥ [晋]常璩著:《华阳国志·巴志》,齐鲁书社,2010年。
⑦ 《秦简牍合集·释文注释修订本》(壹),第206页。
⑧ 同上注,第206页。
⑨ 同上注,第205页。

两条相比较,刘海年认为"告发的仍然被迁,不告发的则可以不迁,关键就在于后者的丈夫是啬夫"。①

第三节　加重刑罚的原则

秦律中加重处罚的方式有"并臧(赃)以论""收"、加刑等方式。所谓"并臧(赃)以论"主要是指在盗罪中,凡共同犯罪,将各得之赃加起来科罪,或者一人累犯窃盗,将前后所得之赃累计科刑。"收"见前论。

一、共同犯加重

《法律答问》:"甲乙雅不相智(知),甲往盗丙,钱(缠)到,乙亦往盗丙,与甲言,即各盗,其臧(赃)直(值)各四百,已去而偕得。其前谋,当并臧(赃)以论;不谋,各坐臧(赃)。"②

此例中的关键在于有"前谋",有"前谋",则认定为二人以上的共同预谋犯罪。否则为两个单独犯罪。一般情况下,共同预谋犯罪对社会和统治的危害更大,因此为统治阶级所重视。秦律对共同犯罪与单个人犯罪严格加以区分,对各人在共同犯罪中的地位和作用也加以区分。

共同犯罪的集团犯罪从重惩罚。《法律答问》:"五人盗,臧(赃)一钱以上,斩左止,有(又)黥以为城旦;不盈五人,盗过六百六十钱,黥劓以为城旦;不盈六百六十到二百廿钱,黥为城旦;不盈二百廿以下到一钱,迁之。"③秦律对于共同犯罪又加以区分。五人以上的集团犯罪比五人以下处刑重得多。如规定五人以上的集团盗窃罪赃在一钱以上,处砍去左足又黥为城旦的刑罚;而不满五人,偷盗赃数超过六百六十钱,才处以黥劓为城旦的刑罚。

二、累犯加重

秦律对于顽劣者、屡教不改者,不断犯罪者也加重处罚。《法律答问》:"诬人

盗直(值)廿,未断,有(又)有它盗,直(值)百,乃后觉,当并臧(赃)以论,且行真罪、有(又)以诬人论? 当赀二甲一盾。"①此例中既诬陷他人盗罪,自己又犯盗罪,诬陷他人罪名反坐,"诬人盗直(值)廿"应反坐他自己盗廿钱,加上他自己实盗值百,应以一百二十钱"并赃论罪"。

《法律答问》:"不会,治(笞);未盈卒岁得,以将阳有(又)行治(笞)。今士五(伍)甲不会,治(笞)五十;未卒岁而得,治(笞)当驾(加)不当? 当。"②不会,指征发徭役时不应征报到。将阳,见《尚书大传》,系叠韵连语,在此意为游荡。"不报到,应笞打,未满一年被捕获,因游荡罪应再笞打。"如士伍甲不报到,应笞打五十;未满一年被捕获,应否增加笞打? 应当。

三、特殊身份犯罪

《法律答问》:"害盗别徼而盗,驾(加)罪之。可(何)谓'驾(加)罪'? 五人盗,臧(赃)一钱以上,斩左止,有(又)黥以为城旦;不盈五人,盗过六百六十钱,黥劓以为城旦;不盈六百六十到二百廿钱,黥为城旦;不盈二百廿以下到一钱,迁之。求盗比此。"③

《法律答问》:"求盗盗,当刑为城旦,问罪当驾(加)如害盗不当? 当。"④

第一条中"害盗",即《秦律十八种》中《内史杂》"候、司寇及群下吏"条的"宪盗",整理小组认为:"宪盗,据简文,系一种捕盗的职名,《法律答问》作害盗,'宪'字《说文》云'害省声',故与'害'字通假。"⑤别,读为背。徼,《史记·平准书》《集解》引如淳曰:"亦卒求盗之属也。"即游徼的省称。《汉书·百官表》乡有游徼,"徼循禁贼盗",是负责捕"盗"的小官。一说,别意为分别,徼意为巡逻。求盗比此,即求盗犯罪和本条同例处理。

第二条意思是求盗盗窃,应刑为城旦,问是否应像害盗那样加罪? 应当。

求盗,亭中专司捕盗的人员,《汉书·高帝纪》注引应劭曰:"求盗者,亭卒。

---

① 《秦简牍合集·释文注释修订本》(壹),第 200 页。
② 同上注,第 244 页。
③ 同上注,第 181 页。
④ 同上注,第 182 页。
⑤ 同上注,第 138 页。

旧时亭有两卒,一为亭父,掌开闭埽除,一为求盗,掌逐捕盗贼。"①既为专司捕盗之人,而知法犯法,或利用身份作掩护,或利用职务便利而行盗,应该加重处罚。

第四节　连坐原则

《史记·商君传》:"卒定变法之令。令民为什伍,而相牧司连坐。不告奸者腰斩,告奸者与斩敌首同赏,匿奸者与降敌同罚。事未利及怠而贫者,举以为收孥。"《索隐》:"刘氏云,五家为保,十保相连。牧司为相纠发也。一家有罪而九家连举发,若不纠发,则十家连坐。恐变令不行,故设重禁。案律,降敌者诛其身,没其家,今匿奸者,言当与之同罚也。怠者,懈也。《周礼》谓之疲民。以言懈怠不事事之人而贫者,则纠举而收录其妻子,没为官奴婢,盖其法特重于古也。"据《索隐》之说,是秦法之相坐,谓十家相保家,不但父母妻子同产也。怠懈不事事之人,即收孥为官奴婢,不但犯大逆不道之缘坐也。②

《盐铁论·周秦篇》:"御史曰:一室之中,父兄之际,若身体相属,一节动而知于心。故今自阙内侯以下,比地于伍,居家相察,出入相司。父不教子,兄不正弟,舍是谁责乎?"《春秋》曰:'子有罪执其父,臣有罪执其君。听失之大者也。'今以子诛父,以弟诛兄,亲戚相坐,什伍相连,若引根本之及华叶,伤小指之累四体也。如此,则以有罪反诛无罪,无罪者寡矣。""自首匿相坐之法立,骨肉之恩废,而刑罪多矣。父母之于子,虽有罪犹匿之,岂不欲服罪尔。闻子为父隐,父为子隐,未闻父子相坐也。闻兄弟缓追以免贼,未闻兄弟之相坐也。闻恶恶止其人,疾始而诛首恶,未闻什伍之相坐也。"③

《史记·李斯列传》记载赵高对秦二世说:"夫沙丘之谋,诸公子及大臣皆疑焉,而诸公子尽帝兄,大臣又先帝之所置也。今陛下初立,此其属意怏怏皆不服,恐为变。"二世曰:"为之奈何?"赵高曰:"严法而刻刑,令有罪者相坐诛,至收族,灭大臣而远骨肉;贫者富之,贱者贵之。尽除去先帝之故臣,更置陛下之所亲信

---

① 《汉书》卷一《高帝纪》。
② 《史记》卷六十八《商君列传》。
③ 王利器:《盐铁论校注》,中华书局,2019 年,第 584—585 页。

者近之。此则阴德归陛下，害除而奸谋塞，群臣莫不被润泽，蒙厚德，陛下则高枕肆志宠乐矣。计莫出于此。""二世然高之言，乃更为法律。于是群臣诸公子有罪，辄下高，令鞫治之。杀大臣蒙毅等，公子十二人僇死咸阳市，十公主矺死于杜，财物入于县官，相连坐者不可胜数。"①《汉书·文帝纪》："元年，尽除收帑相坐律令。"注引应劭曰："帑，子也。秦法，一人有罪，并其室家，今除此律。"②

一、同居连坐

《法律答问》："'盗及者（诸）它罪，同居所当坐。'可（何）谓'同居'？户为'同居'，坐隶，隶不坐户谓殹（也）。"③意思是说，偷盗和某些犯罪同户之人要连坐。所谓同户，即户籍登记为同一户者。但奴隶犯罪，主人应连坐，主人犯罪，奴隶则不连坐。

秦简中有不少同户连坐例子。《法律答问》："削（宵）盗，臧（赃）直（值）百一十，其妻、子智（知），与食肉，当同罪。"④"削（宵）盗，臧（赃）直（值）百五十，告甲，甲与其妻、子智（知），共食肉，甲妻、子与甲同罪。"⑤

"夫盗千钱，妻所匿三百，可（何）以论妻？妻智（知）夫盗而匿之，当以三百论为盗；不智（知），为收。"⑥

当然，不是说秦律规定的所有犯罪均连坐同居，如："甲诬乙通一钱黥城旦罪，问甲同居、典、老当论不当？不当。"⑦为什么诬人罪即使应处黥城旦这种重刑也不连坐同居和典、老？可能是法律规定连坐的只是其同居亲属或有关人员能予以监督的犯罪，而类似诬人这种其他人无法监督的犯罪则不连坐。

二、什伍连坐

秦实行什伍制，五家为一伍，十家为一什，除守望相助，也互相监督。一家有

---

①　《史记》卷八十七《李斯列传》。
②　《汉书》卷四《文帝纪》。
③　《秦简牍合集·释文注释修订本》（壹），第 190 页。
④　同上注，第 189 页。
⑤　同上注，第 189 页。
⑥　同上注，第 188 页。
⑦　同上注，第 253 页。

罪,四邻坐之。《法律答问》:"可(何)谓'四邻'?'四邻'即伍人谓殹(也)。"①

《法律答问》:"律曰'与盗同法',有(又)曰'与同罪',此二物其同居、典、伍当坐之。"②律文说"与盗同法",又说"与同罪",这两类犯罪者的同居、里典和同伍的人都应连坐。律文说"与同罪",但又说"反其罪"的,犯罪者的同居、里典和同伍的人不应连坐。

《法律答问》:"吏从事于官府,当坐伍人不当? 不当。"③官吏因在官府服役,应否因其同伍的人有罪而连坐? 不应当。大概除此言外,同伍实行连坐。

《秦律杂抄》之《傅律》:"匿敖童,及占癃(癃)不审,典、老赎耐,百姓不当老,至老时不用请,敢为酢(诈)伪者,赀二甲;典、老弗告,赀各一甲;伍人,户一盾,皆迁之。"④隐匿成童,及申报废疾不确实,里典、伍老应赎耐。百姓不应免老,或应免老而不加申报、敢弄虚作假的,罚二甲;里典,伍老不加告发,各罚一甲;同伍的人,每家罚一盾,都加以流放。

想要免除同伍相坐,就只有告奸。但诬告不但不能免除连坐,亦且有罪。"伍人相告,且以辟罪,不审,以所辟罪罪之。"⑤

此外,事发不在现场也免于连坐。《法律答问》:"贼入甲室,贼伤甲,甲号寇,其四邻、典、老皆出不存,不闻号寇,问当论不当? 审不存,不当论;典、老虽不存,当论。"⑥有贼进入甲家,将甲杀伤,甲呼喊有贼,其四邻、里典、伍老都外出不在家,没有听到甲呼喊有贼,应否论处? 四邻确不在家,不应论处,里典、伍老虽不在家,仍应论罪。

战时也实行伍人连坐。《秦律杂抄》:"战死事不出,论其后。有(又)后察不死,夺后爵,除伍人;不死者归,以为隶臣。"⑦在战争中死事不屈,应将爵授予其子。如后来察觉该人未死,应褫夺其子的爵位,并惩治其同伍的人,那个未死的人回来,作为隶臣。

---

① 《秦简牍合集·释文注释修订本》(壹),第219页。
② 同上注,第190页。
③ 同上注,第240页。
④ 同上注,第171页。
⑤ 同上注,第218页。
⑥ 同上注,第219页。
⑦ 同上注,第175页。

三、职务连坐

秦律规定:"同官而各有主殹(也),各坐其所主。"①在同一官府任职而所掌管方面不同,分别承担所管方面的罪责。如:"官啬夫免,县令令人效其官,官啬夫坐效以赀,大啬夫及丞除。县令免,新啬夫自效殹(也),故啬夫及丞皆不得除。"②官府的啬夫免职,如县令已派人核验该官府的物资,则该官府啬夫因核验中问题被罚时,大啬夫(县令)和丞免罪。县令免职,新任啬夫(县令)自行核验,原任啬夫(县令)和丞都不能免罪。

秦律规定了很多情形下的连带责任。如《效律》:"尉计及尉官吏节(即)有劾,其令、丞坐之,如它官然。"③县尉的会计以及县尉官府中的吏如犯有罪行,该县令、丞应承担罪责,和其他官府一样。又:"司马令史掾苑计,计有劾,司马令史坐之,如令史坐官计劾然。"④司马令史掾管理苑囿的会计,如会计有罪,司马令史应承担罪责,和令史承担官府会计的罪责一样。《秦律杂抄》:"蘮马五尺八寸以上,不胜任,奔挚(絷)不如令,县司马赀二甲,令、丞各一甲。先赋蘮马,马备,乃粼从军者,到军课之,马殿,令、丞二甲;司马赀二甲,法(废)。"⑤蘮马体高应在五尺八寸以上,如不堪使用,在奔驰和羁系时不听指挥,县司马罚二甲,县令、丞各罚一甲。先征取蘮马,马数已足,即在从军人员中选用骑士。到军后进行考核,马被评为下等,　县令、丞罚二甲,司马罚二甲,革职永不叙用。"漆园殿,赀啬夫一甲,令、丞及佐各一盾,徒络组各廿给。漆园三岁比殿,赀啬夫二甲而法(废),令、丞各一甲。"⑥又:"采山重殿,赀啬夫一甲,佐一盾;三岁比殿,赀啬夫二甲而废。"⑦漆园是生产漆和漆器的地方,采山就是采矿,当时都是官营手工业。殿,是指在评比中落后。秦统治者为增加手工业生产,在管理上广泛采取评比的方法。法律规定,凡落后的,除生产者外,与之有关的官吏也要受惩罚。

为了便于掌握官吏职务犯罪连坐时适用刑罚的界限,《效律》对某些官吏连

① 《秦简牍合集·释文注释修订本》(壹),第146页。
② 同上汴,第146页。
③ 同上注,第153页。
④ 同上注,第153页。
⑤ 同上注,第161页。
⑥ 同上注,第166页。
⑦ 同上注,第167页。

坐时如何适用刑罚作了一般性的规定："官啬夫赀二甲,令、丞赀一甲;官啬夫赀一甲,令、丞赀一盾。其吏主者坐以赀、谇如官啬夫。其他冗吏、令史掾计者,及都仓、库、田、亭啬夫坐其离官属于乡者,如令、丞。"①这一规定的意思是某项犯罪,如果官府的啬夫罚二甲,则县令、丞应罚一甲;如果官府的啬夫罚一甲,则县令、丞罚一盾。主管该项工作的吏与官府啬夫处同样罚金和斥责,其他众吏参与会计者以及仓、库、田、亭等下属机构的负责人,所受的惩罚与令、丞相同。上述规定告诉我们,秦律关于官吏职务犯罪的连坐,责任愈直接惩罚愈重;反之,则较轻。

---

① 《秦简牍合集·释文注释修订本》(壹),第 152 页。

第六章　秦的罪名体系

第一节　秦的罪与非罪

法律禁奸止邪，一般会明确将严行禁止的行为规定为犯罪，在罪与非罪之间划定一个明确的界线。秦律中分别采用了不同的术语明确规定"罪"与"非罪"的界线。

一、"罪之"与"勿罪"

《效律》："为都官及县效律：其有赢、不备，物直（值）之，以其贾（价）多者罪之，勿赢（累）。"①就是说，制订都官和县核验物资财产的法律，如有超出或不足数的情形，每种物品均应估价，按其中价值最高的论罪，不要把各种物品价值累计在一起论罪。某种行为若达到一定的量级则入罪。

《法律答问》："伍人相告，且以辟罪，不审，以所辟罪罪之。"②同伍的人相告以罪名，不确实，应以所加的罪名论处控告者。

"罪之"就是说此种行为构成犯罪的界线。当然，某种行为虽具备犯罪的特征，但由于具备某些特殊性，则在法律上明确规定其去罪化，即不构成犯罪，秦律往往以"勿罪"来表述或标示，这些当属于所谓的"律外"或"例外"条款。如《法律答问》："擅杀子，黥为城旦舂。其子新生而有怪物其身及不全而杀之，勿罪。"③就是说，杀子构成擅杀罪名，但新生儿有残疾而擅杀者则不入罪，当属例外。

---

① 《秦简牍合集·释文注释修订本》（壹），第 142 页。
② 同上注，第 218 页。
③ 同上注，第 209 页。

二、"当论""何论""论何"与"不当论"

论是指法官根据案情事实议罪。《读律佩觿》：

> 盖论者,论其情之大小,理之是非,法之轻重,亲之等杀,赃之有无,及夫尊卑贵贱之名目,军民匠灶色目人等之籍贯差等,以及所犯各罪之故失、谋戏、株连。①

"不当论"就是指不应议罪。后世"勿论"不是单纯的免罪,王明德认为：

> 至勿论,则概为置之,不复具论矣。凡遇此等律例应为勿论人犯,倘有名讳在簿而人未到案者,则为查明,并不或为勾而摄之。即或已经误为勾摄,现赴庭鞫矣,亦必即为细细查明,命之另立一处,始终不为唤问一字,方合'勿论'二字之义。盖稍一推问,然后从而舍之,则其罪名已著,是免罪矣,岂勿论之旨也哉。此勿论与免罪其所以迥然不同者,全在此处讨分晓。是以定律着不容不为显切明着于律,以清其源。而愚欲阐明律义所在,则又不得不为琐琐烦聒,以着其别也。②

《法律答问》："甲告乙盗直(值)□□,问乙盗卅,甲诬驾(加)乙五十,其卅不审,问甲当论不当？ 廷行事赀二甲。"③

《法律答问》："甲告乙盗牛,今乙赃伤人,非盗牛殹(也),问甲当论不当？ 不当论,亦不当购;或曰为告不审。"④

"甲杀人,不觉,今甲病死已葬,人乃后告甲,甲杀人审,问甲当论及收不当？ 告不听。"⑤

"贼人甲室,贼伤甲,甲号寇,其四邻、典、老皆出不存,不闻号寇,问当论不

---

① ［清］王明德著,怀效锋点校：《读律佩觿》,法律出版社,2001年,第77页。
② 同上注,第77页。
③ 《秦简牍合集·释文注释修订本》(壹),第198页。
④ 同上注,第198页。
⑤ 同上注,第209页。

当？审不存，不当论；典、老虽不存，当论。"①

"仓鼠穴几可（何）而当论及诤？廷行事鼠穴三以上赀一盾，二以下诤。鼹穴三当一鼠穴。"②

"部佐匿者（诸）民田，者（诸）民弗智（知），当论不当？部佐为匿田，且可（何）为？已租者（诸）民，弗言，为匿田；未租，不论〇〇为匿田。"③

"甲小未盈六尺，有马一匹自牧之，今马为人败，食人稼一石，问当论不当？不当论及赏（偿）稼。"④

"女子甲为人妻，去亡，得及自出，小未盈六尺，当论不当？已官，当论；未官，不当论。"⑤

"智（知）人通钱而为臧（藏），其主已取钱，人后告臧（藏）者，臧（藏）者论不论？不论论。"⑥整理者说：此处重文号原应在问句第二个"论"字下，误衍"不论"二字，本应作"……论不论？论。"。也就是说，知道他人行贿而代为收藏钱财，钱的主人已将钱取走，事后才有人控告藏钱的人，藏钱的人应否论罪？应论罪。

"毋论"的情形：

"馈遗亡鬼薪于外，一以上，论可（何）殹（也）？毋论。"⑦

"甲、乙交与女子丙奸，甲、乙以其故相刺伤，丙弗智（知），丙论可（何）殹（也）？毋论。"⑧

"以其乘车载女子，可（何）论？赀二甲。以乘马驾私车而乘之，毋论。"⑨

"甲盗，臧（赃）直（值）千钱，乙智（知）其盗，受分臧（赃）不盈一钱，问乙可（何）论？同论。"⑩

"甲盗不盈一钱，行乙室，乙弗觉，问乙论可（何）殹（也）？毋论。其见智（知）

---

① 《秦简牍合集·释文注释修订本》（壹），第219页。
② 同上注，第239页。
③ 同上注，第241页。
④ 同上注，第242页。
⑤ 同上注，第246页。
⑥ 同上注，第253页。
⑦ 同上注，第232页。
⑧ 同上注，第248页。
⑨ 同上注，第249页。
⑩ 同上注，第186页。

之而弗捕,当赀一盾。"①

"甲盗钱以买丝,寄乙,乙受,弗智(知)盗,乙论可(何)殹(也)? 毋论。"②

"或以赦前盗千钱,赦后尽用之而得,论可(何)殹(也)? 毋论。"③

"告人盗千钱,问盗六百七十,告者可(何)论? 毋论。"④

三、"当坐"与"弗坐""弗当坐"

关于是否连坐,《法律答问》:"律曰'与盗同法',有(又)曰'与同罪',此二物其同居、典、伍当坐之。云'与同罪',云'反其罪'者,弗当坐。人奴妾盗其主之父母,为盗主,且不为? 同居者为盗主,不同居不为盗主。"⑤

《效》:"实官佐、史被免徙,官啬夫必与去者效代者。节(即)官啬夫免而效不备,代者与居吏坐之。故吏弗效,新吏居之未盈岁,去者与居吏坐之,新吏弗坐;其盈岁,虽弗效,新吏与居吏坐之,去者弗坐。它如律。"⑥

《法律答问》:"使者(诸)侯、外臣邦,其邦徒及伪吏不来,弗坐。""尉计及尉官吏节(即)有劾,其令、丞坐之,如它官然。""司马令史掾苑计,计有劾,司马令史坐之,如令史坐官计劾然。"⑦

四、此罪与彼罪

"甲告乙盗牛若贼伤人,今乙不盗牛、不伤人,问甲可(何)论? 端为,为诬人;不端,为告不审。"⑧

"夫盗千钱,妻所匿三百,可(何)以论妻? 妻智(知)夫盗而匿之,当以三百论为盗;不智(知),为收。"⑨

"夫盗三百钱,告妻,妻与共饮食之,可(何)以论妻? 非前谋殹(也),当为收;

---

① 《秦简牍合集·释文注释修订本》(壹),第187页。
② 同上注,第187页。
③ 同上注,第196页。
④ 同上注,第197页。
⑤ 同上注,第190页。
⑥ 同上注,第127页。
⑦ 同上注,第153页。
⑧ 同上注,第198页。
⑨ 同上注,第188页。

其前谋,同罪。夫盗二百钱,妻所匿百一十,可(何)以论妻? 妻智(知)夫盗,以百一十为盗;弗智(知),为守臧(赃)。"①

有时候,发生在特定关系人之间看似具备犯罪特征的行为也不入罪,如《法律答问》:"父盗子,不为盗。今叚(假)父盗叚(假)子,可(何)论? 当为盗。"②

"当论而端弗论,及鞫其狱,端令不致,论出之,是谓纵囚。"③

第二节　秦的盗、群盗

春秋以后,有关"盗贼"及各国制订相关法令的记载在历史文献中骤然多了起来,如《老子》:"法令滋章,盗贼多有。"④《左传·僖二十四年》:"窃人之财犹谓之盗。"《谷梁·哀四年传》:"春秋有三盗,微杀大夫谓之盗,非所取而取之谓之盗,辟中国之正道以袭利谓之盗。"⑤《墨子·大取》:"遇盗人而断指以免身,利也;其遇盗人,害也。"⑥《孟子·万章下》:"夫谓非其有而取之者,盗也。"⑦

一、窃盗类犯罪

秦汉时期的"窃盗"往往是入室窃盗,汉代"鄙谚云:盗不过五女门,以女贫家也"。⑧ 典型的窃盗,文献中称为"穿窬之盗"。"宋有富人,天雨墙坏。其子曰不筑且有盗,其邻人之父亦云,暮而果大亡其财,其家甚知其子而疑邻人之父。"睡虎地秦墓竹简《封诊式》中有《穴盗》一案,应是较典型的穿窬窃盗。

某里士五(伍)乙告曰:自宵臧(藏)乙复(复)结衣一乙房内中,闭其户,乙独与妻丙晦卧堂上。今旦起启户取衣,人已穴房内,彻内中,结衣不得,不

---

① 《秦简牍合集·释文注释修订本》(壹),第188—189页。
② 同上注,第189—190页。
③ 同上注,第217页。
④ 土弼注:《老子道德经》,上海书店,《诸子集成》本,1996年,第35页。
⑤ 中华书局编辑部编:《汉魏古注十三经》(下)《谷梁传》,中华书局影印,1998年,第151页。
⑥ [清]孙诒让撰,孙启治点校:《墨子间诂》,中华书局,2001年,第404页。
⑦ [清]焦循撰,沈文倬点校:《孟子正义》,中华书局,1991年,第701页。
⑧ 《后汉书》卷六十六《陈蕃传》。

智（知）穴盗者可（何）人、人数，毋（无）它亡殴（也），来告。即令令史某往诊，求其盗。令史某爰书：与乡□□隶臣某即乙、典丁诊乙房内。房内在其大内东，比大内，南乡（向）有户。内后有小堂，内中央有新穴，穴彻内中。穴下齐小堂，上高二尺三寸，下广二尺五寸，上如猪窦状。其所以椒者类旁凿，迹广□寸大半寸。其穴壤在小堂上，直穴播壤，被（破）入内中。内中及穴中外壤上有郄（膝）、手迹，郄（膝）、手各六所。外壤秦綦履迹四所，袤尺二寸。其前稠綦袤四寸，其中央稀者五寸，其踵稠者三寸。其履迹类故履。内北有垣，垣高七尺，垣北即巷殴（也）。垣北去小堂北唇丈，垣东去内五步，其上有新小坏，坏直中外，类足距之之迹，皆不可为广袤。小堂下及垣外地坚，不可迹。不智（知）盗人数及之所。内中有竹枱，枱在内东北，东、北去廦各四尺，高一尺。乙曰：□结衣枱中央。讯乙、丙，皆言曰：乙以乃二月为此衣，五十尺，帛里，丝絮五斤襡（装），缪缯五尺缘及殴（纯）。不智（知）盗者可（何）人及蚤（早）莫（暮），毋（无）意殴（也）。讯丁、乙伍人士五（伍）□，曰：见乙有结复（复）衣，缪缘及殴（纯），新殴（也）。不智（知）其里□可（何）物及亡状。以此直（值）衣贾（价）。①

　　除了攀爬穿越的犯罪特点外，窃盗还有一般是晚上做案的特点。睡虎地秦墓竹简《穴盗》也符合此特征，秦律中也往往称为"宵盗"，如："削（宵）盗，臧（赃）直（值）百一十，其妻、子智（知），与食肉，当同罪。""削（宵）盗，臧（赃）直（值）百五十，告甲，甲与其妻、子智（知），共食肉，甲妻、子与甲同罪。"②

　　因此，后世总结窃盗与"强盗"最大的不同就是，窃盗属于"潜行隐面而取"③或"方便私窃其财"，④而非"公取"，且一般不使用暴力，在事主不察觉的情况下秘密窃取，有如"掩耳盗铃"的故事，不欲人闻之见之。⑤

　　对于两人以上的共盗，根据是否事前有共谋，决定是否并赃论罪，而并赃是

① 《秦简牍合集·释文注释修订本》（壹），第 290 页。
② 同上注，第 189 页。
③ 《唐律疏议》，第 358 页。
④ 同上注，第 379 页。
⑤ 《吕氏春秋·自知》。

一种加重处罚的刑罚措施。"谋偕盗而各有取也,并直(值)其臧(赃)以论之。"也就是说,只要两人共谋一起去窃盗,即使在作案中,各自盗取了若干赃物,而不是共盗后分赃,也应并赃以论。但若非事前共谋,则不应并赃,《法律答问》:"甲乙雅不相智(知),甲往盗丙,纔(才)到,乙亦往盗两,与甲言,即各盗,其臧(赃)直(值)各四百,已去而偕得。其前谋,当并臧(赃)以论;不谋,各坐臧(赃)。"①这种情形属于同时犯,被看作两个发生在同一地点、同一地间由甲、乙分别作为犯罪嫌疑案的两个各自的窃盗罪。

《读律佩觽》:"并赃论罪者,将所盗之赃,合而为一,即赃之轻重,论罪之轻重,人各科以赃所应得之罪,故曰并赃论罪。"②"则不计人之多寡,盗之前后,及人各入己之轻重,惟以一时所犯皆算作一处。如倾销金银铜锡,不问妍媸纤微,砂砾尘土,皆镕而化之为一,止计分两之轻重而已。此并赃论罪之大义也。"③

针对"窃盗"罪,古代法律通常按盗赃的多少来确定罪刑轻重。秦律将构成窃盗的赃值定得很低,如《法律答问》:"或盗采人桑叶,臧(赃)不盈一钱,可(何)论? 赀繇(徭)三旬。"④此处,桑叶赃值不盈一钱,且属野外无人看守之物,竟然"赀繇(徭)三旬"。在盗羊案件中,在赃值计算时,连赃值一钱的系羊绳索也计算在内。"士五(伍)甲盗一羊,羊颈有索,索直(值)一钱,问可(何)论? 甲意所盗羊殹(也),而索系羊,甲即牵羊去,议不为过羊。"⑤

秦律规定的赃值等级为六百六十钱以上、二百二十钱以上到六百六十钱,二百二十百以下三个等级。秦简《法律答问》云:"不盈五人,盗过六百六十钱,黥(劓)以为城旦;不盈六百六十钱到二百廿钱,黥为城旦;不盈二百廿钱以下到一钱,(迁)之。"⑥这种法律规定大约是秦律的新规定,上古三代则不同,对所谓"穿窬之盗",传统一般"盗者刖其足,则永无淫放穿窬之奸矣"。⑦ 以至于西晋时,刘颂还建议恢复古刑:"亡者刖足,无所用复亡。盗者截手,无所用复盗。淫者割其

<hr>

① 《秦简牍合集·释文注释修订本》(壹),第187页。
② [清]工明德著,怀效锋点校:《读律佩觽》,法律出版社,2001年,第41页。
③ 同上注,第42页。
④ 《秦简牍合集·释文注释修订本》(壹),第186页。
⑤ 同上注,第194页。
⑥ 同上注,第181页。
⑦ 《三国志·魏书·陈群传》。

势，理亦如之。"①

"窃盗"传统上罪不至死，所谓的"皋陶不为盗制死刑"，②秦律对于用卖赃物所得款项而购买的其他财物也规定归还原主："盗盗人，买（卖）所盗，以买它物，皆畀其主。"③此即唐律之"转易得他物，及生产蕃息，皆为见在"。④《晋书·刑法志》记载汉《盗律》有还赃畀主"，可能承袭了秦律的相关规定，并为唐律所继承。

窃盗又根据所盗物品加以区分，如盗马罪、盗牛、盗兵符、御用物、祭祀品等等。而所盗物品的性质及归属使窃盗性质发生变化，量刑也会相应加重，直到死刑。

盗马爰书："市南街亭求盗才（在）某里曰甲缚诣男子丙，及马一匹，骓牝右剽；绨复衣，帛里莽缘领褒（袖），及履，告曰：丙盗此马、衣，今日见亭旁，而捕来诣。"

《盗马爰书》应是一起普通的盗马，但盗私马与公家马不同，盗国君或皇帝的马又会不同，如《秦本纪》："初，缪公亡善马，岐下野人共得而食之者三百余人，吏逐得，欲法之。缪公曰：'君子不以畜产害人。吾闻食善马肉不饮酒，伤人。'乃皆赐酒而赦之。三百人者闻秦击晋，皆求从，从而见缪公窘，亦皆推锋争死，以报食马之德。"⑤

秦奉祀天地、名山大川、鬼神称为祠。祭祀所用祭品乃神灵所享之物，非一般寻常物品可比，自然而然，窃盗供品不以一般窃盗论，秦律中有特别的法律规定。

张家山汉简《奏谳书》中的第十七案例，李学勤先生指出："历朔有'元年十二月癸亥'、'二年十月癸酉朔壬寅（当为戊）'等，推算合于秦王政元年（前246年）和二年（前245年）。"⑥实际上，这是一起发生在秦国秦地的典型的盗牛案件，而且是一起屈打成招而最终得到平反的案件：

　　四月丙辰黥城旦讲乞鞫，曰："故乐人，不与士五（伍）毛谋盗牛，雍以讲

①　《晋书·刑法志》。

②　《后汉书·曹褒传》。

③　《秦简牍合集·释文注释修订本》（壹），第191页。

④　《唐律疏议》，第88页。

⑤　《史记》卷五《秦本纪》。

⑥　李学勤：《〈奏谳书〉解说（上）》，《文物》1993年第8期。

为与毛谋，论黥讲为城旦。"覆视其故狱："元年十二月癸亥，亭庆以书言雍廷，曰：'毛买（卖）牛一，质，疑盗，谒论。'毛曰：'盗士五（伍）犯牛，毋它人与谋。'犯曰：'不亡牛。'毛改曰：'遝已嘉平可五日，与乐人讲盗士五（伍）和牛，牵之讲室，讲父士五（伍）处见。'处曰：'守汧（汧）邑南门，已嘉平不识日，晦夜半时，毛牵黑牝牛来，即复牵去，不智（知）它。'和曰：'纵黑牝牛南门外，乃嘉平时视，今求弗得。'以毛所盗牛献和，和识，曰：'和牛也。'讲曰：'践更咸阳，以十一月行，不与毛盗牛。'毛改曰：'十月中与谋曰：南门外有纵牛，其一黑牝，类扰易捕也。到十一月复谋，即识捕而纵，讲且践更，讲谓毛勉独捕牛，买（卖），分讲钱。到十二月已嘉平，毛独捕，牵买（卖）雍而得，它如前。'·诘讯毛于诘，诘改辞如毛。其鞫曰：'讲与毛谋盗牛审。'二月癸亥，丞昭、史敢、铫、赐论：'黥讲为城旦。'"今讲曰："践十一月更，外乐，月不尽一日下总咸阳，不见毛。史铫初讯谓讲，讲与毛盗牛，讲谓不也，铫即磔治（笞）讲北（背）可余伐，居数日，复谓讲'盗牛状何如'，讲谓'实不盗牛'，铫有（又）磔讲地，以水责（渍）讲北（背）。毛坐讲旁，铫谓毛'毛与讲盗牛状何如'，毛曰：'以十月中见讲，与谋盗牛。'讲谓不见毛，'弗与谋'，铫曰'毛言而是，讲和弗□'，讲恐复治（笞），即自诬曰：'与毛谋盗牛，如毛言。'其请（情）讲不与毛谋盗牛。"诊讲北（背），治（笞）纠（胁）大如指者十三所，小纠（胁）瘢相质五也，道肩下到要（腰），稠不可数。毛曰："十一月不尽可三日，与讲盗牛，识捕而复纵之，它如狱。"·讲曰："十月不尽八日为走马都魁庸（傭），与偕之咸阳，入十一月一日来，即践更，它如前。"毛改曰："诚独盗牛，初得时，史腾讯，毛'谓盗把牛'，腾曰'谁与盗？'毛谓独也，腾曰'非请（情）'，即答毛北（背），可六伐。居（？）八九日，谓毛：'犯不亡牛，安亡牛？'毛改言请（情），曰'盗和牛'，腾曰'谁与盗'，毛谓独也，腾曰'毛不能独盗'，即磔治（笞）毛北（背）殿（臀）股，不审伐数，血下汙池（地）。毛不能支治疾痛，即诬指讲。讲道咸阳来，史铫谓毛：'毛盗牛时，讲在咸阳，安道与毛盗牛？'治（笞）毛北（背），不审伐数。不与讲谋，它如故狱。"和曰："毛所盗牛雅扰易捕，它如故狱。"·处曰："讲践更咸阳，毛独牵牛来，即复牵去，它如狱。"魁都从军，不讯，其妻租言如讲。·诘毛："毛苟不与讲盗牛，覆者讯毛，毛何故不蚤（早）言请（情）？"毛曰："覆者初讯毛，毛欲言请（情），恐不如前言，即复治（笞），此以不蚤（早）

言请(情)。"·诘毛:"毛苟不与讲盗,何故言曰与谋盗?"毛曰:"不能支疾痛,即诬讲,以彼治(笞),罪也。"诊毛北(背)笞绞(胻)瘢相质五也,道肩下到要(腰),稠不可数,其殿(臀)瘢大如指四所,其两股瘢大如指。腾曰:"以毛诖(谩),笞,它如毛。"銚曰:"不智(知)毛诬讲,与丞昭、史敢、[赐]论盗牛之罪,问(它)如讲。"昭、敢、赐言如銚。问如辞。·鞫之:"讲不与毛谋盗牛,吏笞掠(掠)毛,毛不能支疾痛,而诬指讲,昭、銚、敢、赐论失之,皆审。"·二年十月癸酉朔戊寅,廷尉兼谓汧啬夫:"雍城旦讲乞鞫曰:'故乐人,居汧醴中,不盗牛,雍以讲为盗,论黥为城旦,不当。'覆之,讲不盗牛。讲毄(系)子县,其除讲以为隐官,令自常,畀其于于。妻子已卖者,者(此字衍)县官为赎。它收已卖,以贾(价)畀之。及除坐者赀,赀已入环(还)之。腾(誊)书雍。"①

此案本来是毛一个人的"独盗牛"案,在司法审判过程中,司法官主观臆断"毛不能独盗",用刑讯逼供的方式审讯毛,毛"不能支疾痛"而诬指讲与毛共谋盗牛且分赃。讲自己也在不胜"礫笞"痛楚的情况下,"自诬曰与毛谋盗牛,如毛言",结果以盗牛罪被判为黥城旦。

《法律答问》:"公祠未闋,盗其具,当赀以下耐为隶臣。今或益〈盗〉一肾,益〈盗〉一肾臧(赃)不盈一钱,可(何)论? 祠固用心肾及它支(肢)物,皆各为一具,一【具】之臧(赃)不盈一钱,盗之当耐。或直(值)廿钱,而被盗之,不尽一具,及盗不直(置)者,以律论。"②从中可以看出,盗窃祭祀所用供品在量刑上明显加重了,并不单纯以赃值来论。如盗取了一个肾,肾作为赃物价值不满一钱,但作为祭祀时要用的供品,其价值虽不满一钱,但盗窃了它也应耐为隶臣。为此,秦律对祭祀的时间及所用供品有严格的限制和界定,必须是"祠未闋",也就是"祭祀尚未结束"时盗供品才算。如果祭祀结束了就不能算。也就是说,准备用作供品但没有真正用以祭祀,或者祭祀结束以后的供品都不能算,所以秦律紧接着就规定"盗其具"才论。《法律答问》解释:"可(何)谓祠未闋?置豆俎鬼前未彻乃为未闋。未置及不直(置)者不为具,必已置乃为具。"③将豆俎陈放在鬼神位前,没有

---

① 《二年律令与奏谳书》,第359—360页。
② 《秦简牍合集·释文注释修订本》(壹),第192页。
③ 同上注。

撤下,就是"未阕"。还没有陈放以及不准备陈放的东西不算"具",一定要已经陈放了的才算"具"。还有一种供品是埋在地下的,《尔雅·释天》:"祭地曰瘗埋。"《史记·封禅书》载秦雍四畤和陈宝,"春夏用骍,秋冬用骝,畤驹四匹,木禺龙栾车一驷,木禺车马一驷,各如其帝色;黄犊羔各四,珪币各有数,皆生瘗埋,无俎豆之具。"①这些供品是永久性的供品,没有时间上的限制。不存在祭祀结束不结束一说,因此只要窃盗就有罪。《法律答问》:"可(何)谓'盗埱匧'? 王室祠,狸(薶)其具,是谓'匧'。"②

从以上可以看出,祭鬼神的供品不同于一般物品,若盗供品,破坏了祭祀的庄严,对鬼神不诚敬,其危害性较大,故秦律有特别规定,并加大了处罚力度。事实上,秦以后各代法律也有相应的规定,似继受秦律之影响。《唐律疏议》:"诸盗大祀神御之物者,流二千五百里。及供而废阕,若飨荐之具已馔呈者,徒二年;未馔呈者,徒一年半。已阕者,杖一百。若盗釜、甑、刀、匕之属,并从常盗之法。"③从目前材料,唐以后律将此类犯罪列入"十恶",清末陕派律学家吉同钧说:"此律之意盖在重祀典而严不敬,故载在十恶之内,天地、宗庙、社稷皆为大祀,余则中祀、小祀也。郊社禘尝,典礼森严,故御物不容亵视。祭器帐帷幔等物系神祇所用者,玉帛牲牢馔具系飨荐于神祇者,盗之则为大不敬。"④

根据窃盗犯罪主体的特殊性分别在普通窃盗罪的基础上予以加重或减轻处罚。如《法律答问》:"害盗别徼而盗,驾(加)罪之。"⑤此处"害盗"即《秦律十八种》中之"宪盗","系一种捕盗的职名",⑥本身负有捕盗职责而去盗,属于特殊犯罪主体,执法犯法,其窃盗应加重。又如:"求盗盗,当刑为城旦,问罪当驾(加)如害盗不当? 当。"⑦

私人奴隶窃主财物在量刑上似乎比窃盗他人或公家财物要减轻许多,如"人臣甲谋遣人妾乙盗主牛,买(卖),把钱偕邦亡,出徼,得,论各可(何)殹(也)? 当

①　《史记》卷二十八《封禅书》。
②　《秦简牍合集·释文注释修订本》(壹),第193页。
③　《唐律疏议》,第348页。
④　[清]吉同钧编纂,闫晓君整理:《大清律讲义》,第52页,知识产权出版社,2017年。
⑤　《秦简牍合集·释文注释修订本》(壹),第181页。
⑥　同上注,第138页。
⑦　同上注,第182—183页。

城旦黥之,各畀主。"①

此外,秦律窃盗犯罪还考虑以参与人数多寡来量刑,如"夫、妻、子五人共盗,皆当刑城旦","夫、妻、子十人共盗,当刑城旦",②显然已不考虑其有赃无赃、赃物多寡等因素,仅以"五人""十人"共盗即分别刑为城旦。

二、强盗与群盗

"强盗"是一种公然采用暴力手段非法获取公私财物的犯罪,在汉律中有许多与之相似的犯罪,因此很难对"强盗"作明确的界定。西晋曾对这些相似的罪名做过区分:"律有事状相似而罪名相涉者,若加威势下手取财为强盗,不自知亡为缚守,将中有恶言为恐喝,不以罪名呵为呵人,以罪名呵为受赇,劫召其财为持质。此六者,以威势得财而名殊者也。即不求自与为受求,所监求而后取为盗赃,输入呵受为留难,敛人财物积藏于官为擅赋,加殴击之为戮辱。诸如此类,皆为以威势得财而罪相似者也。"③

秦汉时期的"强盗"犯罪在很大程度上是一种入室抢劫罪,古代注解律文者所谓"持杖夜入人家者为强盗"。④除"强盗"罪以外,还有"攻盗""群盗"等罪名。"强盗"罪重于"窃盗","攻盗"重于"强盗","群盗"又重于"攻盗"。"攻盗"是明火执仗地打家劫舍了,如果成群结伙势必对封建秩序构成严重威胁,所谓"夫穿窬不禁,则致强盗;强盗不断,则为攻盗;攻盗成群,必生大奸"。⑤

"群盗"犯罪,是强盗人数较多的集体犯罪,为秦朝常见犯罪。《史记·彭越传》:"彭越者,昌邑人也,字仲。常渔巨野泽中,为群盗。"《史记·黥布传》:"丽山之徒数十万人,布皆与其徒长豪桀交通,乃率其曹偶,亡之江中为群盗。"《袁盎传》:"袁盎者,楚人也,字丝。父故为群盗,徙处安陵。"《秦始皇本纪》:"谒者使东方来,以反者闻二世。二世怒,下吏。后使者至,上问,对曰:群盗,郡守尉方逐捕,今尽得,不足忧。上悦。"

---

① 《秦简牍合集·释文注释修订本》(壹),第183页。
② 同上注,第235页。
③ 《晋书·刑法志》。
④ [清]薛允升撰,怀效锋、李鸣点校:《唐明律合编》,法律出版社,1999年,第537页。
⑤ 《后汉书·陈忠传》。

　　群盗爰书：某亭校长甲、求盗才(在)某里曰乙、丙缚诣男子丁，斩首一，具弩二、矢廿，告曰：丁与此首人强攻群盗人，自昼甲将乙等徼循到某山，见丁与此首人而捕之。此弩矢丁及首人弩矢殹(也)。首人以此弩矢□□□□□乙，而以剑伐收其首，山俭(险)不能出身山中。【讯】丁，辞曰：士五(伍)，居某里。此首某里士五(伍)戊殹(也)，与丁以某时与某里士五(伍)己、庚、辛，强攻群盗某里公士某室，盗钱万，去亡。己等已前得。丁与戊去亡，流行毋(无)所主舍。自昼居某山，甲等而捕丁戊，戊射乙，而伐杀收首。皆毋(无)它坐罪。诊首毋诊身可殹(也)。①

　　从此案例来看，群盗装备有弩矢等杀伤性武器，其暴力彩色明显，并且具有集团犯罪对抗官府的反叛性，因此，"群盗"中的首要分子会被处死，一般随从也会加重量刑。《法律答问》："群盗赦为庶人，将盗戒(械)囚刑罪以上，亡，以故罪论，斩左止为城旦，后自捕所亡，是谓处隐官。它罪比群盗者皆如此。"②汉律也有此罪名，张家山汉简《盗律》规定："盗五人以上相与功(攻)盗，为群盗。"③

　　张家山汉简《奏谳书》案例十八是秦始皇二十七年的群盗案例：

　　·南郡卒史盖庐、挚田，叚(假)卒史瞗复攸庫等狱簿御史书以廿七年二月壬辰到南郡守府，即下，甲午到盖庐等治所，其壬寅补益从治，上治它狱。·四月辛卯瞗有论去，五月庚午朔益从治，盖庐有资(赀)去，八月庚子朔论去，尽廿八年九月甲午巳。凡四百六十九日。朔病六十二日，行道六十日，乘恒马及船行五千一百卌六里，卫(率)之，日行八十五里，畸(奇)卌六里不卫(率)。除弦(元)、伏不治，它狱四百卌九日，定治十八日。·御史下书别居它笥。今复之，庫曰："初视事，苍梧守灶、尉徒唯谓隽：'利乡反，新黔首往䰚(去)，去北，当捕治者多，皆未得，其事甚害难，恐为败。'庫视狱留，以问狱史氏，氏曰：'苍梧县反者，御史恒令南郡复。义等战死，新黔首恐，操其叚

（假）兵匿山中，诱召稍来，皆榣（摇）恐畏，其大不安，有（又）须南郡复者即来捕。'义等将吏卒毃（击）反盗，弗先候视，为惊败，义等罪也，上书言财（裁）新黔首罪，它如书。"·灶、徒唯曰："教谓庫新黔首当捕者，不得，勉力善备，弗谓害难，恐为败。唯谓庫久矣，忘弗识，它如庫。"·氏曰："劾下与脩（攸）守媱、丞魁治，令史㽙与义发新黔首往候视，反盗多，益发与战。义死，脩（攸）有（又）益发新黔首往击，破，凡三辈，㽙并主籍。其二辈战北，当捕，名籍副并居一笥中，㽙亡，不得，未有以别智（知）当捕者。及屯卒□敬，卒已罢去，移徙（？）遝之，皆未来，好畤辟㽙有鞫，氏以为南郡且来复治。庫问，氏以告庫，不智（知）庫上书，它如庫。"媱、魁言如氏。·诘氏："氏告庫曰'义等战死，新黔首恐，操其叚（假）兵匿山中，诱召稍来，皆榣（摇）恐畏，其大不安，有须南郡复者即来捕。'吏讯氏，氏曰：'㽙主新黔首籍，三辈，战北，皆并居一笥中，未有以别智（知）当捕者，遝㽙未来未捕，前后不同，皆何解？'氏曰："新黔首战北当捕者，与后所发新黔首籍并，未有以别智（知）。㽙主遝未来，狱留须㽙。庫为攸令，失闻。庫别异，不与它令等。义死，黔首当坐者，皆榣（摇）恐吏罪之，有（又）别离居山谷中。民心畏恶，恐弗能尽偕捕，而令为败，幸南郡来复治。庫视事掾狱，问氏，氏即以告庫，恐其怒，以自解于庫，实须㽙来别籍，以偕捕之，请（情）也，毋它解。"·诘庫："毃（击）反群盗，儋乏不斗，论之有法。庫格（格）掾狱，见罪人，不以法论之，而上书言独财（裁）新黔首罪，是庫欲绎（释）纵罪人也。何解？"庫曰："闻（？）等上论夺爵令戍，今新黔首实不安辑，上书以闻，欲陛下幸诏庫以抚定之，不敢绎（释）纵罪人，毋它解。"·诘庫等："虽论夺爵令或（戍），而毋法令，人臣当谨奏法以治。今庫绎（释）法而上书言独财（裁）新黔首罪，是庫欲绎（释）纵罪人明矣。吏以论庫，庫何以解之？"庫曰："毋以解之，罪。"问南郡复吏，到脩（攸），脩（攸）遝（逮）㽙未来，未有新黔首当捕者名籍。㽙来会建曰：义死，自以有罪，弃籍去亡，得□。视氏所言籍，居一笥中者，不署前后发，毋章，杂不可智（知）。南郡复吏乃以智巧令脩（攸）诱召冣（聚）城中，谒（？）讯傅先后以别，捕毃（击）战北者。狱留盈卒岁，不具断，苍梧守已劾论□□□□□□□□㽙及吏卒不救援义等去北者，颇不具，别奏，它如辞。·鞫之："义等将吏卒新黔首毃（击）反盗，反盗杀义等，吏新黔首皆弗救援，去北。当遝（逮）㽙，传诣脩（攸），须来以别黔首当捕者。当捕者多别离相去远，其事难，未有以捕章捕论，庳上书言独财（裁）新黔首罪，欲纵勿论，得。审。"•令：所取荆新地，多群盗，吏所兴与群盗遇，去北，以儋乏不斗律论。律：儋乏不斗，斩。篡遂纵囚，死罪囚，黥为城旦，上造以上耐为鬼薪，以此当庳。•当之：庳当耐为鬼薪。•庳墼（系）。讯者七人，其一人墼（系），六人不墼（系）。不存皆不讯。①

简文"奏法以治"当作"奉法以治"。从此案例最终援引的律令中来看，案件的法律定性毫无疑问地被判定为"群盗"，但同时从案例的事实表述上，"群盗"常常又被表述为"反盗""反者"，与反叛一类犯罪混淆不清。

三、与盗关连犯罪及盗赃处理

赃物应即时估值，秦律中有所谓"以得时直（值）臧（赃）"的规定，就是说赃值多少以捕获时市值对赃物估价。如果不及时估值，客观上因市值变化而导致赃值有较多出入，以致对定罪量刑有影响的，应视为犯罪。如果存在主观上的故意，即"吏智（知）而端重若轻之，论可（何）殹（也）？为不直"。睡虎地秦简《法律答问》中记录了正反两个显例：

> 士五（伍）甲盗，以得时直（值）臧（赃），臧（赃）直（值）过六百六十，吏弗直（值），其狱鞫乃直（值）臧（赃），臧（赃）直（值）百一十，以论耐，问甲及吏可（何）论？甲当黥为城旦；吏为失刑罪，或端为，为不直。②
> 士五（伍）甲盗，以得时直（值）臧（赃），臧（赃）直（值）百一十，吏弗直（值），狱鞫乃直（值）臧（赃），臧（赃）直（值）过六百六十，黥甲为城旦，问甲及吏可（何）论？甲当耐为隶臣，吏为失刑罪。甲有罪，吏智（知）而端重若轻之，论可（何）殹（也）？为不直。③

盗赃在破案后应物归原主，即公物还官，私物还主。如果赃物被转卖交易，

---

① 《二年律令与奏谳书》，第363—365页。
② 《秦简牍合集•释文注释修订本》（壹），第195页。
③ 同上注，第196页。

《法律答问》:"盗盗人,买(卖)所盗,以买它物,皆界其主。今盗盗甲衣,买(卖),以买布衣而得,当以衣及布界不当? 当以布及其它所买界甲,衣不当。"①

有盗心者,或窃盗犯罪中止、犯罪不能也参照一般窃盗适予以定罪量刑。"抉钥(钥),赎黥。可(何)谓抉钥(钥)? 抉钥(钥)者已抉启之乃为抉,且未启亦为抉? 抉之弗能启即去,一日而得,论皆可(何)殹(也)? 抉之且欲有盗,弗能启即去,若未启而得,当赎黥。抉之非欲盗殹(也),已启乃为抉,未启当赀二甲。"②

主守之人私用公家财物虽然不是典型窃盗犯罪,但也"与盗同法"。"府中公金钱私非用之,与盗同法。可(何)谓府中? 唯县少内为府中,其它不为。"③

四、坐赃

《读律佩觿》:"赃非实有是赃,坐之以为赃,故曰坐赃。致罪者,推而极之之,以至于罪也。"④

"把其叚(假)以亡,得及自出,当为盗不当? 自出,以亡论。其得,坐臧(赃)为盗;盗罪轻于亡,以亡论。"⑤

"甲乙雅不相智(知),甲往盗丙,毚(纔)到,乙亦往盗丙,与甲言,即各盗,其臧(赃)直(值)各四百,已去而偕得。其前谋,当并臧(赃)以论;不谋,各坐臧(赃)。"⑥

第三节　秦的杀伤类犯罪

晋张裴律注:"无变斩击谓之贼,取非其物谓之盗。"《周礼》朝士疏:"盗贼并言者,盗谓盗取人物,贼谓杀人曰贼。"

---

① 《秦简牍合集·释文注释修订本》(壹),第191页。
② 同上注,第194页。
③ 同上注,第195页。
④ [清]王明德著,怀效锋点校:《读律佩觿》,法律出版社,2001年,第44页。
⑤ 《秦简牍合集·释文注释修订本》(壹),第233页。
⑥ 同上注,第187页。

一、杀人犯罪

杀人为自然犯罪,"杀人者死"为古今中外法律的通例。杀人罪是非法取人性命,"杀人而义"则不构成犯罪。对杀人者法律责任的追究,当以杀人者未死为前提。如杀人犯已自然死亡,其法律责任自然灭失。《法律答问》:"甲杀人,不觉,今甲病死已葬,人乃后告甲,甲杀人审,问甲当论及收不当? 告不听。"①

唐律中将杀人区分为"六杀",情形各不相同。"大概以谋杀、故杀、斗殴杀、戏杀、误杀、过失杀统之。《辑注》所谓六杀是也。"②限于资料,秦律中的杀人类型目前已知有贼杀、斗杀、擅杀、谋杀等。根据汉律资料,可推知秦律中亦当有"误杀""戏杀""过失杀"诸类型。秦律中有"贼杀"而无"故杀",实际上"贼杀"即唐律中的"故杀"。

1. 贼杀

贼杀即故意杀人,有心杀人。《法律答问》:"有贼杀伤人冲术,偝旁人不援,百步中比壄(野),当赀二甲。"③《史记·秦本纪》:"出子六年,三父等复共令人贼杀出子。"④此处,三父等是这起贼杀案的主谋,即造意者。《史记·李斯列传》:"日游弋猎,有行人入上林中,二世自射杀之。赵高教其女婿咸阳令阎乐劾不知何人贼杀人移上林。高乃谏二世曰:天子无故贼杀不辜人,此上帝之禁也,鬼神不享,天且降殃,当远避宫以禳之。二世乃出居望夷之宫。"沈家本说:"凡言贼者,有心之谓,此疑即后来律文之故杀也。"⑤又说:"汉之贼杀,当即唐之故杀。"⑥

2. 斗杀

《史记·季布传》:"季布弟季心,气盖关中,遇人恭谨,为任侠,方数千里,士皆争为之死。尝杀人,亡之吴,从袁丝匿。"《史记·留侯世家》:"项伯常杀人,从良匿。"《史记·项羽本纪》张良曰:"秦时与臣游,项伯杀人,臣活之。今事有急,

---

① 《秦简牍合集·释文注释修订本》(壹),第209页。
② [清]古同钧编纂,闫晓君整理:《大清律讲义》,第106页,知识产权出版社,2017年。
③ 《秦简牍合集·释文注释修订本》(壹),第220页。
④ 《史记》卷五《秦本纪》。
⑤ 《历代刑法考》第三册《汉律摭遗》卷三,第1463页。
⑥ 同上注,第1466页。

故幸来告良。"《汉书·魏其武安侯列传》:"魏其子尝杀人,蚡活之。"

以上文献中的杀人应当指故杀或斗杀。在古代,斗杀与故杀很难区分。从字面上讲,斗杀人即在斗殴中杀人,故杀为有意杀人。由于斗杀与故杀往往都是一人单独之行为,不与他人谋划,没有造意加功之分。在斗殴中,是否有意杀人就成了区别两者的关键,而杀人者的内心动机则难有客观标准。因此古律中往往将故杀与斗杀合并在一条之中,《唐律疏议》:"诸斗殴杀人者,绞。以刃及故杀人者,斩。虽因斗,而用兵刃杀者,与故杀同。"疏议:"斗殴者,元无杀心,因相斗殴而杀人者,绞。以刃及故杀者,谓斗而用刃,即有害心;及非因斗争,无事而杀,是名故杀:各合斩罪。虽因斗而用兵刃杀者,本虽是斗,乃用兵刃杀人者,与故杀同,亦得斩罪,并同故杀之法。"①吉同钧在《大清律讲义》:"可见斗与故之分,在于用刃不用刃,又在于当时与绝时。斗而用刃,即有害心,惟人以刃来逼,已用刃拒杀方为斗杀。如因斗用刃,杀人即为故杀。又斗殴之际,当时用他物杀人者谓之斗杀,若绝时而杀,如忿竞之后各已分散,声不相接,去而又来,杀人者虽斗亦为故杀,此斗与故之界限也。"②又说:"临时,谓斗殴共殴之时也,故杀之心必起于殴时,故杀之事即在于殴内,此故杀所以列于斗殴、共殴两项之中,而不与谋杀同条也。"③

秦律中斗杀与贼杀亦难区分,如《法律答问》:"求盗追捕罪人,罪人挌(格)杀求盗,问杀人者为贼杀人,且斮(斗)杀? 斮(斗)杀人,廷行事为贼。"④求盗为亭吏,有追捕罪犯之职责,而罪犯拒不束手就擒,与求盗格斗,并在格斗中杀死求盗,表面看似斗杀,但"廷行事"以贼杀论。可见贼杀与斗杀之细微差别,斗杀案件之杀人主体与被害人应是较为平等的两个人。如果身份不对等,被捕者本应束手就擒,不应与之斗,否则构成贼杀。

3. 谋杀

谋杀指预谋杀人。即后人所谓"先定杀人之计,后行杀人之事"。一般包括

① 《唐律疏议》。
② [清]吉同钧编纂,闫晓君整理:《大清律讲义》,知识产权出版社,2017年,第119页。
③ 同上注,第119页。
④ 《秦简牍合集·释文注释修订本》(壹),第208页。

谋杀而未杀和谋杀已行,谋杀已行又分杀而已伤未死、已死等。《法律答问》:"臣妾牧杀主。可(何)谓牧? 欲贼杀主,未杀而得,为牧。"此例即指谋杀而未杀。谋杀罪量刑最重,以其人有必欲杀之而后快之心,处心积虑、千方百计置人于死,其谋险,其心恶之故。《法律答问》:"甲谋遣乙盗杀人,受分十钱,问乙高未盈六尺,甲可(何)论? 当磔。"此例中"甲"谋杀人而身不行,"乙"未成年而听从指使杀人,当是典型的合谋杀人。甲虽不亲手杀人,但造意且教唆未成年者杀人,故以"甲"为首犯,处以磔刑。沈家本在《汉律摭遗》中说:"《汉律》杀人者死,盖指谋杀人而言,其罪当为弃市。"①秦律当亦如是。

4.擅杀

擅杀,指专擅而杀,越权杀人。实际上,擅杀人者对于被杀者往往拥有某种人身权力,但却不得专擅杀之。秦律规定:"擅杀子,黥为城旦春。"但在"其子新生而有怪物其身及不全而杀之,勿罪"。也就是说,新生儿有缺陷时,杀婴可不以擅杀子论罪。这实际上是把先天有缺陷的人不当人来看待,杀死有残疾者不算杀人,这明显体现了秦文化野蛮的一面。但新生儿无异常,其他原因的杀婴却以擅杀子论罪。"今生子,子身全殹(也),毋(无)怪物,直以多子故,不欲其生,即弗举而杀之,可(何)论? 为杀子。"②

《法律答问》还有两例擅杀:

> 士五(伍)甲毋(无)子,其弟子以为后,与同居,而擅杀之,当弃市。③
> 擅杀、刑、髡其后子,谳之。④

以上两例,被擅杀者皆为后子。后子非余子可比,地位较高,其中一为弟之子立为后,并与继父母同居,一为亲生子。擅杀后子,一例弃市,一例须奏谳。可以看出,擅杀后子显然比"擅杀子,黥为城旦春"量刑加重了。

---

① 《历代刑法考》第三册《汉律摭遗》。
② 《秦简牍合集·释文注释修订本》(壹),第209页。
③ 同上注,第210页。
④ 同上注,第210页。

《法律答问》:"免老告人以为不孝,谒杀,当三环之不? 不当环,亟执勿失。"①可以看出,老人控告子女不孝,要求判决死刑,但也只能告官"谒杀",而不能擅杀。庶人如此,奴隶擅杀其子,《法律答问》:"人奴擅杀子,城旦黥之,畀主。"②

主人对于奴婢也拥有一定的人身权力,但超出权限则为擅杀。《史记·田儋传》:"田儋详为缚其奴,从少年之廷,欲谒杀奴。见狄令,因击杀令。"《集解》引服虔曰:"古杀奴婢皆当告官。儋欲杀令,故诈缚奴而以谒也。"如果田儋不告官而杀其奴,当为擅杀。父母对于子女,亦如是。

二、伤人

《唐律》伤人罪有故伤与斗伤之分,汉律则有贼伤与斗伤之分,《汉书·薛宣传》廷尉引汉律曰:"斗以刃伤人,完为城旦,其贼加罪一等,与谋者同罪。"沈家本在《汉律摭遗》中加按语:"以刃伤人,罪至三岁刑,非刃伤者,罪当降等。贼者,《唐律》之故伤,与谋者,《唐律》之同谋殴伤人也。"③秦律中亦分"贼伤"与"斗伤",但实际上很难区分。《法律答问》:"甲贼伤人,吏论以为斗伤人,吏当论不当? 当赀。"④也就是,官吏将"贼伤人"误论为"斗伤人",会被申斥。

《唐律》伤人分手足、他物、兵刃。手足之外皆为他物,也就是说使用了棍棒之属,但有刃之刀剑除外。刀剑未出鞘以棍棒论,否则不然。斗殴中一方使用了兵刃,造成对方死伤即为故杀、故伤,因为"斗而用刃,即有害心"。⑤ 秦律中斗殴,双方只能徒手相搏。如果一方使用凶器他物造成对方受伤,则属贼伤人。《法律答问》:"以梃贼伤人。可(何)谓梃? 木可以伐者为梃。"⑥可见,从商鞅变法,"为私斗者,各以轻重被刑大小",秦法较《唐律》严厉,所以秦人"勇于公战,怯于私斗"。⑦

---

① 《秦简牍合集·释文注释修订本》(壹),第 220 页。
② 同上注,第 211 页。
③ 《历代刑法考》第三册《汉律摭遗》。
④ 《秦简牍合集·释文注释修订本》(壹),第 229 页。
⑤ 《唐律疏议》,第 387 页。
⑥ 《秦简牍合集·释文注释修订本》(壹),第 217 页。
⑦ 《史记》卷六十八《商君列传》。

　　秦律将伤人按是否徒手、使用他物凶器分为手足、棍棒、刀剑约三等。《法律答问》有"邦客与主人斗，以兵刃、投（殳）梃、拳指伤人"，其中拳指伤人最轻，投（殳）梃他物较重，兵刃最重，与《唐律》相似。《法律答问》："铍、戟、矛有室者，拔以斗，未有伤殴（也），论比剑。"①双方都使用了刀剑，但未造成伤害，以"比剑"论，似乎仍属于斗。若有伤害，即为斗伤。此点也与《唐律》相同。《唐律疏议》："人以兵刃逼己，因用兵刃拒而伤杀者，依斗法。"②

　　刀剑等锐器伤人，比棍棒、手足伤人在量刑上都要加重。如《法律答问》："斗以箴（针）、鈦、锥，若箴（针）、鈦、锥伤人，各可（何）论？斗，当赀二甲；贼，当黥为城旦。"③"邦客与主人斗，以兵刃、投（殳）梃、拳指伤人，瞉以布。可（何）谓瞉？瞉布入公，如赀布，入赍钱如律。"④

　　张家山汉简《奏谳书》的第二十二案例就是一起典型的盗伤人案例，其伤人所用的凶器是一把笄刀：

　　　　•六月癸卯，典赢告曰："不智（知）何人刺女子婢最里中，夺钱，不智（知）之所。"即令狱史顺、去疢、忠、大、□固追求贼。婢曰："但钱千二百，操篓，道市归，到巷中，或道后类暂辄（拊）婢，偾，有顷乃起，钱已亡，不智（知）何人、之所。其辄（拊）婢疾，类男子。謼（呼）盗，女子龀出，谓婢北（背）有笄刀，乃自智（知）伤。"讯婢："人从后，何故弗顾？"曰："操篓，篓鸣匈匈然，不闻声，弗顾。"讯婢："起市中，谁逢见？"曰："虽有逢见，弗能智（知）。"讯婢："党有与争斗、相怨，及商贩、葆庸、里人、智（知）识、弟兄贫穷，疑盗伤婢者？"曰："毋有。"视刀，铁环，长九寸。婢偾所有尺半荆券一枚，其齿类贾人券。婢曰："毋此券。"讯问女子唅，曰："病卧内中，不见出入者。"顺等求弗得，令狱史举鬭代。举鬭以婢偾[所]券谦（廉）视贾市者，类缯中券也。今令贩缯者鬏视，曰："券齿百，一十尺，尺百八十钱，钱千九百八十，类缯中券。"讯鬏等，曰："毋此券。"谳求其左，弗得。举鬭求，毋征物以得之，即收讯人竖子及贾

①　《秦简牍合集·释文注释修订本》（壹），第215页。
②　刘俊文撰：《唐律疏议笺解》，中华书局，1996年，第1478页。
③　《秦简牍合集·释文注释修订本》（壹），第216页。
④　同上注，第216—217页。

市者、舍人、人臣仆、仆隶臣、贵大人臣不惪(德)、它县人来流庸,疑为盗贼者,偏(遍)视其为谓,即薄(簿)出入所以为衣食者,谦(廉)问其居处之状,弗得。举阚有(又)将司寇袭等□收置□□□□而从之□,不□□视行□不□,饮食靡大,疑为盗贼者,弗得。举阚求偏(遍)悉,弗得。□□□□祸(?)□□及(?)隶妾每等晨昧里,訽诃谦(廉)问不日作市贩、贫急穷困、出入不节,疑为盗贼者,公卒瘛等偏(遍)令人微随视为谓、出入、居处状,数日,乃收讯其士五(伍)武,曰:"将阳亡而不盗伤人。"其一人公士孔,起室之市,落莫行正旗下,有顷即归,明有(又)然,衣故有带,黑带,带有佩(佩)处而毋佩(佩)也,瞻视应对最奇,不与它人等。孔曰:"为走士,未尝佩(佩)鞞刀、盗伤人,毋坐也。"举阚疑孔盗伤婢,即谳问黔首:"有受孔衣器、钱财,弗诣吏,有罪。"走马仆诣白革鞞系(繫)绢,曰:"公士孔以此鞞予仆,不智(知)安取。"孔曰:"未尝予仆鞞,不智(知)云故。"举间以婢北(背)刀入仆所诣鞞中,祇。诊视鞞刀,刀环唅旁残,残傅;鞞者处独青有钱,类刀故鞞也。诘讯仆、孔,改曰:"得鞞予仆,前忘,即曰'弗予'。"孔妻女曰:"孔雅佩(佩)刀,今弗佩(佩),不智(知)存所。"诘讯女、孔,孔曰:"买鞞刀不智(知)何人所,佩(佩)之市,人盗绁刀,即以鞞予仆。前曰'得鞞'及'未尝佩',谩。"诘孔:"何故以空鞞予仆,谩曰'弗予'? 雅佩鞞刀,有(又)曰'未尝'?"孔毋解。即就讯磔,恐喝欲答,改曰:"贫急毋作业,恒游旗下,数见贾人券,言雅欲剿(劋)盗,详为券,操,视可盗,盗置券其旁,令吏求贾市者,毋言。孔见一女子操籯但钱,其时吏悉令黔首之田救螽,邑中少人,孔自以为利足刺杀女子夺钱,即从到巷中,左右瞻毋人,以刀刺,夺钱去走。前匿弗言,罪。"问如辞。臧(赃)千二百钱,已亥(核?),孔完为城旦。孔端为券,贼刺人,盗夺钱,置券其旁,令吏勿智(知),未尝有。黔首畏害之,出入不敢,若思(斯)甚大害也。顺等求弗得,乃令举阚代,毋征物,举阚以智訽诃求得,其所以得者甚微巧,卑(俾)令盗贼不敢发。六年八月丙子朔壬辰,咸阳丞穀礼敢言之。令曰:"狱史能得微难狱,上。"今狱史举阚得微[难]狱,为奏廿二牒,举间毋害、谦(廉)絜敦慤守吏也,平端,谒以补卒史,劝它吏,敢言之。①

---

① 《二年律令与奏谳书》,第377—378页。

这是一起发生在秦王政六年的案件，公士孔"贫急毋作业"，因此蓄谋偷盗，并欲嫁祸于人，案发当日"见一女子操簦但钱，其时吏悉令黔首之田救螽，邑中少人，孔自以为利足刺杀女子夺钱，即从到巷中，左右瞻毋人，以刀刺，夺钱去走"，抢劫得赃钱千二百，并用笄刀刺伤事主背部。孔既暴力抢夺财物，又用笄刀伤人，却仅"完为城旦"，无论是以伤人论，还是以强盗论，还是两罪并论，都明显判轻了。

对于尊长，但殴，不问无伤有伤，俱视为犯罪。《法律答问》："殴大父母，黥为城旦舂。"①对于双方地位相对平等者，伤害犯罪要参考伤害后果，按伤情轻重分为不同等级。如《法律答问》："妻悍，夫殴治之，夬（决）其耳，若折支（肢）指、胅體（体），问夫可（何）论？当耐。""律曰：斗夬（决）人耳，耐。今夬（决）耳故不穿，所夬（决）非珥所入殴（也），可（何）论？律所谓，非必珥所入乃为夬（决），夬（决）裂男若女耳，皆当耐。"②"或与人斗，缚而尽拔其须麋（眉），论可（何）殴（也）？当完城旦。"③"拔人发，大可（何）如为提？智（知）以上为提。"④"或斗，啮断人鼻若耳若指若唇，论各可（何）殴（也）？议皆当耐。"⑤"或与人斗，夬（决）人唇，论可（何）殴（也）？比痈痔。"⑥"或斗，啮人頯若颜，其大方一寸，深半寸，可（何）论？比痈痔。"⑦"斗，为人殴殴（也），毋（无）痈痔，殴者顾折齿，可（何）论？各以其律论之。"⑧"士五（伍）甲斗，拔剑伐，斩人发结，可（何）论？当完为城旦。"⑨

三、谋反

沈家本在《汉律摭遗》中认为"谋反为贼事之最重大者。《唐律》谋反大逆居《贼盗律》之首，《汉律》当亦不殊，兹故首列焉"。⑩ 从汉律推知秦律，谋反当为最重的犯罪，亦当列于《贼律》之首。

① 《秦简牍合集·释文注释修订本》（壹），第213页。
② 同上注，第214页。
③ 同上注，第214页。
④ 同上注，第214页。
⑤ 同上注，第215页。
⑥ 同上注，第216页。
⑦ 同上注，第216页。
⑧ 同上注，第216页。
⑨ 同上注，第215页。
⑩ 《历代刑法考》第三册《汉律摭遗》。

在秦史上,有两个重要人物分别被人诬以最重的谋反罪,一个是商君被车裂,一个是李斯被具五刑,腰斩于市,并被灭族。

《史记·商君列传》:"后五月而秦孝公卒,太子立。公子虔之徒告商君欲反,发吏捕商君。"最终"秦惠王车裂商君以徇,曰:'莫如商鞅反者!'遂灭商君之家"。《史记·李斯列传》:"于是二世乃使高案丞相狱,治罪,责斯与子由谋反状,皆收捕宗族宾客。赵高治斯,榜掠千余,不胜痛,自诬服。""二世二年七月,具斯五刑,论腰斩咸阳市。斯出狱,与其中子俱执,顾谓其中子曰:'吾欲与若复牵黄犬俱出上蔡东门逐狡兔,岂可得乎!'遂父子相哭,而夷三族。"

《墨子·号令》:"城上卒若吏各保其左右,若欲以城为外谋者,父母、妻子、同产皆断。左右知,不捕告,皆与同罪。城下里中家人皆相保,若城上之数。有能捕告之者,封之以千家之邑;若非其左右及他伍捕告者,封之二千家之邑。"①"诸吏卒民有谋杀伤其将长者,与谋反同罪,有能捕告,赐黄金二十斤,谨罪。"②"其以城为外谋者,三族。有能得若捕告者,以其所守邑小大封之,守还授其印,尊宠官之,令吏大夫及卒民皆明知之。"③

第四节　秦的奸非与重婚

在商鞅变法之前,秦人受到礼法文化影响较小,故而男女之间不大受礼法约束,中原人曾经对秦人"夷翟遇之",④视之为"夷狄也",即所谓"诸夏宾之,比为戎翟",⑤以为"秦戎翟之教",⑥"秦与戎翟同俗"。⑦ 这些从宣太后的有关记载就可以看出。《史记·匈奴列传》:"秦昭王时,义渠戎王与宣太后乱,有二子。宣太后诈而杀义渠戎王于甘泉,遂起兵伐残义渠。"⑧宣太后为秦昭王之母芈氏,以太

---

① 岑仲勉撰:《墨子城守各篇简注》,中华书局 1958 年,第 120 页。
② 同上注,第 109 页。
③ 同上注,第 123 页。
④ 《史记》卷五《秦本纪》。
⑤ 《史记》卷十五《六国年表》。
⑥ 《史记》卷六十八《商君列传》。
⑦ 《史记》卷四十四《魏世家》。
⑧ 《史记》卷一百十《匈奴列传》。

后之尊而与义渠戎王私乱,并育有二子,毫不避忌,其风俗中男女关系没有太多的礼法约束。

宣太后在言谈中也不太避忌男女之事。《战国策·韩策二》"楚围雍氏五月"条记载:"楚围雍氏五月。韩令使者求救于秦,冠盖相望也,秦师不下殽。韩又令尚靳使秦,谓秦王曰:'韩之于秦也,居为隐蔽,出为雁行。今韩已病矣,秦师不下殽。臣闻之,唇揭者其齿寒,愿大王之熟计之。'宣太后曰:'使者来者众矣,独尚子之言是。'召尚子入。宣太后谓尚子曰:'妾事先王也,先王以其髀加妾之身,妾困不疲也;尽置其身妾之上,而妾弗重也,何也?以其少有利焉。今佐韩,兵不众,粮不多,则不足以救韩。夫救韩之危,日费千金,不可使妾少有利焉。'"宣太后以性爱动作为喻言国家之"利",于史绝无仅有。清王士禛《池北偶谈》卷二一说:"《国策》:楚围雍氏,韩令尚靳求救于秦。宣太后谓尚子曰:'妾事先王日,先王以髀加妾之身,妾固不支也,尽置其身于妾上,而妾弗重也。何也?以其少有利焉。'此等淫亵语,出于妇人之口,入于使者之耳,载于国史之笔,皆大奇。"

比起宣太后与戎王的公开奸乱,与使者见面时对男女之事的肆言无忌不同,到秦王嬴政时,其母就小心翼翼,吕不韦也恐祸事及己。可见男女之间的私情不但为非礼行为,也是秦国法律所严行禁止。《史记·吕不韦传》:

> 始皇帝益壮,太后淫不止。吕不韦恐觉祸及己,乃私求大阴人嫪毐以为舍人,时纵倡乐,使毐以其阴关桐轮而行,令太后闻之,以啗太后。太后闻,果欲私得之。吕不韦乃进嫪毐,诈令人以腐罪告之。不韦又阴谓太后曰:"可事诈腐,则得给事中。"太后乃阴厚赐主腐者吏,诈论之,拔其须眉为宦者,遂得侍太后。太后私与通,绝爱之。有身,太后恐人知之,诈卜当避时,徙宫居雍。……始皇九年,有告嫪毐实非宦者,常与太后私乱,生子二人,皆匿之。

> 九月,夷嫪毐三族,杀太后所生两子,而遂迁太后于雍。诸嫪毐舍人皆没其家而迁之蜀。王欲诛相国,为其奉先王功大,及宾客辩士为游说者众,王不忍致法。[1]

---

① 《史记》卷八十五《吕不韦列传》。

　　这一切变化皆因商鞅变法而起。商鞅变法，实际上主要内容就是移风易俗。变法之后，"男女无别"的现象有较大改观。商鞅曾对赵良说："始秦戎翟之教，父子无别，同室而居。今我更制其教，而为其男女之别，大筑冀阙，营如鲁卫矣。"①

　　奸，指男女之间不合礼法的性行为。奸非类又分通奸与强奸。通奸是指男女双方之间的性行为，虽不合礼法，但出于双方自愿。在商鞅变法之后，秦律中当亦有"奸非"类犯罪。到秦一六国时，将此律推广到全国。《语书》："凡法律令者，以教道（导）民，去其淫避（僻），除其恶俗，而使之之于为善殹（也）。今法律令已具矣，而吏民莫用，乡俗淫失（泆）之民不止，是即法（废）主之明法殹（也），而长邪避（僻）淫失（泆）之民，甚害于邦，不便于民。故腾为是而修法律令、田令及为间私方而下之，令吏明布，令吏民皆明智（知）之，毋巨（距）于罪。"②

　　强奸行为不仅不合礼法，而且男方强行奸污女性，期间往往伴有暴力行为，违背女方意愿，强奸犯罪止坐男方，女方无罪。《法律答问》："臣强与主奸，可（何）论？比殴主。"男奴强行与女主人发生性关系，情节更恶劣，秦律将此行为类比于以下犯上殴打主人的行为。《墨子·号令》："诸以众强凌弱少及强奸人妇女，以讙嚻者，皆断。"③战时强奸妇女者处斩。

　　与强奸只坐男方不同，通奸为彼此俱坐之罪，也就是说男女双方都有罪。如果说强奸犯罪，女方是直接的受害者，那么通奸犯罪就没有直接的受害者，通奸一般是两情相悦而为之，因此通奸犯罪一般罪不至死。强奸罪一般由直接受害者指控而引发，而通奸罪固为男女双方两情相悦，不可能自己告举，往往由第三者举发。如果不能抓现行，罪名很难成立。秦律中规定此类犯罪须"捕校"来告。睡虎地秦简《封诊式》："奸爰书：某里士五（伍）甲诣男子乙、女子丙，告曰：乙、丙相与奸，自昼见某所，捕校上来诣之。"整理小组注："校，木械，《说文》：'木囚也。'《系传》：'校者，连木也，《易》曰，荷校灭耳，此桎也；屦校灭趾，梏也。'"④张家山汉简《奏谳书》第二十一案例记载了一个通奸案例，研究者认为"奏谳书二十二个案例的编排顺序，除中间插入两个春秋故事（十九、二〇）外，均由晚而早。案例

① 《史记》卷六十八《商君列传》。
② 《秦简牍合集·释文注释修订本》（壹），第29页。
③ 岑仲勉撰：《墨子城守各篇简注》，中华书局，1958年，第116页。
④ 《秦简牍合集·释文注释修订本》（壹），第296页。

十七依彭浩之说,在秦二世时。案例十八在秦王政二十七年。案例二二在秦王政六年。以此推之,本案应在秦王政二十七年至六年之间"。①　其中也规定"捕奸者必案之校上",②张建国认为:"案,审查;校,核对、核实,并非指械具。'校'与'上'在这里已经组合成一个不可分的法律名词'校上',并且'校上'只用于男女发生不正当关系的案件中。'校上'可能是说两方互为校核、互证之意,其法律含义可能指必须将男女双方都捕送到官府,还包括双方的认供,以便首先确认犯罪事实。关键是必须捕到男女双方才能立案,即民间俗语中所说的'捉贼捉赃,捉奸捉双'。"③案例如下:

故律曰:"死夫(?)以男为后。毋男以父母,毋父母以妻,毋妻以子女为后。"律曰:"诸有县官事,而父母若妻死者,归宁卅日;大父母、同产十五日。勢(敖)悍,完为城旦舂,铁须其足,输巴县盐。教人不孝,次不孝之律。不孝者弃市。弃市之次,黥为城旦舂。当黥公士、公士妻以上,完之。奸者,耐为隶臣妾。捕奸者必案之校上。"

今杜濞女子甲夫公士丁疾死,丧棺在堂上,未葬,与丁母素夜丧,环棺而哭,甲与男子丙偕之棺后内中和奸。明旦,素告甲吏,吏捕得甲,疑甲罪。廷尉毅、正始、监弘、廷史武等卅人议当之,皆曰:"律,死置后之次,妻次父母;妻死归宁,与父母同法。以律置后之次人事计之,夫异尊于妻,妻事夫,及服其丧资,当次父母如律。妻之为后次夫、父母,夫父母死,未葬,奸丧旁者,当不孝,不孝弃市;不孝之次,当黥为城旦舂;勢(敖)悍,完之。当之,妻尊夫,当次父母,而甲夫死,不悲哀,与男子和奸丧旁,致次不孝、勢(敖)悍之律二章,捕者虽弗案校上,甲当完为舂。告杜论甲。"•今廷史申繇(徭)使而后来,非廷尉当。议曰:"当非是。律曰:不孝弃市。有生父而弗食三日,吏且何以论子?"廷尉毅等曰:"当弃市。"有(又)曰:"有死父,不祠其冢三日,子当何论?"廷尉毅等曰:"不当论。""有子不听生父教,谁与不听死父教罪重?"毅

①　《二年律令与奏谳书》,第376页。
②　同上注,第374页。
③　张建国:《关于张家山汉简〈奏谳书〉的几点研究及其他》,见氏著:《帝制时代的中国法》,法律出版社,1999年。

等曰："不听死父教,毋罪。"有(又)曰:"夫生而自嫁,罪谁与夫死而自嫁罪重?"廷尉榖等曰:"夫生而自嫁,及取(娶)者,皆黥为城旦舂。夫死而妻自嫁,取(娶)者毋罪。"有(又)曰:"欺生夫,谁与欺死夫罪重?"榖等曰:"欺死夫,毋论。"有(又)曰:"夫为吏居官,妻居家,日与它男子奸,吏捕之弗得校上,何论?"榖等曰:"不当论。"曰:"廷尉、史议皆以欺死父罪轻于侵欺生父,侵生夫罪[重]于侵欺死夫,今甲夫死□□□夫,与男子奸棺丧旁,捕者弗案校上,独完为舂,不亦重虖(乎)?"榖等曰:"诚失之。"①

此案有几点值得注意:一是法律规定"捕奸者必案之校上",也就是在和奸之所、在和奸当时捕获和奸之男女双方,而此案却是通奸的第二日,即所谓"明旦,素告甲吏,吏捕得甲,疑甲罪",吏以素(女子甲的婆婆)之告而逮捕通奸之女甲而未捕通奸之男子丙,不仅时过境迁,而且男子丙概已离奸所,无以捕获。如果地点、时间、男女双方有一缺失,则很难据以定罪。正如下面推演的情况:"'夫为吏居官,妻居家,日与它男子奸,吏捕之弗得,□之,何论?'榖等曰:'不当论。'"这是此案最大的疑点;二是女子甲其夫已亡,廷尉史与廷尉的对话中反复推比:"有(又)曰:'夫生而自嫁,罪谁与夫死而自嫁罪重?'廷尉榖等曰:'夫生而自嫁,及取(娶)者,皆黥为城旦舂。夫死而妻自嫁,取(娶)者毋罪。'"实际上,通奸罪名是否成立与女方是否有夫有很重要的联系。《法律答问》:"甲、乙交与女子丙奸,甲、乙以其故相刺伤,丙弗智(知),丙论可(何)殹(也)? 毋论。"②无夫奸很可能不构成和奸罪名。汉初的法律就明确规定和奸是"与人妻和奸"。如张家山汉简《杂律》:"诸与人妻和奸,及其所与皆完为城旦舂。其吏也,以强奸论之。"③

《法律答问》:"同母异父相与奸,可(何)论? 弃市。"④此例男女不仅通奸,而且双方为"同母异父"之关系,在汉律称为"禽兽行",在唐律中入了"十恶",称为"内乱","谓奸小功以上亲、父祖妾及与和者","此皆禽兽其行,朋淫于家,綦乱礼经,故曰内乱",故处以弃市刑。

---

① 《二年律令与奏谳书》,第 374 页。
② 《秦简牍合集·释文注释修订本》(壹),第 248 页。
③ 《二年律令与奏谳书》,第 166 页。
④ 《秦简牍合集·释文注释修订本》(壹),第 248 页。

第五节 秦的思想言论犯罪

《史记·秦始皇本纪》记载秦统一后李斯议事："今天下已定,法令出一,百姓当家则力农工,士则学习法令辟禁。今诸生不师今而学古,以非当世,惑乱黔首。丞相臣斯昧死言:古者天下散乱,莫之能一,是以诸侯并作,语皆道古以害今,饰虚言以乱实,人善其所私学,以非上之所建立。今皇帝并有天下,别黑白而定一尊。私学而相与非法教,人闻令下,则各以其学议之,入则心非,出则巷议,夸主以为名,异取以为高,率群下以造谤。如此弗禁,则主势降乎上,党与成乎下。禁之便。臣请史官非秦记皆烧之。非博士官所职,天下敢有藏《诗》、《书》、百家语者,悉诣守、尉杂烧之。有敢偶语《诗》《书》者弃市。以古非今者族。吏见知不举者与同罪。令下三十日不烧,黥为城旦。所不去者,医药卜筮种树之书。若欲有学法令,以吏为师。制曰:'可。'"①

一、诽谤妖言

诽谤,是指对政治的批评。古有诽谤之木,平民立于其下可批评朝政。《史记·孝文本纪》《集解》引应劭曰:"旌幡也,尧设之五达之道,令民进善也。"如淳曰:"欲有进善者,立于旌下言之。"韦昭云:"虑政有阙失,使书于木,此尧时然也。后代因以为饰,今宫外桥梁头四植木是也。"郑玄注《礼》云:"一纵一横为午,谓以木贯表柱四出,即今华表。"崔浩以为木贯表柱四出名桓。陈楚俗,恒声近和,又云和表,则华与和又相讹耳。《史记会注考证》:"《管子·桓公问篇》舜有告善之施,而主不蔽也。"《淮南子·主术篇》:"尧置敢谏之鼓,舜立诽谤之木。"中井积德曰:"旌木以语上古政事,盖废已久矣,未见废在秦时也,亦未见复施也。"②

周厉王之前,周人皆可参与政治,而周厉王用卫巫监视百姓,欲以止谤,即不许平民议政,结果激起国人暴动。后世日趋专制,至秦始有诽谤罪,《史记·秦始皇本纪》记载,始皇驾崩,赵高与李斯相与谋,诈为受始皇诏丞相,立子胡亥为太

---

① 《史记》卷六《秦始皇本纪》。
② 泷川资言:《史记会注考证》,上海古籍出版社,2017年。

子。更为书赐长子扶苏，其中的罪名有所谓"诽谤"。其诏曰："朕巡天下，祷祠名山诸神以延寿命。今扶苏与将军蒙恬将师数十万以屯边，十有余年矣，不能进而前，士卒多耗，无尺寸之功，乃反数上书直言诽谤我所为，以不得罢归为太子，日夜怨望。扶苏为人子不孝，其赐剑以自裁！将军恬与扶苏居外，不匡正，宜知其谋。为人臣不忠，其赐死，以兵属裨将王离。"①

至于什么言论构成诽谤，尚未见秦律有明确具体的规定。《史记·秦始皇本纪》记录了方士侯生、卢生的一段议论，秦始皇认为这就是对他的诽谤：

> 侯生卢生相与谋曰："始皇为人，天性刚戾自用，起诸侯，并天下，意得欲从，以为自古莫及己。专任狱吏，狱吏得亲幸。博士虽七十人，特备员弗用。丞相诸大臣皆受成事，倚辨于上。上乐以刑杀为威，天下畏罪持禄，莫敢尽忠。上不闻过而日骄，下慑伏谩欺以取容。秦法，不得兼方不验，辄死。然候星气者至三百人，皆良士，畏忌讳谀，不敢端言其过。天下之事无小大皆决于上，上至以衡石量书，日夜有程期，不中呈不得休息。贪于权势至如此，未可为求仙药。"于是乃亡去。始皇闻亡，乃大怒曰："吾前收天下书不中用者尽去之。悉召文学方术士甚众，欲以兴太平，方士欲练以求奇药。去不报，徐市等费以巨万计，终不得药，徒奸利相告日闻。卢生等吾尊赐之甚厚，今乃诽谤我，以重吾不德也。诸生在咸阳者，吾使人廉问，或为訞言以乱黔首。"于是使御史悉案问诸生，诸生传相告引，乃自除犯禁者四百六十余人，皆坑之咸阳，使天下知之，以惩后。益发谪徙边。

秦二世时，也有所谓"诽谤"：

> 公子将闾昆弟三人囚于内宫，议其罪独后。二世使使令将闾曰："公子不臣，罪当死，吏致法焉。"将闾曰："阙廷之礼，吾未尝敢不从宾赞也；廊庙之位，吾未尝敢失节也；受命应对，吾未尝敢失辞也。何谓不臣？愿闻罪而

---

① 《史记》卷六《秦始皇本纪》。

死。"使者曰："臣不得与谋,奉书从事。"将闾乃仰天大呼天者三,曰："天乎!吾无罪!"昆弟三人皆流涕拔剑自杀。宗室振恐。群臣谏者以为诽谤,大吏持禄取容,黔首振恐。[①]

东汉孔僖曾说"言凡诽谤者,谓无事而虚加诬罔也。至如孝武之政,善恶显在汉史,明如日月。是为直说实事,非虚谤也。"孔僖之论确为深见,也是有感而发。《后汉纪·孝章皇帝纪下》："孔僖、崔骃同习《春秋》,语吴王夫差时事,僖废书而叹曰:'若是所谓画龙不成反为狗者。'骃曰:'昔者孝武皇帝始为天子,方年十八,崇信圣道,师则先王,五六年间,号胜文、景。及后放恣,忘其前善。'僖曰:'书传若此者多矣!'邻房生梁郁遥和之曰:'如武帝亦为画龙不成复是狗邪?'僖、骃默然不答。郁怒恨之,阴上书告骃、僖诽谤先帝,讥刺世事。下有司,骃诣吏受诘。僖上书曰:'言凡诽谤者,谓无事而虚加诬罔也。至如孝武之政,善恶显在汉史,明如日月。是为直说实事,非虚谤也。夫帝王为善,则天下为善咸归焉;其不善,则天下之恶亦萃焉。'"

贾谊《陈政事疏》："胡亥今日继位,则明日射人,忠谏者谓之诽谤,深计者谓之妖言。"路温舒《尚德缓刑书》："秦之时,正言者谓之诽谤,遏过者谓之妖言。"沈家本加按语:"《唐律》造袄书袄言。《疏议》曰:'袄言谓诈为鬼神之语。'后来之律皆承用之,而与秦汉之所谓妖言者不同。《唐律》有指斥乘舆一条,实即秦汉之诽谤妖言,惟罪名改轻耳。"[②]

汉文帝时除去此罪。《史记·孝文帝本纪》："今法有诽谤妖言之罪,是使众臣不敢尽情,而上无由闻过失也。将何以来远方之贤良? 其除之。民或祝诅上以相约结而后相谩,吏以为大逆,其有他言,而吏又以为诽谤。此细民之愚无知抵死,朕甚不取。自今以来,有犯此者勿听治。"[③]

《三国志·魏书·高柔传》："民间数有诽谤妖言,帝疾之,有妖言辄杀,而赏告者。柔上疏曰:'今妖言者必戮,告之者辄赏。即使过误无反善之路,又将开凶狡之群相诬罔之渐,诚非所以息奸省讼,缉熙治道也。……臣愚以为宜除妖谤赏

① 《史记》卷六《秦始皇本纪》。
② 《历代刑法考》第三册《汉律撫遗》卷三,第1415页。
③ 《史记》卷十《孝文帝本纪》。

告之法……'帝不即从,而相诬告者滋甚。帝乃下诏曰:'敢以诽谤相告者,以所告者罪罪之。'"①

《唐律疏议》:"诸指斥乘舆,情理切害者,斩;言议政事乖失而涉乘舆者,上请。非切害者,徒二年。"指斥乘舆,指毁谤皇帝的行为,刘俊文认为即秦汉时期的"诽谤妖言罪"。②

二、妄言

妄言应指涉及朝廷政治及祸福吉凶、治乱兴亡的胡言乱语。《史记·郦生陆贾列传》载郦生夜见陈留令,说之曰:"夫秦为无道而天下畔之,今足下与天下从则可以成大功。今独为亡秦婴城而坚守,臣窃为足下危之。"陈留令曰:"秦法至重也,不可以妄言,妄言者无类,吾不可以应。先生所以教臣者,非臣之意也,原勿复道。"③"妄言者无类"就是下文所引的"族刑",即被灭族,使其族类无存。《史记·项梁传》载秦始皇帝游会稽,渡浙江,梁与籍俱观。籍曰:"彼可取而代也。"梁掩其口,曰:"毋妄言,族矣!"④

《史记·陈涉世家》:"客出入愈益发舒,言陈王故情。或说陈王曰:'客愚无知,颛妄言,轻威。'陈王斩之。"⑤

《史记·张骞列传》:"其吏卒亦辄复盛推外国所有,言大者予节,言小者为副,故妄言无行之徒皆争效之。"

三、非所宜言

非所宜言就是说了不该说的话,或者言语犯了忌讳。《史记·叔孙通列传》:数岁,陈胜起山东,使者以闻,二世召博士诸儒生问曰:"楚戍卒攻蕲入陈,于公如何?"博士诸生三十余人前曰:"人臣无将,将即反,罪死无赦。原陛下急发兵击之。"二世怒,作色。叔孙通前曰:"诸生言皆非也。夫天下合为一家,毁郡县城,

① 《三国志》卷二十四,第684页。
② 刘俊文撰:《唐律疏议笺解》,中华书局,1996年,第811页。
③ 《史记》卷九十七《郦生陆贾列传》。
④ 《史记》卷七《项羽本纪》。
⑤ 《史记》卷四十八《陈涉世家》。

铄其兵,示天下不复用。且明主在其上,法令具于下,使人人奉职,四方辐辏,安敢有反者! 此特群盗鼠窃狗盗耳,何足置之齿牙间。郡守尉今捕论,何足忧。"二世喜曰:"善。"尽问诸生,诸生或言反,或言盗。于是二世令御史案诸生言反者下吏,非所宜言。诸言盗者皆罢之。[①]

沈家本认为"非所宜言与妖言不同,妖言者,非谤之词,非所宜言,失实之词也。"[②]

第六节　逃亡类犯罪

秦统一后,法令严明而逃亡盛行。《史记·张耳陈余列传》:"张耳尝亡命游外黄。"《索隐》引晋灼曰:"命者,名也。谓脱名籍而逃。"崔浩曰:"亡,无也。命,名也。逃匿则削除名籍,故以逃为亡命。"睡虎地秦简也有逃亡的记载,如《封诊式》:"敢告某县主:男子某辞曰:'士五(伍),居某县某里,去亡。'"还有刑徒的逃亡,如《法律答问》:"大夫甲坚鬼薪,鬼薪亡,问甲可(何)论? 当从事官府,须亡者得。今甲从事,有(又)去亡,一月得,可(何)论? 当赀一盾,复从事。从事有(又)亡,卒岁得,可(何)论? 当耐。"诸如此类,不胜枚举。因此,我们可以肯定秦朝有关于逃亡的法律。

一、亡人与亡吏

平人,指除了奴婢、罪犯、囚徒、军人等具有特殊身份的一般人。平人逃亡和官吏逃亡在张家山汉简《亡律》中合并称作"吏民亡"。这种亡罪又可分为无事而亡和逋事两种。

无事而亡,在唐律中即所谓的"浮浪"罪,指"非避事逃亡,而流宕他所者"[③]。睡虎地秦简《封诊式》"亡自出"条云:"男子甲自诣,辞曰:'士五(伍),居某里,以乃二月不识日去亡,毋(无)它坐,今来自出。'问之□名事定,以二月丙子将阳亡,

① 《史记》卷九十九《刘敬叔孙通列传》。
② 《历代刑法考》第三册《汉律摭遗》卷三,第 1426 页。
③ 《唐律疏议》,第 536 页。

三月中逋筑宫廿日,四年三月丁未籍一亡五月十日,毋(无)它坐,莫覆问。"①该男子甲曾数度逃亡,其中"二月丙子将阳亡"一次,这里的"将阳",整理小组注释云:"系叠韵连语,在此意为游荡。"②张家山汉简《奏谳书》第三十二个案例中也有所谓的"将阳亡"。所谓"将阳亡",就是到处游荡,无所事事,符合唐律中浮浪他所的特征。因此,我们臆断秦汉时期所谓的"将阳亡"即唐律中的"浮浪罪"。至于秦汉律对这种罪如何处罚,就现有资料似乎无从查考。

汉代"将阳亡"罪名成立要件有二:一是游荡废业。唐律也是如此规定,如果在外地营求资财及学宦者,则不构成本罪。由于营求资财者"贸迁有无,远求利润",而学宦者"负笈从师,或弃缧求仕",均属各遂其业而非游情废业,故唐律规定"各勿论";二是不阙赋役。秦简《封诊式》"亡自出"条中的男子甲"以二月丙子将阳亡,三月中逋筑宫廿日"。其初心并非为躲避徭役,但在浮浪过程中"逋筑宫廿日"。这里值得注意是,其"逋筑宫"以日计,后世法律逃亡多按日计罪,《唐律》:"诸非亡而浮浪他所者,十日笞十,二十日加一等,罪止杖一百;即有官事在他所,事了留住不还者,亦如之。"③

逋事即避事,在秦律中有"逋事"和"乏徭"。睡虎地秦简《法律答问》:"可(何)谓'逋事'及'乏繇(徭)'? 律所谓者,当繇(徭),吏、典已令之,即亡弗会,为'逋事';已阅及敦(屯)车食若行到繇(徭)所乃亡,皆为'乏繇(徭)'。"④

汉代规定:"吏民亡,盈卒岁,耐;不盈卒岁,系城旦春;公士、公士妻以上作官府,皆偿亡日。"这条律文中的"吏民亡"实际上是指吏民为逃避差役而亡。值得注意的是"盈卒岁,耐;不盈卒岁,系城旦春",文意殊不可解,似乎有舛错。⑤ 接着又规定:"其自出殿(也),笞五十。给逋事,皆籍亡日。"意思是逃亡者自出,应处笞刑五十,并且服完其逃避的差役,并且记录在案。显然,处以笞刑五十是依法减等后的处罚。那么,如果不自首,其处罚必重。另外,汉律对"吏民亡"不加区分,而唐律则另立专条:"诸在官无故亡者,一日笞五十,三日加一等;过杖一

① 《秦简牍合集·释文注释修订本》(壹),第297页。
② 同上注,第200页。
③ 《唐律疏议》,第536页。
④ 《秦简牍合集·释文注释修订本》(壹),第245页。
⑤ 曹旅宁在其文章中也有相同意见,见氏著:《张家山汉律研究》,中华书局,2005年,第144页。

百,五日加一等。边要之官,加一等。"①

二、亡妻与亡奴婢

张家山汉简《亡律》中没有"亡妻"的法律条文,但张家山汉简是一个抄本,不能就此否定汉律有"亡妻"的内容。睡虎地秦简《法律答问》中有两则"亡妻"法律问题的解释:"女子甲为人妻,去亡,得及自出,小未盈六尺,当论不当? 已官,当论;未官,不当论。"又:"女子甲去夫亡,男子乙亦阑亡,相夫妻,甲弗告请(情),居二岁,生子,乃告请(情),乙即弗弃,而得,论可(何)殹(也)? 当黥城旦春。"这两则都涉及"去夫亡"的问题,整理小组注释为"离夫私逃"。② 这实际上就是唐律中的"背夫在逃"。无论是秦汉律中的"离夫私逃"、还是唐律中的"背夫在逃",其核心要件都在一个"背夫"上,沈之奇就认为"妇人当从夫,夫可出妻,妻不不可自绝于夫。若背弃其夫而逃走出外者,杖一百,从夫嫁卖"。③ 所谓"背夫","谓非因别事,专为背弃其夫而逃也"。④

与"亡妻"类似,秦汉律中有"亡奴""亡婢"罪。因为古代社会中"奴婢贱人,律比畜产",⑤奴婢虽为人类,但却不以人看,列于资财,故秦汉律设立奴婢逃亡专条。相对于"平人"逃亡,奴婢逃亡势必加重处罚。秦简《法律答问》:"人臣甲谋遣人妾乙盗主牛,买(卖),把钱偕邦亡,出徼,得,论各可(何)殹(也)? 当城旦黥之,各畀主。"这里,人臣甲与人妾乙的身份都是私奴婢,在盗卖主人牛后携款逃亡,为官府所得,最终被处以黥城旦刑,仍归原主,盖于逃亡罪上又加盗窃罪。如果是单纯的奴婢逃亡,刑不至如此之重。《大清律例》中的"出妻"条云:"若婢背家长在逃者,杖八十。"加注:"奴逃者,罪亦同。"⑥单纯的奴婢逃亡与"妻背夫亡"类似,主要体现在"其背家长"之上。

奴婢逃亡,如果能"自归主",或者"主亲所智(知),及主、主父母、子若同居求

---

① 《唐律疏议》,第 537 页。
② 《秦简牍合集·释文注释修订本》(壹),第 246 页。
③ 《大清律辑注》,第 284 页。
④ 同上注,第 287 页。
⑤ 《唐律疏议》,第 132 页。
⑥ 《大清律辑注》,第 283 页。

自得之",也就是说,奴婢自首或自归主人及主人亲属①捕获之,法律规定仍"畀主",如遗失物之物归原主,或者主人"欲勿诣吏论者,皆许之。"但如果奴婢逃亡被报官,或被官府捕获,汉代法律规定应刺面。张家山汉简《奏谳书》第二个案例,媚为士伍点婢,被卖与大夫禒后逃亡,有官吏认为应援引奴婢逃亡的法条,"黥媚颜頯",并畀卖主。②下文又云:"其自出殹(也),若自归主,主亲所智(知),皆笞百。"疑指案发后已经报官,在此情形下逃亡奴婢自出或自归主家而言。

三、罪犯的逃亡

不同于平人逃亡,罪犯逃亡是"更犯",于本罪之外又加逃亡罪,因此,罪犯逃亡应加重处罚,如唐《名例律》"更犯"条云:"诸犯罪已发及已配而更为罪者,各重其事。"疏议曰:"已发者,谓已被告言;其依令应三审者,初告亦是发讫。及已配者,谓犯徒已配。而更为笞罪以上者,各重其后犯之事而累科之。"秦简《法律答问》:"隶臣妾系城旦舂,去亡,已奔,未论而自出,当治(笞)五十,备系日。"③汉《亡律》规定:"城旦舂亡,黥,复城旦舂。鬼薪白粲也,皆笞百。"又:"隶臣妾、收人亡,盈卒岁,系城旦舂六岁;不盈卒岁,系三岁。自出殹(也),□□。其去系三岁亡,系六岁;去系六岁亡,完为城旦舂。"

四、士兵的逃亡

《尉缭子》:"今以法止逃归、禁亡军,是兵之一胜也。"也就是说,用军法的形式禁止士兵逃亡是决定战争胜利的重要因素之一。因此,士兵逃亡也不同于"平人",其处罚的力度也大。张家山汉简《奏谳书》中的第一个案例,南郡蛮夷男子毋忧被都尉窯征发遣戍,"已受致书,行未到,去亡",最后毋忧的身份被确定为

---

　　①　"亲所知"最早见于睡虎地秦墓竹简《法律答问》:"将司人而亡,能自捕及亲所智(知)为捕"条中,其中"亲所知",整理小组注"亲属朋友",见《睡虎地秦墓竹简》,文物出版社1978年,第205页。曹旅宁认为"亲所知"指"本人亲自掌握线索,报官捕获这种情况",见氏著:《张家山汉律研究》,第145页,中华书局,2005年。徐世虹在《"主亲所知"识小》中说:"所谓'主亲'当指160简中的'主父母、子若同居','主亲所知'可释为'主人、亲属所知之人','所'字指代的是其后动词涉及的对象。"其说可从,见《出土文献研究》第6辑,上海古籍出版社,2004年。

　　②　《奏谳书》,见《张家山汉墓竹简》,第92页。

　　③　《秦简牍合集·释文注释修订本》(壹),第234页。

"屯卒"，以军法论处为腰斩刑，这里显然是以军法论处的。《尉缭子》："内卒出戍，令将吏授旗鼓戈甲。发日，后将吏及出县封界者，以坐后戍法。兵戍边一岁，遂亡不候代者，法比亡军。父母妻子知之，与同罪；弗知，赦之。"士兵逃亡一般会株连到父母、妻子。《尉缭子》："卒后将吏而至大将所一日，父母妻子尽同罪。卒逃归至家一日，父母妻子弗捕执及不言，亦同罪。"①这说明，至少从战国时期开始，法律对士卒逃亡就适用亲属连坐的原则，②这种传统延续至汉代，一直到三国时期也是如此规定。《三国志·魏书·高柔传》有一条史料值得重视：

> 　　鼓吹宋金等在合肥亡逃。旧法，军征士亡，考竟其妻子。太祖患犹不息，更重其刑。金有母妻及二弟皆给官，主者奏尽杀之。柔启曰："士卒亡军，诚在可疾，然窃闻其中时有悔者。愚谓乃宜贷其妻子，一可使贼中不信，二可使诱其还心。正如前科，固已绝其意望，而猥复重之，柔恐自今在军之士，见一人亡逃，诛将及己，亦且相随而走，不可复得杀也。此重刑非所以止亡，乃所以益走耳。"太祖曰："善。"即止不杀金母、弟，蒙活者甚众。

文中提到"旧法"，当然不是指三国时期才制定的法律，很可能是承袭了汉代有关法律。还有一条也可佐证逃兵适用收孥制："护军营士窦礼近出不还。营以为亡，表言逐捕，没其妻盈及男女为官奴婢。"据此，沈家本也认为"军士逃亡，没其妻子为官奴婢，非一切罪人皆没其妻子。后魏尚有亡者妻子没为官奴婢之事，必承于古也。惟晋去而后魏复用之，当是后魏用汉、魏之旧法，而不取晋法也"。③

五、舍匿罪人

在睡虎地秦简、张家山汉简出土以前，学术界以为古代法律中的"犯罪之人，

---

①　《武经七书》，中华书局，2007 年，第 297 页。

②　李解民认为："1972 年山东临沂银雀山汉墓竹简中《尉缭子》简文的发现，证明《尉缭子》的多篇文字至迟已在汉初流行于世，则其撰作必然更早，当在此前的末国时代。"见《武经七书》上册，第 190 页。

③　见《历代刑法考》第三册《汉律摭遗》，第 1507 页。

非亲属不得容隐"①的制度是汉宣帝地节四年才确立的,主要史料依据是《宣帝纪》中的一道诏令:"自今,子首匿父母、妻匿夫、孙匿大父母,皆勿坐。其父母匿子、夫匿妻、大父母匿孙,罪殊死,皆上请廷尉以闻。"事实上,这种立法传统早在战国时期即已形成。② 那么汉简《亡律》中"匿罪人"条显然不是指亲属而言,如果是亲属舍匿逃亡,当然不构成此罪。后世法律一般都沿袭而不改,如《大清律例》中"知情藏匿罪人"条直接注明"非亲属"。"若系亲属及奴婢、雇工人,……当照《名例》亲属相为容隐条,不用此律"。③

"舍匿罪人"是知情的一种故意行为。如《汉书·季布传》记载季布为项羽将,曾"数窘汉王。项籍灭,高祖购求布千金,敢有舍匿,罪三族"。濮阳周氏明知为季布,将其髡钳衣褐,置广柳车中,送至鲁朱家卖之。朱家也"心知其季布也,买置田舍"。这些都属于"知情藏匿罪人"。《汉书·鲍宣传》:"时名捕陇西辛兴,兴与宣女婿许绀俱过宣,一饭去,宣不知情,坐系狱,自杀。"所谓"名捕",颜师古认为是指"诏显其名而捕之"。此案中鲍宣虽不知情,但仍拘系在狱,最后被迫自杀。若按汉律,则不构成犯罪。此案最终显然是政治倾轧的结果。因为当时王莽"阴有篡国之心,为风州郡以皋法案诛诸豪桀,及汉忠直臣不附己者"。④

后世"藏匿罪人"包括"过致资给,令得隐避者"⑤等情,具体指犯罪已发,官司差人追唤之时,而将罪囚"私自藏匿在家,或指引所往,资给所需,送令隐避"⑥等行为,秦汉律中虽未见此明文,但衡情而论,舍匿罪人亦无非如此罢了,如前文所引季布事,濮阳周氏在明知的情况下将季布送至鲁朱家,显系"过致资给,令得隐避者",而朱家为"买置田舍"亦属"资给所需"。《汉书·淮南传》云:"收聚汉诸侯人及有罪亡者,匿为居,为治家室,赐与财物、爵禄、田宅,爵或至关内侯,奉以二千石所当得",也属此种情形。汉律设有"通行饮食"罪,《后汉书·陈忠传》:"故亡逃之科,宪令所急,至于通行饮食,罪致大辟。"唐李贤注:"通行饮食,犹今

① 《大清律辑注》(下),第977页。
② 参看拙作:《张家山汉简〈告律〉考论》,《法学研究》2007年第6期。
③ 《大清律辑注》(下),第978页。
④ 《汉书》卷七十二《鲍宣传》。
⑤ 《唐律疏议》,第540页。
⑥ 《大清律辑注》(下),第977页。

律云过致资给与同罪也。"①李贤所谓"今律"是指《唐律》，"过致资给"即唐律"藏匿罪人"之一种，沈家本也认为"汉之通行饮食，其事实当亦类此"。②

由于舍匿罪人者在明知的情况下"欺公党恶"，所以一般比照所匿罪人之罪来判断其社会危害性，并据以定罪量刑。所匿罪人之罪越重，舍匿者之罪也随之加重；相反，所匿罪人之罪越轻，舍匿者之罪也随之减轻。《汉书·杜延年传》："治燕王狱时，御史大夫桑弘羊子迁亡，过父故吏侯史吴。后迁捕得，伏法。会赦，侯史吴自出系狱，廷尉王平与少府徐仁杂治反事，皆以为桑迁坐父谋反而侯史吴臧之，非匿反者，乃匿为随者也。即以赦令除吴罪。后侍御史治实，以桑迁通经术，知父谋反而不谏争，与反者身无异；侯史吴故三百石吏，首匿迁，不与庶人匿随从者等，吴不得赦。"此案争论的一个焦点就是侯史吴所藏匿的桑弘羊之子桑迁的犯罪性质，即其父桑弘羊谋反，其子定为反者抑或定为从者。只有桑迁的罪名确定了，才能对藏匿者侯史吴定罪量刑。虽然此案最终"近于周内"，③但这是受政治斗争的影响！

舍匿犯罪是在知情的情况下"欺公党恶"，属于"自犯之罪"，自得其咎，故此与所藏匿罪人同罪，不得减等；但如果在"不智（知）其亡"的情况下舍亡人，属于"因人连累致罪"。汉律对这两种犯罪情形作了区分，在"不智（知）其亡"的情形"舍亡人"的，盈五日者减等。"所舍罪当黥□赎耐；完为城旦舂以下到赎耐，及亡收、隶臣妾、奴婢及亡盈十二月以上□赎耐。"不盈五日，不知汉律作何规定，想必会更轻。

六、娶亡人以为妻及为亡人妻

唐律有"娶逃亡妇女"条，但不属于《捕亡律》而归之于《户婚律》："诸娶逃亡妇女为妻妾，知情者与同罪，至死者减一等。"《疏议》云："其不知情而娶，准律无罪"。④ 有关立法应肇端于秦汉法律，如睡虎地秦简《法律答问》："甲取（娶）人亡

---

①　《后汉书》卷四十六《陈忠传》。

②　这里，李贤注引唐律有误，沈家本亦指出："《唐律》'过致资给'在捕亡门知情藏匿罪人条，系减罪人一等，为云'与同罪'，与律文不符。"《汉律撫遗》卷二，《历代刑法考》第三册，第1411页。

③　参见［清］薛允升撰，怀效锋、李鸣点校：《唐明律合编》，法律出版社，1999年，第769页。

④　参看刘俊文：《唐律疏议笺解》，中华书局，1996年，第1044页。

妻以为妻,不智(知)亡,有子焉,今得,问安置其子? 当畀。或入公,入公异是。"①虽然是关于娶人亡妻所坐子女的法律解释,但也充分证明秦律中已有法律专条。从汉《亡律》看,秦汉律中的内容应与唐律相似,汉《亡律》云:"取(娶)人妻及亡人以为妻,及为亡人妻,取(娶)及所取(娶)、为谋(媒)者,智(知)其请(情),皆黥以为城旦春。其真罪重,以匿罪人律论。弗智(知)者不□"。②

以上情形均以"知其情"而故犯为构成要件。简末文字为"弗智(知)者不□",详文意,当为"弗智(知)者不论"。大概若不知男、女逃亡而相嫁娶及作媒者,则不得定为此罪。

逃亡罪的立法,大多计日论罪,薛允升说:"逃亡之色目多端,科罪亦异,大抵计日论罪者居多。"③如睡虎地秦简《封诊式》中"覆"条有"几籍亡,亡及遝事各几可(何)日",④"亡自出"条有"四年三月丁未籍一亡五月十日",⑤汉《亡律》有"皆籍亡日","盈五日以上","盈卒岁"等都是对逃亡日数的记录,显然是为了衡量罪责而设。

商鞅变法以来,农耕文明使汉民族形成了浓厚的乡土情节与"安土重迁"的思想观念,"齐民编户"的政策在一定程度上对逃亡是一种限制。逃,又可训为"避",一般来说,逃亡者总是在现实社会中无法正常生活的人,而趋利避害又是人的本性。在各种逃亡犯罪的背后,除逃亡者各自不同的动机之外,还有着深刻的社会原因。换句话说,逃亡在很大程度上是深层社会问题的一种表现形式。正如当时人所指出的那样:"凡民有七亡:阴阳不和,水旱为灾,一亡也;县官重责更赋租税,二亡也;贪吏并公,受取不已,三亡也;豪强大姓蚕食亡厌,四亡也;苛吏徭役,失农桑时,五亡也;部落鼓鸣,男女遮列,六亡也;盗贼劫略,取民财物,七亡也。七亡尚可,又有七死:酷吏殴杀,一死也;治狱深刻,二死也;冤陷亡辜,三死也;盗贼横发,四死也;怨雠相残,五死也;岁恶饥饿,六死也;时气疾疫,七死

---

① 《秦简牍合集·释文注释修订本》(壹),第 247 页。
② 这里"娶人妻"指娶有夫之妻的行为,在《唐律》中称"和娶人妻",刘俊文认为"此类行为之非法,在于所嫁娶之妻妾并未废除其原有之婚姻关系,性质相当于今所谓之重婚罪",见《唐律疏议笺解》第 1052 页,中华书局,1996 年。由于与逃亡无关,本文姑不论。
③ 《唐明律合编》,第 770 页。
④ 《秦简牍合集·释文注释修订本》(壹),第 271 页。
⑤ 同上注,第 297 页。

也。民有七亡而无一得,欲望国安,诚难;民有七死而无一生,欲望刑措,诚难。"这里的所说的"亡",颜师古谓"失其作业也"①而言,而秦汉时期的逃亡与以上严重的社会问题又密不可分,具体归纳如下:

一、赋税繁重。

《汉书·食货志》记载自秦商鞅变法以后,"田租口赋……二十倍于古。或耕豪民之田,见税什五。故贫民常衣牛马之衣,而食犬彘之食。重以贪暴之吏,刑戮妄加,民愁亡聊,亡逃山林,转为盗贼,赭衣半道,断狱岁以千万数"。② 秦末,"高祖以亭长为县送徒骊山,徒多道亡。自度比至皆亡之",因此,"皆解纵所送徒",自己也开始亡命生涯。后于沛县起事,萧何、曹参建议沛令"召诸亡在外者,可得数百人,因以劫众",颜师古曰:"时苦秦虐政,赋役烦多,故有逃亡辟吏。"③

二、徭役频发。

据《汉书·食货志》记载:"月为更卒,已,复为正,一岁屯戍,一岁力役,三十倍于古。"繁重的徭役导致了大量的逃亡,《急就篇》:"更卒归诚自诣因。"颜师古注:"谓更卒之徒厌苦疲倦,常多逃匿,苟求脱免,若逢善政,则怀德感恩来陈诚款,自诣官寺就作役也。"④如遇战争,则徭役更频更重,《汉书·严助传》:"臣闻长老言,秦之时尝使尉屠睢击越,又使监禄凿渠通道。……留军屯守空地,旷日引久,士卒劳倦,越出击之。秦兵大破,乃发適戍以备之。当此之时,外内骚动,百姓靡敝,行者不还,往者莫反,皆不聊生,亡逃相从,群为盗贼,于是山东之难始兴。"⑤

三、土地兼并与农民的极端贫困。

晁错曾指出汉代土地兼并导致农民的极端贫困与流亡:"今农夫五口之家,其服役者不下二人,其能耕者不过百亩,百亩之收不过百石。春耕、夏耘,秋获、冬藏,伐薪樵,治官府,给徭役;春不得避风尘,夏不得避暑热,秋不得避阴雨,冬不得避寒冻,四时之间亡日休息;又私自送往迎来,吊死问疾,养孤长幼在其中。

---

① 《汉书》卷七十二《鲍宣传》。
② 《汉书》卷二十四《食货志》。
③ 《汉书》卷一《高帝纪》。
④ [汉]史游撰,颜师古注:《急就篇》,商务印书馆,1936年,第297—298页。下引该书皆同此版本。
⑤ 《汉书》卷六十四《严助传》。

勤苦如此,尚复被水旱之灾,急政暴赋,赋敛不时,朝令而暮当具。有者半贾而卖,亡者取倍称之息,于是有卖田宅、鬻子孙以偿责者矣。而商贾大者积贮倍息,小者坐列贩卖,操其奇赢,日游都市,乘上之急,所卖必倍。……因其富厚,交通王侯,为过吏势,以利相倾;千里游遨,冠盖相望,乘坚策肥,履丝曳缟。此商人所以兼并农人,农人所以流亡者也。"①

第七节　其他罪名

一、诬告

秦律鼓励告奸,"告奸与斩敌同赏",但不能诬告。睡虎地秦墓竹简中诬告多称为"诬人"。《法律答问》:"甲告乙盗牛若贼伤人,今乙不盗牛、不伤人,问甲可(何)论? 端为,为诬人;不端,为告不审。"②可见主观上故意虚构事实构陷他人才能称为诬告。所谓"端为",就是明知他人并无违法乱纪的事实,而主观上又欲陷人于罪,所控告他人犯罪事项与事实完全不符。如果主观上并无陷人于罪的主观故意,而只是没有对事实核验,秦律将此种行为区别为"告不审"。

　　甲盗羊,乙智(知),即端告曰甲盗牛,问乙为诬人,且为告不审? 当为告盗驾(加)臧(赃)。③
　　甲盗羊,乙智(知)盗羊,而不智(知)其羊数,即告吏曰盗三羊,问乙可(何)论? 为告盗驾(加)臧(赃)。④

以上二例均为甲盗羊,所不同者,其中一例乙告甲盗牛,一例乙告甲盗三羊;一例有意而为,一例在不知具体数目的情形下凭空虚构,两例最后均以"告盗驾(加)臧(赃)"论。可见,只要有甲盗的事实存在,乙端告为盗牛,或乙不知具体数目而冒报为三,即所告事实虽有出入,不论是否有意,均以告盗加赃论。

---

① 《汉书》卷二十四《食货志》。
② 《秦简牍合集·释文注释修订本》(壹),第198页。
③ 同上注,第199页。
④ 同上注,第199页。

《法律答问》："甲告乙盗牛,今乙贼伤人,非盗牛殴(也),问甲当论不当? 不当论,亦不当购;或曰为告不审。"①此例乙贼伤人,而甲告乙盗牛,虽然事实出入较大,但乙犯罪是实,因此甲仍然不构成诬告,而以告不审论。

综上所述,秦律诬告罪是指将无犯罪事实的人,出于陷人于罪的主观故意,捏造犯罪事实到官府告发的行为。如果被告确实犯有某种罪,而原告以另外一种罪名告发,事项不符,事实有较大出入,无论原告是否主观故意,即以告不审论。如犯盗罪,赃物数目不详,无论原告是否故意,所告赃物超出实际赃物,均以告盗加赃论。

至于"诬人""告不审""告盗加赃"的法律责任,《法律答问》："伍人相告,且以辟罪,不审,以所辟罪罪之。有(又)曰:不能定罪人,而告它人,为告不审。今甲曰伍人乙贼杀人,即执乙,问不杀人,甲言不审,当以告不审论,且以所辟? 以所辟论当殴(也)。"②"辟",《尔雅释诂》："罪也。"所谓"以所辟罪罪之",就是针对诬人者,以所欲加之罪反坐诬人者。

《法律答问》："诬人盗千钱,问盗六百七十,诬者可(何)论? 毋论。"③

"告人盗千钱,问盗六百七十,告者可(何)论? 毋论。"④

以上两例,前例为"诬",故意而为,后例为"告",虽然两例所告重而实犯轻,但共同之处是被告确实犯罪。前例当定性为"告不审",后例为告盗加赃,但都"毋论"。原告虽有"诬"与"加赃"情节,但被告并非无辜之人,故而"毋论"。

还须特别指出,秦律规定"伍人"是一种特别的法律关系,《法律答问》："可(何)谓四邻? 四邻即伍人谓殴(也)。"⑤伍人不同于一般人,在很多场合,伍人具有不同于常人的法律责任,如:"吏从事于官府,当坐伍人不当? 不当。"⑥又如:"大夫寡,当伍及人不当? 不当。"⑦"战死事不出,论其后。有(又)后察不死,夺

---

① 《秦简牍合集·释文注释修订本》(壹),第199—200页。
② 同上注,第218页。
③ 同上注,第197页。
④ 同上注,第197页。
⑤ 同上注,第219页。
⑥ 同上注,第240页。
⑦ 同上注,第240页。

后爵,除伍人;不死者归,以为隶臣。"①因此"伍人"相告的法律责任不同于一般人。常人告不审往往"勿论",伍人告不审就以诬告论,即前引"今甲曰伍人乙贼杀人,即执乙,问不杀人,甲言不审,当以告不审论,且以所辟? 以所辟论当殹(也)"。因为"自阙内侯以下,比地于伍,居家相察,出入相司",②不容许"告不审"的情况存在,所谓"不审"是虚,诬陷伍人是实。

此外,秦律还有"赃人"的罪名与"诬人"相似,都是陷害无辜的犯罪。《法律答问》:"可(何)谓'臧(赃)人'? '臧(赃)人'者,甲把其衣钱匿臧(藏)乙室,即告亡,欲令乙为盗之,而实弗盗之谓殹(也)。"③如甲将自己的衣物钱财藏到乙家,于是报告说东西丢失了,想使乙成为盗窃,而实际乙并未盗窃。以理相推,"赃人"者亦当反坐。

二、投书

投书,即《唐律》之投匿名书状告人罪也。秦律鼓励告奸,但禁止以匿名方式告人罪。《法律答问》:"有投书,勿发,见辄燔之;能捕者购臣妾二人,系投书者鞫审谳之。所谓者,见书而投者不得,燔书,勿发;投者【得】,书不燔,鞫审谳之之谓殹(也)。"④秦律禁止投书的传统为《唐律》的继承,《唐律》:"诸投匿名书告人罪者,流二千里。得书者,皆即焚之。若将送官司者,徒一年。官司受而理者,加二等。"两相比较,唐律显然减轻。《晋书·刑法志》:"改投书弃市之科,所以轻刑也。"可见秦汉律中投书为死罪,曹魏时改轻。

三、矫制、矫诏、矫令

矫,《公羊传·僖公三十三年》:"矫以郑伯之命而犒师焉。"注:"诈称曰矫。"《周语》:"其刑矫诬。"注:"以诈用法曰矫"。《吕览·悔过篇》注:"擅称君命曰矫。"

自秦始皇开始,皇帝的"命曰制,令曰诏"。蔡邕《独断》:"汉天子其言曰制

---

① 《秦简牍合集·释文注释修订本》(壹),第175页。
② 王利器校注:《盐铁论校注》,中华书局,2019年,第584页。
③ 《秦简牍合集·释文注释修订本》(壹),第261页。
④ 同上注,第202页。

诏。其命令一曰策书,二曰制书,三曰诏书,四曰戒书。"

汉律常见矫制罪,根据后果分为"矫制害""矫制不害"。当为秦律中罪名,为汉律所承袭。《史记·秦始皇本纪》:"长信侯毐作乱而觉,矫王御玺及太后玺以发县卒及卫卒、官骑、戎翟君公、舍人,将欲攻蕲年宫为乱。"《索隐述赞》:"二世矫制,赵高是与。"

秦律亦有矫令罪,《史记·陈涉世家》:"因相与矫王令以诛吴叔,献其首于陈王。"又:"因矫以王命杀武平君畔。""项羽矫杀卿子冠军而自尊"。《法律答问》:"侨(矫)丞令可(何)殹(也)? 为有秩伪写其印为大啬夫。"

战国时期,各国皆尊君,故六国律法皆有此罪名,如《史记·赵世家》:"昔下宫之难,屠岸贾为之,矫以君命,并命群臣。"①

四、不孝

不孝为中国最古老罪名,"五刑之属三千,而罪莫大于不孝。"《尚书·康诰》:"元恶大憝,矧惟不孝不友。"秦文化虽尊崇法家,但并不意味着不重视孝道。《封诊式》:"告子爰书:某里士五(伍)甲告曰:甲亲子同里士五(伍)丙不孝,谒杀,敢告。即令令史己往执。令史己爰书:与牢隶臣某执丙,得某室。丞某讯丙,辞曰:甲亲子,诚不孝甲所,毋(无)它坐罪。"

但不孝当为亲告罪名,即不告不理。父子之间为难言矣,但父母只要告子不孝,官府奉命唯谨。《法律答问》:"免老告人以为不孝,谒杀,当三环之不? 不当环,亟执勿失。"

五、盗铸钱

秦代实行高度的中央集权,对货币进行了统一,制币权属于政府,严禁民间私铸。盗铸钱是一种隐蔽性较强的犯罪,秦自商鞅变法以来,一直鼓励人们告奸,所谓"不告奸者腰斩,告奸者与斩敌首同赏,匿奸者与降敌同罚",②对盗铸钱这种较隐蔽的犯罪秦律也是如此规定的,例如睡虎地秦简《封诊式》中就有告发

---

① 《史记》卷四十三《赵世家》。
② 《史记》卷六十八《商君列传》。

盗铸钱的事例:"某里士五(伍)甲、乙缚诣男子丙、丁及新钱百一十钱、容(镕)二合,告曰:'丙铸此钱,丁佐铸。甲、乙捕索(索)其室而得此钱、容(镕),来诣之。'"

"敢择不取行钱",由于钱的轻重不一,存在流通过程中人们只收重钱、轻钱往往被拒收的情况。"择钱"对货币发挥其流通职能,恢复和发展经济很不利,《盐铁论·错币》文学曰:"择钱则物稽滞,而用人尤被其苦。"①因此,秦律加以禁止,睡虎地秦简《金布律》:"贾市居列者及官府之吏,毋敢择行钱、布;择行钱、布者,列伍长弗告,吏循之不谨,皆有罪。"

六、诈伪

睡虎地秦简《秦律杂抄》之《傅律》:"匿敖童,及占癃(癃)不审,典、老赎耐,百姓不当老,至老时不用请,敢为酢(诈)伪者,赀二甲;典、老弗告,赀各一甲;伍人,户一盾,皆迁之。"②张斐《注律表》:"背信藏巧谓之诈。"沈家本在《汉律摭遗》中说:"诈者,虚言相诳以取利,如《唐律》之诈欺取财是也。伪者。造私物以乱真,如私铸之类是也。"③

《法律答问》:"廷行事吏为诅伪,赀盾以上,行其论,有(又)废之。"④"诅"读为诈。官吏弄虚作假,与百姓诈伪不同。其罪在罚盾以上的,依判决执行,同时要撤职永不叙用。

七、行贿

秦律中以钱行贿称为"通钱"。《法律答问》:"邦亡来通钱过万,已复,后来盗而得,可(何)以论之?以通钱。"⑤

代他人收贿者亦有罪,《法律答问》:"智(知)人通钱而为臧(藏),其主已取钱,人后告臧(藏)者,臧(藏)者论不论?不论论。"⑥意思是,知道他人行贿而代为收藏钱财,钱的主人已将钱取走,事后才有人控告藏钱的人,藏钱的人应否论

---

① 王利器校注:《盐铁论校注》,中华书局,2019 年,第 57 页。
② 《秦简牍合集·释文注释修订本》(壹),第 171 页。
③ 《历代刑法考》第三册《汉律摭遗》。
④ 《秦简牍合集·释文注释修订本》(壹),第 205 页。
⑤ 同上注,第 252 页。
⑥ 同上注,第 253 页。

罪？应论罪。

行贿成立的标准很低，"通一钱"也受"黥城旦"的罪。"甲诬乙通一钱黥城旦罪，问甲同居、典、老当论不当？不当。"①

秦律虽未见受贿的规定，但"与受同科"的规则想已建立，至少与行贿同罪。

八、誉敌

《法律答问》："'誉適（敌）以恐众心者，翏（戮）。''翏（戮）'者可（何）如？生翏（戮），翏（戮）之已乃斩之之谓殴（也）。"②誉敌，赞扬敌人。《墨子号令》："誉敌，少以为众，乱以为治，敌攻拙以为巧者，断。"本条指众心即军心、士气。

九、失火

古代防火意识非常强，大概因为宫室房屋多为土木结构，国家府库屯集之粮草也易失火，因此秦律中设有"失火"罪名。顾名思义，"失火"非有心纵火，为过失犯罪，但由于一旦失火，很难救灭，损失必大，秦律对"失火"罪惩罚较严。《秦律十八种》："有实官高其垣墙。它垣属焉者，独高其置刍廥及仓茅盖者。令人勿籬（近）舍。非其官人殴（也），毋敢舍焉。善宿卫，闭门辄靡其旁火，慎守唯敬（儆）。有不从令而亡、有败、失火，官吏有重罪，大啬夫、丞任之。"③贮藏谷物的官府要加高墙垣。有其他墙垣和它连接的，可单独加高贮刍草的仓和用茅草覆盖的粮仓。令人不得靠近居住。不是本官府人员，不准在其中居住。夜间应严加守卫，关门时即应灭掉附近的火，谨慎警戒。有违反法令而有遗失、损坏或失火的，其官吏有重罪，大啬夫、丞也须承担罪责。此处明确宣布国家府库"失火"，有责任的官吏须承担重罪，以此来强化官吏的责任意识。

《秦律十八种》之《内史杂》："毋敢以火入臧（藏）府、书府中。吏已收臧（藏），官啬夫及吏夜更行官。毋火，乃闭门户。令令史循其廷府。节（即）新为吏舍，毋依臧（藏）府、书府。"④不准把火带进收藏器物或文书的府库。吏将物品收好后，

---

① 《秦简牍合集·释文注释修订本》（壹），第253页。
② 同上注，第201页。
③ 同上注，第139页。
④ 同上注，第139页。

由官府的啬夫和吏轮番值夜看守。经检查没有火，才可关闭门户。叫令史巡察其衙署的府库。如果新建吏的居舍，不要靠近收藏器物、文书的府库。

《法律答问》中有对失火中财物损失的规定："'舍公官（馆），旞火燔其舍，虽有公器，勿责。'今舍公官（馆），失火燔其叚（假）乘车马，当负不当出？当出之。"①

《法律答问》也规定了相应的法律责任："旞延燔里门，当赀一盾；其邑邦门，赀一甲。"②

《墨子·号令》中反映的战时失火责任更重："诸灶必为屏，出屋四尺，慎无敢失火，失火者斩其端，失火以为事者车裂。伍人不得，斩；得之，除。救火者无敢讙嚣，及离守绝巷救火者斩。其正及父老有守此巷中部吏，皆得救之。部吏亟令人谒之大将，大将使信人将左右救之，部吏失不言者斩。诸女子有死罪及坐失火皆无有所失，逮其以火为乱事者如法。"③失火之罪，各有等差，"坐失火皆无有所失"，即自己失火而并未延害他人，最轻之罪也，失火而延烧他人者次之，放火谋乱者最重。又曰："官府城下吏卒民家，前后左右相传保火。火发自燔，燔曼延燔人，断。"④

十、擅兴奇祠

奇祠，不合法的祠庙，后世称为"淫祠"。《法律答问》："'擅兴奇祠，赀二甲。'可（何）如为'奇'？王室所当祠固有矣，擅有鬼立（位）殹（也），为'奇'，它不为。"⑤

---

① 《秦简牍合集·释文注释修订本》（壹），第243页。
② 同上注，第243页。
③ 岑仲勉撰：《墨子城守各篇简注》，第102页，中华书局，1958年。
④ 同上注，第115页。
⑤ 《秦简牍合集·释文注释修订本》（壹），第243页。

第七章　秦的司法体系

王夫之《读通鉴论》："孰谓秦之法密，能胜天下也。项梁有栎阳逮，薪狱掾曹咎书抵司马欣而事得免。其他请讬公行、货贿相属而不见于史者，不知凡几也。项梁，楚大将军之子，秦之所尤忌者，欣一狱掾，驰书而难解。则其他位尊而权重者，抑孰与御之？法愈密，吏权愈重，死刑愈重，贿赂愈章；涂饰以免罪罟，而天子之权，倒持于掾史。"①王夫之所论，当为秦之司法。据王夫之所论，秦之司法"请讬公行、货贿相属"，这是秦司法实际情况之一斑。

第一节　秦的法官法吏

中央政府由皇帝及三公九卿构成。皇帝即天子，受命于天，拥有至高无上的权力，而且权力无所不包。古人无所谓"司法"与"行政""立法"的三权划分。套用今人的概念，天子的权力中自然也包括司法审判权。《汉书·刑法志》："至于秦始皇，兼吞战国，遂毁先王之法，灭礼谊之官，专任刑罚，躬操文墨，昼断狱，夜理书，自程决事，日县石之一。而奸邪并生，赭衣塞路，囹圄成市，天下愁怨，溃而叛之。"②秦始皇开创了君主专制的体制，皇权无所不包，最高司法权也在皇帝掌握之中，甚而至于始皇本人"躬操文墨，昼断狱，夜理书"。在皇帝之下，其整个官僚体系皆听命于上，皆为司法执法之官员。

早在商鞅变法时，秦国封建统治者为了保证法律实施，就提出：

> 为法令，置官吏朴足以知法令之谓者，以为天下正，则奏天子；天子则各

---

① ［清］王夫之著：《读通鉴论》上册第 7 页，中华书局，1996 年。
② 《汉书》卷二十三《刑法志》。

主法令之,皆降,受命发官。各主法令之。民敢忘行主法令之所谓之名,各以其所忘之法令名罪之。主法令之吏有迁徙物故,辄使学者读法令所谓。为之程式,使日数而知法令之所谓。不中程,为法令以罪之。有敢剟定法令一字以上,罪死不赦。① 国家为贯彻法令,必须设置官吏,并请那些通晓法令的人担任各级司法官吏,主持司法工作。

设想法吏体系的具体方案是:

> 天子置三法官:殿中置一法官,御史置一法官及吏,丞相置一法官。诸侯郡县皆各为置一法官及吏,皆比秦一法官。郡县诸侯一受禁室之法令,并学问所谓。吏民欲知法令者,皆问法官,故天下之吏民,无不知法者。吏明知民知法令也,故吏不敢以非法遇民,民不敢犯法以干法官也。吏遇民不循法,则问法官,法官即以法之罪告之,民即以法官之言正告之吏。吏知其如此,故吏不敢以非法遇民,民又不敢犯法。②

在朝廷中设置三名法官:天子殿里设一名,御史衙门设一名,丞相府设一名。各诸侯和郡、县都由天子给他们设置一名法官和法吏,统属于国家的司法官吏体系,听命于朝廷。从史籍记记载看,这些主张基本上得到了贯彻,自商鞅开始,秦统治者从中央到地方逐步建立了一套较完整的司法官吏体系。

一、中央的司法机构

1. 廷尉

廷尉,位列九卿,为秦最主要的司法机构的长官,《汉书·百官公卿表》曰:"廷尉,秦官。掌刑辟",应劭曰:"听狱必质诸朝廷,与众共之,兵狱同制,故称廷尉。"韦昭说:"廷尉、县尉皆古尉也,以尉尉人也。凡掌贼及司察之官皆曰尉。尉,罚也,言以罪罚奸非也。"③

---

① 蒋礼鸿:《商君书锥指》,中华书局,2001 年,第 140 页。
② 同上注,第 143—144 页。
③ 《太平御览》卷 231 引。

　　廷尉为执法之臣，通过执法来维护法律的公平公正。《史记·张释之列传》："今既下廷尉，廷尉，天下之平也，一倾而天下用法皆为轻重，民安所措其手足？"廷尉的具体职责有三：第一，审理刑狱是其主要职责，《史记·陈丞相世家》："陛下即问决狱，责廷尉；问钱谷，责治粟内史。"第二，地方谳疑案件也要上报廷尉。第三，每年到御史府校对刑律，即《尉杂》所谓"岁雠辟律于御史"。

　　廷尉一般由精通法律者担任，如西汉的张释之、张汤、杜周等。东汉郭氏家族世传律学，因此，族中七人曾任廷尉，任廷尉正、监、平者更多。"郭氏自弘后，数世皆传法律，子孙至公者一人，廷尉七人，侯者三人，刺史、二千石、侍中、中郎将者二十余人，侍御史、正、监、平者甚众。"[1]

　　廷尉的职责有三项：一、审理诏狱及其他皇帝交办的大要案，如《汉书·文帝纪》："绛侯周勃有罪，逮诣廷尉诏狱。"二、廷尉具有立法职能。如景帝元年秋七月，诏曰："吏受所监临，以饮食免，重；受财物，贱买贵卖，论轻。廷尉与丞相更议著令。"[2]再如武帝时张汤制订《越宫律》等。三、廷尉负责审理郡县奏报的疑难案件。如《汉书·景帝纪》后元年春正月，诏曰："狱，重事也。人有智愚，官有上下。狱疑者谳有司，有司所不能决，移廷尉。有令谳而后不当，谳者不为失。欲令治狱者务先宽。"

　　廷尉属官有廷尉正、廷尉监、廷尉平、廷尉史等。《汉书·百官公卿表》：廷尉"有正、左右监，秩皆千石"。《通典·职官》"廷尉"："正，秦置，廷尉正"；"监，秦置，廷尉监"。卫宏《汉官旧仪》："廷尉正、监、平物故，以御史高第补之。"就是说，当廷尉正、廷尉监、廷尉平死亡，职位出现空缺时，应从御史中选拔水平高的补任之。由此可见，廷尉正、监、平高于御史，"为廷尉三官"。以汉制推测秦制，可知秦的廷尉正、廷尉监均是廷尉的属官，其职责是协助廷尉治理刑狱。

　　廷尉正。《通典·职官》："秦置，廷尉正。"《汉书·景十三王传》："天子遣大鸿胪、丞相长史、御史丞、廷尉正杂治巨鹿诏狱，奏请逮捕去后昭信。"《汉书·循吏传》："霸为人明察内敏，又习文法，然温良有让。""会宣帝即位，在民间时知百姓苦吏急也，闻霸持法平，召以为廷尉正，数决疑狱，庭中称平。"

　　① 《后汉书》卷四十六《郭躬传》。
　　② 《汉书》卷五《景帝纪》。

廷尉正权位较高，当为廷尉的副职。《后汉书·何敞传》："何敞字文高，扶风平陵人也。其先家于汝阴。六世祖比干，学《尚书》于晁错，武帝时为廷尉正，与张汤同时。汤持法深而比干务仁恕，数与汤争，虽不能尽得，然所济活者以千数。"

廷尉监，有时分为左监、右监，秩皆千石。《汉书·丙吉传》："丙吉字少卿，鲁国人也。治律令，为鲁狱史。积功劳，稍迁至廷尉右监。"《后汉书·陈宠传》："建武初，钦子躬为廷尉左监，早卒。"廷尉监的职责似乎是逮捕诏狱嫌犯，淮南王谋反时，"廷尉以建辞连太子迁闻，上遣廷尉监与淮南中尉逮捕太子"。①《汉书·息夫躬传》："上遣侍御史、廷尉监逮躬，系洛阳诏狱。"

廷尉史，简称"廷史"。廷史当是廷尉府人数较多，且承担主要事务的属吏，因此廷尉史多选用明习法律之士。《汉书·路温舒传》："元凤中，廷尉光以治诏狱，请温舒署奏曹掾，守廷尉史。"《汉书·酷吏传》："（王温舒）数为吏，以治狱至廷尉史。"《汉书·杜周传》："杜周，南阳杜衍人也。义纵为南阳太守，以周为爪牙，荐之张汤，为廷尉史。"《汉书·元后传》：王禁"字稚君，少学法律长安，为廷尉史"。《汉书·于定国传》："定国少学法于父，父死，后定国亦为狱史、郡决曹，补廷尉史。"《后汉书·周纡传》："周纡字文通，下邳徐人也。为人刻削少恩，好韩非之术。少为廷尉史。"

秦朝廷尉属官为清一色的法吏或精通法律之士。由于秦朝奉行"以法为教""以吏为师"，秦朝官吏必须是法吏，更不必说在廷尉府的法官了。汉武帝时，张汤为廷尉，廷尉史多选用经学之士，才改变了这个传统。《张汤传》："是时，上方乡文学，汤决大狱，欲傅古义，乃请博士弟子治《尚书》、《春秋》，补廷尉史，平亭疑法。奏谳疑，必奏先为上分别其原，上所是，受而著谳法廷尉絜令，扬主之明。"②

张汤选用文吏作为廷尉史是从选用儿宽开始的，《汉书·儿宽传》：

> 时张汤为廷尉，廷尉府尽用文史法律之吏，而宽以儒生在其间，见谓不习事，不署曹，除为从史，之北地视畜数年。还至府，上畜簿，会廷尉时有疑

---

① 《汉书》卷四十四《淮南王传》。
② 《汉书》卷五十九《张汤传》。

奏,已再见却矣,掾史莫知所为。宽为言其意,掾史因使宽为奏。奏成,读之皆服,以白廷尉汤。汤大惊,召宽与语,乃奇其材,以为掾。上宽所作奏,即时得可。异日,汤见上。问曰:"前奏非俗吏所及,谁为之者?"汤言兒宽。上曰:"吾固闻之久矣。"汤由是乡学,以宽为奏谳掾,以古法义决疑狱,甚重之。[1]

2. 御史大夫

《汉书·百官公卿表》:"御史大夫,秦官,位上卿,银印青绶,掌副丞相。有两丞,秩千石。一曰中丞,在殿中兰台,掌图籍秘书,外督部刺史,内领侍御史员十五人,受公卿奏事,举劾按章。"[2]

御史原为周官,后为秦汉所沿袭。《周礼·春官》:"御史,中士八人,下士十六人。"注:"御犹侍也,进也。"疏:"此官亦掌藏书,所谓柱下史也。""柱下史",老聃为之。秦改为御史,一名柱后史,谓冠以铁为柱,言其审不桡也。"对于"柱下",司马贞认为是"所掌及侍立恒在殿柱下"。《史记·滑稽列传》:"赐酒大王之前,执法在前,御史在后。"[3]《战国·赵策》:"弊邑秦王,使臣敢献书大王御史。"《史记·廉颇蔺相如列传》:"赵王鼓瑟,秦御史前书曰:……"《通典》:御史"皆记事之职也"。

秦统一后,御史的地位有了提高,作为天子耳目,常负监督之责。《史记·秦始皇本纪》:"使御史案问诸生。"《太平御览》卷二二七:"御史,秦官也,按问有御史。"《资治通鉴·秦鉴》注:"秦御史,讨奸猾,治大狱。"秦简中的"岁雠辟律于御史",意思是说司法官吏每年要到御史那里核对刑律。并逐渐转化为执法之臣,《史记·天官书》:"南藩中二星间为端门。次东第一星为左执法,廷尉之象;……端门西第一星为右执法,御史大夫之象也。"《续汉书·舆服志》:"法冠,一曰柱后。高五寸,以纚为展筩,铁柱卷,执法者服之,侍御史,廷尉正监平也。或谓之獬豸冠。獬豸神羊,能别曲直,楚王尝获之,故以为冠。胡广说曰:'《春秋左氏传》有南冠而絷者,则楚冠也。秦灭楚,以其君服赐执法近臣御史服之。'"

---

[1] 《汉书》卷五十八《兒宽传》。
[2] 《汉书》卷十九《百官公卿表》。
[3] 《史记》卷一百二十六《滑稽列传》。

司隶校尉,《百官公卿表》:"司隶校尉,周官,武帝征和四年初置。持节,从中都官徒千二百人,捕巫蛊,督大奸猾。后罢其兵。察三辅、三河、弘农。元帝初元四年去节。成帝元延四年省。绥和二年,哀帝复置,但为司隶,冠进贤冠,属大司空,比司直。"①

绣衣直指使者,《汉书·百官公卿表》:"侍御史有绣衣直指,出讨奸猾,治大狱,武帝所制,不常置。"绣衣使者是侍御史的一种,非常之时的非常之举。"武帝末,郡国盗贼群起,暴胜之为直指使者,衣绣衣,持斧,逐捕盗贼,督课郡国,东至海,以军兴诛不从命者,威振州郡。"②武帝时"直指之使始出,衣绣杖斧,断斩于郡国,然后胜之。"③

二、州郡司法

1. 监御史

《汉书·百官公卿表》:"监御史,秦官,掌监郡。汉省,丞相遣史分刺州,不常置。武帝元封五年初置部刺史,掌奉诏条察州,秩六百石,员十三人。成帝绥和元年更名牧,秩二千石。哀帝建平二年复为刺史,元寿二年复为牧。"《续汉书·百官志》:"外十二州,每州刺史一人,六百石。本注曰:秦有监御史,监诸郡,汉兴省之,但遣丞相史分刺诸州,无常官。孝武帝初置刺史十三人,秩六百石。成帝更为牧,秩二千石。建武十八年,复为刺史,十二人各主一州,其一州属司隶校尉。诸州常以八月巡行所部郡国,录囚徒,考殿最。初岁尽诣京都奏事,中兴但因计吏。"④

《续汉书·百官志》注引蔡质《汉仪》曰:"诏书旧典,刺史班宣,周行郡国,省察治政,黜陟能否,断理冤狱,以六条问事,非条所问,即不省。一条,强宗豪右,田宅逾制,以强凌弱,以众暴寡。二条,二千石不奉诏书,遵承典制,倍公向私,旁诏守利,侵渔百姓,聚敛为奸。三条,二千石不恤疑狱,风厉杀人,怒则任刑,喜则任赏,烦扰苛暴,剥戮黎元,为百姓所疾,山崩石裂,妖祥讹言。四条,二千石选署

---

① 《汉书》卷十九《百官公卿表》。
② 《汉书》卷七十一《隽不疑传》。
③ 《汉书》卷九十六《西域传下》。
④ 《续汉书》志第二十八《百官五》。

不平,苟阿所爱,蔽贤宠顽。五条,二千石子弟怙恃荣势,请托所监。六条,二千石违政令。"

2. 郡守

《汉书·百官公卿表》:"郡守,秦官,掌治其郡,秩二千石。有丞,边郡又有长史,掌兵马,秩皆六百石。景帝中二年更名太守。"

两汉时期,郡守专千里之任,虽不乏如黄霸一样以宽柔治理的循吏,也不乏刑杀自恣、喜怒任刑的酷吏,究其原因,两汉郡守有相当大的权力,也包括司法审判的权力。《汉书·严延年传》:"初,延年母从东海来,欲从延年腊,到洛阳,适见报囚。母大惊,便止都亭,不肯入府。延年出至都亭谒母,母闭阁不见。延年免冠顿首阁下,良久,母乃见之,因数责延年:'幸得备郡守,专治千里,不闻仁爱教化,有以全安愚民,顾乘刑罚多刑杀人,欲以立威,岂为民父母意哉!'延年服罪,重顿首谢,因自为母御,归府舍。母毕正腊,谓延年:'天道神明,人不可独杀。我不意当老见壮子被刑戮也!行矣!去女东归,扫除墓地耳。'"①

郡守以下分曹治事。《续汉书·百官志》云:"户曹主民户、祠祀、农桑。奏曹主奏议事。辞曹主辞讼事。法曹主邮驿科程事。尉曹主卒徒转运事。贼曹主盗贼事。决曹主罪法事。兵曹主兵事。金曹主货币、盐、铁事。仓曹主仓谷事。"②此段文字虽说的是太尉府诸曹事,但考之文献,两汉郡守府亦分曹治事,职责大略相同。

"决曹主罪法事",决曹当为郡守府中主管刑事审判的机构。于定国父子曾任职于郡决曹,当时传为佳话。《汉书·于定国传》:"于定国字曼倩,东海郯人也。其父于公为县狱吏、郡决曹,决狱平,罗文法者于公所决皆不恨。郡中为之生立祠,号曰于公祠。""定国少学法于父,父死,后定国亦为狱史、郡决曹,补廷尉史,以选与御史中丞从事治反者狱,以材高举侍御史,迁御史中丞。"③《后汉书·黄昌传》:"黄昌字圣真,会稽余姚人也。本出孤微。居近学官,数见诸生修庠序之礼,因好之,遂就经学。又晓习文法,仕郡为决曹。刺史行部,见昌,甚奇之,辟

① 《汉书》卷九十《严延年传》。
② 《续汉书》志第二十四《百官一》。
③ 《汉书》卷七十一《于定国传》。

从事。"①

郡决曹设决曹史。《汉书·王尊传》:"王尊字子赣,涿郡高阳人也。少孤,归诸父,使牧羊泽中。尊窃学问,能史书。年十三,求为狱小吏。数岁,给事太守府,问诏书行事,尊无不对。太守奇之,除补书佐,署守属监狱。久之,尊称病去,事师郡文学官,治《尚书》、《论语》,略通大义。复召署守属治狱,为郡决曹史。"②《后汉书·应奉传》:"为郡决曹史,行部四十二县,录囚徒数百千人。及还,太守备问之,奉口说罪系姓名,坐状轻重,无所遗脱,时人奇之。"③

决曹亦设决曹掾。《汉书·薛宣传》:"池阳令举廉吏狱掾王立,府未及召,闻立受囚家钱。宣责让县,县案验狱掾,乃其妻独受系者钱万六千,受之再宿,狱掾实不知。掾惭恐自杀。宣闻之,移书池阳曰:'县所举廉吏狱掾王立,家私受赇,而立不知,杀身以自明,立诚廉士,甚可闵惜!其以府决曹掾书立之枢,以显其魂。府掾史素与立相知者,皆予送葬。'"《后汉书·王霸传》:"王霸字元伯,颍川颍阳人也。世好文法,父为郡决曹掾,霸亦少为狱吏。"《后汉书·郭躬传》:"郭躬字仲孙,颍川阳翟人也。家世衣冠。父弘,习《小杜律》。太守寇恂以弘为决曹掾,断狱至三十年,用法平。"④《后汉书·周燮传》:"周燮字彦祖,汝南安城人,决曹掾燕之后也。"⑤

《后汉书·周嘉传》:"周嘉字惠文,汝南安城人也。高祖父燕,宣帝时为郡决曹掾。太守欲枉杀人,燕谏不听,遂杀囚而黜燕。囚家守阙称冤,诏遣复考。燕见太守曰:'愿谨定文书,皆著燕名,府君但言时病而已。'出谓掾史曰:'诸君被问,悉当以罪推燕。如有一言及于府君,燕手剑相刃。'使者乃收燕系狱。屡被掠楚,辞无屈桡。当下蚕室,乃叹曰:'我平王之后,正公玄孙,岂可以刀锯之余下见先君?'遂不食而死。"⑥由此可知,郡之定罪量刑,由郡守最终定夺,而郡决曹掾在定罪量刑上可参与意见并于判牍上署名。

"奏曹主奏议事"。《汉书·路温舒传》:"元凤中,廷尉光以治诏狱,请温舒署

① 《后汉书》卷七十七《黄昌传》。
② 《汉书》七十六《王尊传》。
③ 《后汉书》卷二十《王霸传》。
④ 《后汉书》卷四十六《郭躬传》。
⑤ 《后汉书》卷五十三《周燮传》。
⑥ 《后汉书》卷八十一《周嘉传》。

奏曹掾,守廷尉史。"①《汉书·匡衡传》:"初,衡封僮之乐安乡,乡本田堤封三千一百顷,南以闽佰为界。初元元年,郡图误以闽佰为平陵佰。积十余岁,衡封临淮郡,遂封真平陵佰以为界,多四百顷。至建始元年,郡乃定国界,上计簿,更定图,言丞相府。衡谓所亲吏赵殷曰:'主簿陆赐故居奏曹,习事,晓知国界,署集曹掾。'"②

"辞曹主辞讼事"。《后汉书·陈宠传》:"明习家业,少为州郡吏,辟司徒鲍昱府。是时,三府掾属专尚交游,以不肯视事为高。宠常非之,独勤心物务,数为昱陈当世便宜。昱高其能,转为辞曹,掌天下狱讼。其所平决,无不厌服众心。"③此处,陈宠虽为司徒府辞曹,"掌天下狱讼",而郡之辞曹当掌一郡之狱讼。

"贼曹主盗贼事",也就是说贼曹主要负责一郡追捕盗贼之事。《汉书·薛宣传》:"及日至休吏,贼曹掾张扶独不肯休,坐曹治事。宣出教曰:'盖礼贯和,人道尚通。日至,吏以令休,所繇来久。曹虽有公职事,家亦望私恩意。掾宜从众,归对妻子,设酒肴,请邻里,一笑相乐,斯亦可矣!'扶惭愧。官属善之。"④《汉书·朱博传》:"姑幕县有群辈八人报仇廷中,皆不得。长吏自系书言府,贼曹掾史自白请至姑幕。"⑤《后汉书·黄昌传》:"人有盗其车盖者,昌初无所言,后乃密遣亲客至门下贼曹家掩取得之,悉收其家,一时杀戮。"⑥《后汉书·岑晊传》:"太守弘农成瑨下车,欲振威严,闻晊高名,请为功曹,又以张牧为中贼曹史。瑨委心晊、牧,褒善纠违,肃清朝府。宛有富贾张汎者,桓帝美人之外亲,善巧雕镂玩好之物,颇以赂遗中官,以此并得显位,恃其伎巧,用势纵横。晊与牧劝瑨收捕汎等,既而同赦,晊竟诛之,并收其宗族宾客,杀二百余人,后乃奏闻。于是中常侍侯览使汎妻上书讼其冤。帝大震怒,征瑨,下狱死。"⑦

内史,《百官公卿表》:"周官,秦因之,掌治京师。"《秦律十八种》:"入禾稼、刍

① 《汉书》卷五十一《路温舒传》。
② 《汉书》卷八十一《匡衡传》。
③ 《后汉书》卷四十八《陈宠传》。
④ 《汉书》卷八十三《薛宣传》。
⑤ 《汉书》卷八十三《朱博传》。
⑥ 《后汉书》卷七十七《黄昌传》。
⑦ 《后汉书》卷六十七《岑晊传》。

稟,辄为爽籍,上内史。刍稟各万石一积,咸阳二万一积,其出入、增积及效如禾。"①

三、县乡司法

1. 县令

《汉书·百官公卿表》:"县令、长,皆秦官,掌治其县。万户以上为令,秩千石至六百石。减万户为长,秩五百石至三百石。皆有丞、尉,秩四百石至二百石,是为长吏。"②《续汉书·百官志》:"凡县主蛮夷曰道。公主所食汤沐曰邑。县万户以上为令,不满为长。侯国为相。皆秦制也。丞各一人。尉大县二人,小县一人。本注曰:丞署文书。典知仓狱。尉主盗贼。凡有贼发,主名不立,则推索行寻,案察奸宄,以起端绪。各署诸曹掾史。本注曰:诸曹略如郡员,五官为廷掾,监乡五部,春夏为劝农掾,秋冬为制度掾。"③

狱掾。《汉书·曹参传》:"曹参,沛人也。秦时为狱掾"。④《汉书·薛宣传》:"池阳令举廉吏狱掾王立,府未及召,闻立受囚家钱。宣责让县,县案验狱掾,乃其妻独受系者钱万六千,受之再宿,狱掾实不知。掾惭恐自杀。"⑤两汉时期,郡县以及诸侯国皆设狱史,专门处理刑狱。《汉书·路温舒传》:"路温舒字长君,巨鹿东里人也。父为里监门。使温舒牧羊,温舒取泽中蒲,截以为牒,编用写书。稍习善,求为狱小吏,因学律令,转为狱史,县中疑事皆问焉。"⑥由此可知,温舒为县狱史。《汉书·丙吉传》:"丙吉字少卿,鲁国人也。治律令,为鲁狱史。"⑦由此可知丙吉曾为鲁国狱史。狱史一职承秦而来。《汉书·项籍传》:"梁尝有栎阳逮,请蕲狱掾曹咎书抵栎阳狱史司马欣,以故事皆已。"⑧

---

① 《秦简牍合集·释文注释修订本》(壹),第61页。
② 《汉书》卷十九《百官公卿表》。
③ 《续汉书》志第二十八《百官五》。
④ 《汉书》卷三十九《曹参传》。
⑤ 《汉书》卷八十三《薛宣传》。
⑥ 《汉书》卷五十一《路温舒传》。
⑦ 《汉书》卷七十四《丙吉传》。
⑧ 《汉书》卷三十一《项籍传》。

2. 乡、亭

《百官公卿表》："大率十里一亭，亭有长；十亭一乡，乡有三老、有秩、啬夫、游徼。三老掌教化；啬夫职听讼，收赋税；游徼徼循禁贼盗。"①《续汉书·百官志》："乡置有秩、三老、游徼。本注曰：有秩，郡所署，秩百石，掌一乡人；其乡小者，县置啬夫一人。皆主知民善恶，为役先后，知民贫富，为赋多少，平其差品。三老掌教化。……游徼掌徼循，禁司奸盗。又有乡佐，属乡，主民收赋税。"②

乡三老负责乡里的教化，一般推选年高有德之人担任。《汉书·高帝纪》："举民年五十以上，有修行，能帅众为善，置以为三老，乡一人。"③《汉书·文帝纪》诏曰："三老，众民之师也。""凡有孝子顺孙，贞女义妇，让财救患，及学士为民法式者，皆扁表其门，以兴善行。"④

亭长，《史记·高祖本纪》："高祖为亭长，乃以竹皮为冠，令求盗之薛治之，时时冠之，及贵常冠，所谓刘氏冠乃是也。"《集解》引应劭曰："求盗者，旧时亭有两卒，其一为亭父，掌开闭埽除，一为求盗，掌逐捕盗贼。"⑤《急就篇》："变斗杀伤捕伍邻，亭长游徼共杂诊。"⑥《汉旧仪》："设十里一亭，亭长、亭候；五里一邮，邮间相去二里半，司奸盗。亭长持三尺板以劾贼，索绳以收执盗。"

求盗，《汉书·高帝纪》注引应劭曰："求盗者，亭卒。旧时事有两卒，一为亭父，掌开闭扫除，一为求盗，掌逐捕盗贼。"《汉书·淮南王传》："又欲令人衣求盗衣，持羽檄从南方来，呼言曰'南越兵入'，欲因以发兵。乃使人之庐江、会稽为求盗，未决。"汉代求盗一职承秦而来。《封诊式·盗马爰书》："市南街亭求盗才（在）某里曰甲缚诣男子丙，及马一匹，骓牝右剽；缇覆（复）衣，帛里莽缘领袖，及履，告曰：'丙盗此马、衣，今日见亭旁，而捕来诣。'"⑦秦律规定求盗专司追捕盗贼，不允许为其他杂务。《法律答问》："求盗勿令送逆为它，令送逆为它事者，赀

① 《汉书》卷十九《百官公卿表》。
② 《续汉书》志二十八《百官五》。
③ 《汉书》卷一《高帝纪》。
④ 《汉书》卷四《文帝纪》。
⑤ 《史记》卷八《高祖本纪》。
⑥ 《急就篇》，第301页。
⑦ 《秦简牍合集·释文注释修订本》（壹），第272页。

二甲。"①又:"求盗追捕罪人,罪人挌(格)杀求盗,问杀人者为贼杀人,且斲(斗)杀? 斲(斗)杀人,廷行事为贼。"②

第二节 秦的诉讼

一、诉讼的提起

诉讼的提起指刑事诉讼中的被害人及家属到官向加害方也即刑事被告提出刑事指控的行为,或者民事诉讼中出于对自己民事权利的主张而对另一方到官府提出民事追诉声索的行为。

秦自商鞅变法,鼓励告奸。《史记·商君列传》:"令民为什伍,而相牧司连坐。不告奸者腰斩,告奸者与斩敌首同赏,匿奸者与降敌同罚。"贾谊曰:"秦之俗,非贵辞让也,所上者告讦也。"③马端临:"秦人所行什伍之法,与成周一也。然周之法,则欲其出入相友,守望相助,疾病相扶持,是教其相率而为仁厚辑睦之君子也。秦之法,一人有奸,邻里告之,一人犯罪,邻里坐之,是敦其相率而为暴戾刻核之小人也。"④

秦律规定受理官员必须是有法律权限的。《法律答问》:"'辞者辞廷。'今郡守为廷不为? 为殹(也)。'辞者不先辞官长、啬夫。'可(何)谓'官长'? 可(何)谓'啬夫'? 命都官曰'长',县曰'啬夫'。"⑤

1. 书面提起诉讼。书面提起诉讼是秦汉时期很重要的一种起诉方式,由于秦汉实行什伍制、鼓励百姓举告,但一般须以书面形式公开举告,即书面诉状除有被告姓名、犯罪事实以外,须有举告者姓名,否则为"投书罪"。

2. 一般由受害人或相关人口头提起诉讼,这一般被称为"告"。也可以将犯罪者直接押送司法机关,并口头起诉。如《封诊式·争牛爰书》:"某里公士甲、士五

---

① 《秦简牍合集·释文注释修订本》(壹),第 176 页。
② 同上注,第 208 页。
③ 《新书·保傅篇》。
④ 《文献通考·职役考一》。
⑤ 《秦简牍合集·释文注释修订本》(壹),第 218 页。

(伍)乙诣牛一,黑牝曼縻有角,告曰:'此甲、乙牛也,而亡,各识,共诣来争之。'"①

3. 由官吏特别是御史、刺史、督邮等负有监察职责的官吏提起诉讼,即劾。

二、不予受理的诉讼

秦律规定有一些诉讼行为为无效的诉讼行为,虽不至于构成犯罪,但官府一般"勿听""勿治",也就是不予受理。主要有三种:

1. 公室告与非公室告

秦律中有"公室告"与"非公室告"的区分。《法律答问》:"'公室告'【何】殹(也)? '非公室告'可(何)殹(也)? 贼杀伤、盗它人为'公室';子盗父母,父母擅杀、刑、髡子及奴妾,不为'公室告'。"②杀伤或盗窃他人等家庭成员之外侵害犯罪,是"公室告",子盗窃父母,父母擅自杀死、刑伤、髡剃子及奴婢等家庭成员中尊长对卑幼的犯罪,不是"公室告"。

"非公室告"为无效诉讼,一般不予受理。《法律答问》:"'子告父母,臣妾告主,非公室告,勿听。'可(何)谓'非公室告'? 主擅杀、刑、髡其子、臣妾,是谓'非公室告',勿听。而行告,告者罪。告【者】罪已行,它人有(又)袭其告之,亦不当听。"③非公室告,不予受理。如仍行控告,控告者有罪。控告者已经处罪,又有别人接替控告,也不应受理。

2. "家罪"勿听

《法律答问》:"可(何)谓'家罪'? 父子同居,杀伤父臣妾、畜产及盗之,父已死,或告,勿听,是胃(谓)'家罪'。有收当耐未断,以当刑隶臣罪诬告人,是谓'当刑隶臣'。"④父子居住在一起,子杀伤及盗窃父亲的奴婢、牲畜,父死后,有人控告,不予受理,这叫"家罪"。

《法律答问》:"'家人之论,父时家罪殹(也),父死而誧(甫)告之,勿听。'可

---

①　《秦简牍合集·释文注释修订本》(壹),第 275 页。
②　同上注,第 221 页。
③　同上注,第 222 页。
④　同上注,第 222 页。

（何）谓'家罪'？'家罪'者，父杀伤人及奴妾，父死而告之，勿治。"①家罪即父杀伤了人以及奴婢，在父死后才有人控告，不予处理。

《法律答问》："葆子以上，未狱而死若已葬，而誧（甫）告之，亦不当听治，勿收，皆如家罪。"②葆子以上有罪未经审判而死或已埋葬，才有人控告，也不应受理，不加拘捕，都和家罪同例。

3. 州告不予受理。

《法律答问》："可（何）谓'州告'？'州告'者，告罪人，其所告且不审，有（又）以它事告之。勿听，而论其不审。"③州，读为周，循环重复。所谓"州告"，就是控告罪人，所控告的已属不实，又以其他事控告。对于"州告"，秦律规定不应受理，而以所告不实论罪。

4. 禁止性的诉讼行为

秦律中禁止性的诉讼行为主要有诬告和投书。诬告，是指故意捏造事实，向司法机构作虚假告发，陷他人于罪的行为。《法律答问》中多有规定："当耐司寇而以耐隶臣诬人，可（何）论？当耐为隶臣。当耐为侯（候）罪诬人，可（何）论？当耐为司寇"④"当耐为隶臣，以司寇诬人，可（何）论？当耐为隶臣，有（又）系城旦六岁。"⑤"完城旦，以黥城旦诬人。可（何）论？当黥。"⑥"当黥城旦而以完城旦诬人，可（何）论？当黥（劓）。"⑦

二、逮捕

1. 对逮捕权的限制

（1）贵族及二千石的官员不得擅自逮捕，必须先请。《汉书·文帝纪》："七

---

① 《秦简牍合集·释文注释修订本》（壹），第222页。
② 同上注，第223页。
③ 同上注，第219页。
④ 同上注，第228—229页。
⑤ 同上注，第229页。
⑥ 同上注，第229页。
⑦ 同上注，第229页。

年冬十月,令列侯太夫人、夫人、诸侯王子及吏二千石无得擅征捕。"《后汉书·党锢列传》:张俭"延熹八年,太守翟超请为东部督邮。时中常侍侯览家在防东,残暴百姓,所为不轨。俭举劾览及其母罪恶,请诛之。览遏绝章表,并不得通,由是结怨"。《汉书·王嘉传》:"张启为京兆尹,有罪当免,黯吏知而犯敝,敝收杀之,其家自冤,使者覆狱,劾敝贼杀人,上逮捕不下。"师古曰:"言使者上奏请逮捕敝,而天子不下其事也。"

(2) 时间上的限制。《后汉书·鲁恭传》:"旧制至立秋乃行薄刑,自永元十五年以来,改用孟夏,而刺史、太守不深惟忧民息事之原,进良退残之化,因以盛夏征召农人,拘对考验,连滞无己。司隶典司京师,四方是则,而近于春月分行诸部,说言劳来贫人,而无隐恻之安,烦扰郡县,廉考非急,逮捕一人,罪延十数,上逆时气,下伤农业。"

投书,《法律答问》:"'有投书,勿发,见辄燔之;能捕者购臣妾二人,系投书者鞫审谳之。'所谓者,见书而投者不得,燔书,勿发;投者【得】,书不燔,鞫审谳之之谓殹(也)。"①汉律继承了"投书"的罪名:"毋敢以投书者言系治人。不从律者,以鞫狱故不直论。"②《汉书·赵广汉传》:"又教吏为缿筒,及得投书,削其主名,而托以为豪桀大姓子弟所言。其后强宗大族家家结为仇雠,奸党散落,风俗大改。"《后汉书·马援传》:"太后崩后,马氏失势,廖性宽缓,不能教勒子孙,豫遂投书怨诽。"

2. 秦朝逮捕的方式

(1) 逮捕。《史记·项羽本纪》:"项梁尝有栎阳逮。"《索隐》按:逮训及。谓有罪相连及,为栎阳县所逮录也。故汉每制狱皆有逮捕也。《史记·周勃传》:"廷尉下其事长安,逮捕勃治之。勃恐,不知置辞。"

(2) 对逃犯进行逐捕。《史记·秦始皇本纪》:"群盗,郡守尉方逐捕,今尽得,不足忧。"

(3) 重要案犯由皇帝诏所名捕。《史记·秦始皇本纪》:"中人或告丞相,丞

---

①　《秦简牍合集·释文注释修订本》(壹),第202页。
②　《张家山汉墓竹简》,第25页。

相后损车骑。始皇怒曰：此中人泄吾语。案问莫服。当是时，诏捕诸时在旁者，皆杀之。自是后莫知行之所在。"

（4）连逮。《史记·秦始皇本纪》："乃行诛大臣及诸公子，以罪过连逮少近官三郎。"《索隐》：逮训及也。谓连及俱被捕，故云连逮。少，小也。近，近侍之臣。三郎谓中郎、外郎、散郎。《急就篇》："变斗杀伤捕伍邻，亭长游徼共杂诊。"师古曰："变斗者，为变难而相斗也。杀伤，相伤及相杀也。捕，收掩也。有犯变斗伤杀者则同伍及邻居之人皆被收掩也。"[1]

（5）对藏匿罪犯进行搜捕。《汉书·张敞传》："广川王姬昆弟又王同族宗室刘调等通行为之囊橐，吏逐捕穷窘，踪迹皆入王宫。敞自将郡国吏，车数百两，围守王宫，搜索调等，果得之殿屋重轑中。"

（6）在实施逮捕过程中，可以采取强制措施，甚至可以将反抗的罪犯格杀。《汉书·何并传》："徙颍川太守……是时颍川钟元为尚书令，领廷尉，用事有权。弟威为郡掾，臧千金。并为太守，过辞钟廷尉，廷尉免冠为弟请一等之罪，愿蚤就髡钳。并曰：'罪在弟身与君律，不在于太守。'元惧，驰遣人呼弟。阳翟轻侠赵季、李款多畜宾客，以气力渔食闾里，至奸人妇女，持吏长短，从横郡中，闻并且至，皆亡去。并下车求勇猛晓文法吏且十人，使文吏治三人狱，武吏往捕之，各有所部。敕曰：'三人非负太守，乃负王法，不得不治。钟威所犯多在赦前，驱使入函谷关，勿令污民间；不入关，乃收之。赵、李桀恶，虽远去，当得其头，以谢百姓。'钟威负其兄，止洛阳，吏格杀之。亦得赵、李它郡，持头还，并皆县头及其具狱于市。郡中清静，表善好士，见纪颍川，名次黄霸。"

第三节 秦 的 审 判

鞫狱的官员在整个鞫狱过程中起主导作用，法律对其鞫讯有严格规定。

一、讯问

《封诊式·讯狱》："凡讯狱，必先尽听其言而书之，各展其辞，虽智其池，勿庸

---

[1] 《急就篇》，第 301 页。

辄诘。其辞已尽书而毋（无）解，乃以诘者诘之。诘之有（又）尽听书其解辞，有（又）视其它毋（无）解者以复诘之。诘之极而数訑，更言不服，其律当治（笞）谅（掠）者，乃治（笞）谅（掠）。治（笞）谅（掠）之必书曰：爰书：以某数更言，毋（无）解辞，治（笞）讯某。"[1]

二、诘问

即反复诘问罪犯，直到罪犯"辞穷""无解"，将案情调查清楚。《急就篇》："欺诬诘状还反真，坐生患害不足怜。"师古曰："囚系之徒，或欺诈闭匿，或诬冤良善，既被考诘穷治，由状乃归实也。""既穷其辞，又得其情，则鞫讯之吏具成其狱，锻练周密，文致坚牢，不可反动也。"[2]

三、考掠

为了迫使罪犯交待犯罪的实情，或承认犯罪事实，或牵引同案犯，秦汉法律规定可以用刑讯的方式，即考掠。《急救篇》："盗贼系囚榜笞臀，朋党谋败相引牵。"师古曰："系囚，拘絷之也。榜笞，棰击之也。臀，脽也。获盗贼者则拘絷而棰击其脽，考问其状也。"[3]早在战国时期的秦国，其法律规定："凡讯狱，必先尽听其言而书之，各展其辞，虽智（知）其訑，勿庸辄诘。其辞已尽书而毋（无）解，乃以诘者诘之。诘之有（又）尽听书其解辞，有（又）视其它毋（无）解者以复诘之。诘之极而数訑，更言不服，其律当治（笞）谅（掠）者，乃治（笞）谅（掠）。治（笞）谅（掠）之必书曰：爰书：以某数更言，毋（无）解辞，治（笞）讯某。"汉代大略亦继承了秦律的相关规定。南朝陈都官尚书周弘正曾说"凡小大之狱，必应以情，正言依准五听，验其虚实"，[4]这或许就是对秦汉相关规定的总结。

一般情况下，不得滥用考讯之法，只能在犯有实据而狡赖不款的情况下加以考讯，秦律规定"治狱，能以书从迹其言，毋治（笞）谅（掠）而得人请（情）为上；治（笞）谅（掠）为下；有恐为败。"汉代的考讯之法，《后汉书·章帝纪》秋七月丁未诏

---

① 《秦简牍合集·释文注释修订本》（壹），第 265 页。
② 《急就篇》，第 304 页。
③ 同上注，第 302 页。
④ 见《陈书》卷三十三《儒林·沈洙传》。

曰:"《律》云'掠者唯得榜、笞、立'。又《令丙》,棰长短有数。"汉代但得立而考讯之。

四、读鞫

在鞫狱完成后,应向犯罪嫌疑人宣告,即"读鞫"。鞫,《周礼·小司寇》疏:"谓劾囚之要辞。"鞫之例见于张家山汉简《奏谳书》,应是对鞫狱情况以犯罪嫌疑人犯罪事实的简要陈述,做为下一阶段"断狱"的事实依据。沈家本说:"唐法有宣告,见《唐六典》,实即汉之读鞫也。"[①]

五、法官责任

为了严格规范鞫狱行为,秦汉律针对鞫狱官员设立了多种罪名,见于文献与睡虎地秦简、张家山汉简的主要罪名有三种,即不直、纵囚、失刑。

首先,秦汉律规定了三罪的区别与联系。栗劲认为秦律三种犯罪"从根本上说就是违背了依据事实适用法律的审判原则而产生的犯罪",但却有严格的区分。秦律中的失刑是一种过失犯罪,是指在鞫狱过程中出于主观过失对犯罪事实的认定有偏差,从而导致重罪轻判或轻罪重判的后果。清人沈之奇对"失出入人罪"解释说:"失者,无心而失错也。本无曲法加罪之意,而误将无罪为有罪,轻罪为重罪者,曰失于入;本无曲法开释之情而误将有罪为无罪,重罪为轻罪者,曰失于出。"[②]秦律"失刑"正与此相符。

与"失刑"罪不同,秦律中的"不直"罪是一种故意犯罪,睡虎地秦简《法律答问》:"论狱【何谓】'不直'? ……罪当重而端轻之,当轻而端重之,是谓'不直'。"[③]正如栗劲所指出:"根据犯罪的事实和相应的法律,本应重判而从轻了,或是本应轻判而从重了,就是失刑罪。如果出于故意,无论是重罪轻判,还是轻罪重判,都属于不直罪。"[④]在睡虎地秦简《法律答问》中有这样典型的案件及"律说":

---

① 《历代刑法考》第三册《汉律摭遗》卷六,第1493页。
② 《大清律辑注》(下),第1015页。
③ 《秦简牍合集·释文注释修订本》(壹),第217页。
④ 栗劲:《秦律通论》,山东人民出版社,1985年,第339页。

例一："士五(伍)甲盗,以得时直(值)臧(赃),臧(赃)直(值)过六百六十,吏弗直(值),其狱鞠乃直(值)臧(赃),臧(赃)直(值)百一十,以论耐,问甲及吏可(何)论? 甲当黥为城旦;吏为失刑罪,或端为,为不直。"①

例二："士五(伍)甲盗,以得时直(值)臧(赃),臧(赃)直(值)百一十,吏弗直(值),狱鞠乃直(值)臧(赃),臧(赃)直(值)过六百六十,黥甲为城旦,问甲及吏可(何)论? 甲当耐为隶臣,吏为失刑罪。甲有罪,吏智(知)而端重若轻之,论可(何)殴(也)? 为不直。"②

例三："失鋈足,论可(何)殴(也)? 如失刑罪。"③

例四："赎罪不直,史不与啬夫和,问史可(何)论? 当赀一盾。"④

按后世法律的分类,秦律的"失刑"即后世的"失出入人"罪,"不直"即"故出入人"罪。而后代的"故出入人"罪又可细分:"故为曲法以开脱人罪曰故出;故为曲法以枉坐人罪曰故入;将有罪者不问所犯轻重,而尽与开脱曰全出;将无罪者随人所诬轻重,而尽为枉坐曰全入。"⑤

汉律中也有"不直"的罪名,但与秦律不同。《史记》《汉书》有时称"鞠狱故不直"或"鞠狱不实",⑥实际上都是指"故入人罪"和"全入"这两种犯罪。《史》《汉》记载汉代鞠狱"不直"或"不实"有四例:

例一："元光六年,衡山王入朝,其谒者卫庆有方术,欲上书事天子,王怒,故劾庆死罪,强榜服之。衡山内史以为非是,却其狱。王使人上书告内史,内史治,言王不直。"(《史记·淮南衡山列传》)

例二："臣窃以舜无状,枉法以诛之。臣敞贼杀无辜,鞠狱故不直,虽伏

---

① 《秦简牍合集·释文注释修订本》(壹),第195页。

② 《秦简牍合集·释文注释修订本》(壹),第196页。也可以推测这两条《法律答问》应是对秦《囚律》的解释。

③ 同上注,第227页。

④ 同上注,第218页。

⑤ 《大清律辑注》(下),第1014页。

⑥ [清]沈家本说:"《秦律》有治狱不直之文……汉乃采用秦法。据晋灼引律说,足证汉之律文为故不直。《表》《传》之或称不实,或称故不以实者,就事实上言之也。"见《汉律摭遗》卷六,《历代刑法考》第四册,第1495页。

明法,死无所恨。"(《汉书·张敞传》)

例三:"下广汉廷尉狱,又坐贼杀不辜,鞫狱故不以实,擅斥除骑士乏军兴数罪。"(《汉书·赵广汉传》)

例四:"新时侯赵弟……太始三年,坐为太常鞫狱不实,入钱百万赎死,而完为城旦。"晋灼曰:"《律说》出罪为故纵,入罪为故不直。"(《汉书·景武昭宣元成功臣表》)

以上前三例,显系故入人罪,第四例按晋灼注引《律说》,当亦为故入人罪。晋灼所引《律说》与张家山汉简《囚律》中的专门法律界定一致:"劾人不审,为失;其轻罪也而故以重罪劾之,为不直。"①可见,汉律的"不直"罪专指"故入人罪",当然包括"全入"的情形在内,与秦律有所不同。

与秦律"不直"一样,秦律"纵囚"也是一种故意犯罪,睡虎地秦简《法律答问》:"论狱【何谓】'不直'? 可(何)谓'纵囚'? 罪当重而端轻之,当轻而端重之,是谓'不直'。当论而端弗论,及伤其狱,端令不致,论出之,是谓'纵囚'。"②显然两者之间有重合,与秦律"不直"罪包括"故出人"与"故入人"罪不同的,秦律"纵囚"是专指依法应该判刑的故意不判刑,或者故意减轻犯罪事实使其达不到判刑标准,使罪犯逃脱刑罚的制裁,实际上即后世故出人罪中的"全出"。汉代法律调整以后,如晋灼所引《律说》,故出人罪及全出为故纵,故入人罪及全入为故不直。

其次,秦汉时期三罪的量刑原则。由于"纵囚""不直"为故意犯罪,秦汉律针对"纵囚""不直"等故意犯罪一般从重量刑,而且实行反坐。如秦简《法律答问》:"赀盾不直,可(何)论? 赀盾。"③张家山汉简《囚律》也规定:"鞫狱故纵、不直,及诊、报、辟故弗穷审者,死罪,斩左止(趾)为城旦,它各以其罪论之。其当系城旦春,作官府偿日者,罚岁金八两;不盈岁,罚金四两。□□□□两、购、没入、负偿,各以其直(值)数负之。"如果有受贿情况,则相应加重:"其受赇者,驾(加)其罪二等。所予臧(赃)罪重,以重者论之,亦驾(加)二等。"后世的法律沿用了这个

---

① 这里顺便提一下,《史记》《汉书》等秦汉传世文献未见汉律有"失刑"罪,窃以为此处"劾人不审为失"即指"失刑"。

② 《秦简牍合集·释文注释修订本》(壹),第217页。

③ 同上注,第199页。

传统。

对于"失刑"，由于是过失犯罪，一般从轻处罚，《法律答问》："当赀盾，没钱五千而失之，可（何）论？当谇。"①张家山汉简《囚律》："其非故也，而失不审者，以其赎论之。爵戍四岁及系城旦舂六岁以上罪，罚金四两。赎死、赎城旦舂、鬼薪白粲、赎斩宫、赎劓黥、戍不盈四岁、系不盈六岁，及罚金一斤以上罪，罚金二两。系不盈三岁、赎耐、赎迁、及不盈一斤以下罪，购、没入，负偿、偿日作县官罪，罚金一两。"敦煌悬泉汉简："《囚律》：劾人不审为失，以其赎半论之。"②看来从秦律到汉律，相关规定基本上是一致的。

第三，有些鞫狱行为虽不是典型的"不直"罪，但"以鞫狱故不直论"。如张家山汉简《囚律》规定："治狱者，各以其告劾治之。敢放讯杜雅，求其它罪，及人毋告劾而擅覆治之，皆以鞫狱故不直论。"《唐律疏议·断狱律》："诸鞫狱者，皆须依所告状鞫之，若于本状之外，别求他罪者，以故入人罪论。"③显系与汉律之精神相同。

又如投书的受理。睡虎地秦简《法律答问》："'有投书，勿发，见辄燔之；能捕者购臣妾二人，系投书者鞫审谳之。'所谓者，见书而投者不得，燔书，勿发；投者〔得〕，书不燔，鞫审谳之之谓（也）。"④张家山汉简《囚律》："毋敢以投书者言系治人。不从律者，以鞫狱故不直论。"鞫狱故不直，特指故入人罪而言，即审判案件故意从重的意思。《晋书·刑法志》载曹魏"改投书弃市之科，所以轻刑也"。曹魏立法以汉律为基础，由此观之，汉律规定投书罪处以弃市刑。《唐律疏议·斗讼律》："诸投匿名书告人罪者，流二千里。得书者，皆即焚之，若将送官司者，徒一年。官司受而为理者，加二等，被告者，不坐。"疏议："匿名之书，不合检校，得者即须焚之，以绝欺诡之路。得书不焚，以送官府者，合徒一年。官司既不合理，受而为理者，加二等，处徒二年。"⑤

① 《秦简牍合集·释文注释修订本》（壹），第 200 页。
② 胡平生、张德芳：《敦煌悬泉汉简释粹》，上海古籍出版社，2001 年。
③ 《唐律疏议》，第 555 页。
④ 《秦简牍合集·释文注释修订本》（壹），第 202 页。
⑤ 《唐律疏议》，第 440 页。

六、对犯罪嫌疑人在鞫讯阶段的行为规范

汉律对犯罪嫌疑人在鞫讯阶段的行为也有规定。犯罪嫌疑人应如实交代犯罪事实,不许抵隐,《陈书·沈洙传》:"范泉令牒述《汉律》,云'死罪及除名,罪证明白,考掠已至,而抵隐不服者,处当列上'。杜预注云'处当,证验明白之状,列其抵隐之意'。"沈家本:"《唐律》有考囚限满不首条,在《断狱律》,惟唐法反考告人及取保并放,二者并与汉法之处当列上者不同。不知汉时列上之后若何处置,殆亦从宽欤?"①

在鞫讯结束后,犯罪嫌疑人若认为冤枉,则可以"乞鞫"。《史记·夏侯婴列传》《集解》引邓展曰:"律有故乞鞫。"《索隐》案:"晋令云'狱结竟,呼囚鞫语罪状,囚若称枉欲乞鞫者,许之也'。"秦汉制度当亦如此,晋律令沿袭自秦汉法律。

首先,"乞鞫"的法律主体及法律责任。"乞鞫"者的主体一是本犯,即犯罪者本人,如本犯系死罪,"不得自气(乞)鞫"。这种情况下,其"父、母、兄、姊、弟、夫、妻、子"②也可代为"乞鞫",但"年未盈十岁为气(乞)鞫,勿听。"张家山汉简《囚律》还详细规定乞鞫的法律责任:本犯"气(乞)鞫不审,驾(加)罪一等",其父母、兄、姊、弟、夫、妻、子为死罪乞鞫不审,黥为城旦舂。

其次,乞鞫的时间限制。睡虎地秦简《法律答问》:"以乞鞫及为人乞鞫者,狱已断乃听,且未断犹听殹(也)?狱断乃听之。"③《周礼·秋官·朝士》注:"郑司农曰:谓在期内者听,期外者不听,若今时徒论决满三月不得乞鞫。"张家山汉简《囚律》规定:"其欲复气(乞)鞫,当刑者,刑乃听之。""狱已决盈一岁,不得气(乞)鞫。"可见秦汉律都规定请求再审只能断狱以后进行,而不是鞫狱结束后,而且有时间的限制。

第三,乞鞫的受理机构。张家山汉简《囚律》规定:"气(乞)鞫者各辞在所县道,县道官令、长、丞谨听,书其气(乞)鞫,上狱属所二千石官,二千石官令都吏覆之。都吏所覆治,廷及郡各移旁近郡,御史、丞相所覆治移廷。"

---

① 《历代刑法考》第三册《汉律摭遗》卷六,第1492页。
② 邢义田在《张家山汉简〈二年律令〉读记》中认为此处"似乎少了妹。疑此处之弟有两义:一为兄弟之弟,一为女弟之弟,即妹。如此正合于'父母、妻子、同产'之三族。此处'子'似当包括子男和子女。当事人为男性时,父母、妻子、同产为三族;当事人为女性时,父母、夫子、同产为三族。"其说可从。见《燕京学报》新15期,2003年11月。
③ 《秦简牍合集·释文注释修订本》(壹),第227页。

七、证人等的法律规定

在鞫狱阶段,除审讯官员、审讯的对象等主要参与者以外,还有证佐人等参与审讯活动。如证佐人等因主客观上的不如实作证、译讯,也能导致"出入人罪"的法律后果,因此秦汉律对证佐人等也有相应的规定。但因其是不同的法律主体,在鞫狱阶段的地位和作用也与审讯官员不同,因此,其犯罪行为不能称之为"不直"或"纵囚"等。但法律责任丝毫不减,依然实行除死罪以外的"反坐"制原则。下面按参与者的类别列举如下:

证人。张家山汉简《囚律》规定:"证不言请(情),以出入人罪者,死罪,黥为城旦舂;它各以其所出入罪反罪之。狱未鞫而更言请(情)者,除。吏谨先以辨告证……。"

译讯人员。张家山汉简《囚律》规定:"译讯人为诈伪,以出入罪人,死罪,黥为城旦舂;它各以其所出入罪反罪之。"《唐律疏议》将"证不言情"与"及译人诈伪"并为一条,《疏议》:"证不言情,谓应议、请、减,七十以上,十五以下及废疾,并据众证定罪,证人不吐情实,遂令罪有增减;及传译番人之语,令其罪有出入者。"[1]

司法检验人员。诊验,勘验,也就是司法检验,睡虎地秦简《封诊式》中多有"令令史往诊之"的句子,《急就篇》:"变斗杀伤捕伍邻,亭长游徼共杂诊。"注云:"杂,犹参也。诊,验视也。有被杀伤者,则令亭长与游徼相参而诊验之,知其轻重曲直也。"[2]

以上三种人参与了司法审讯活动,其中的"证财物故不以实"很有可能是指《唐律》中所谓"其为罪人评赃不实,致罪有出入者,以出入人罪论"的情形。他们提供的证言有可能直接导致"出入人罪"的法律后果,影响到定罪量刑的结果。因此汉律规定了相应的刑事责任,即"以出入人罪者,死罪,黥为城旦舂;它各以其所出入罪反罪之"。《唐律疏议·诈伪律》规定:"诸证不言情,及译人诈伪,致

---

① 见《唐律疏议》,第475页。以前对"证不言情"的归属,连劭名在《西域木简所见〈汉律〉中的"证不言请"律》(见《文物》1986年第11期)一文中认为属汉《贼律》条款;日本学者大庭修在《秦汉法制史研究》(林剑鸣等译,上海人民出版社,1991年,第73页)中认为归属汉《囚律》;朱红林在《张家山汉简〈二年律令〉研究》(黑龙江人民出版社,2008年,第119—120页)中认为属汉《具律》。

② 《急就篇》,第302页。

罪有出入者,证人减二等,译人与同罪。"①比汉律要严厉得多。但同时应看到,汉律有强制性的规定,即在证人作证前告知其相应的法律责任,即所谓"先以'证财物故不以实,臧五百以上,辞已定,满三日而不更言请者,以辞所出入罪反罪之'律辨告",这一点很值得肯定。此外,还规定在证人作证以后的法定期限内,允许其改变证言,并免除其罪责。

综上,鞠狱活动是为围绕着调查犯罪事实而展开的,参与者有审讯的官吏、审讯的对象以及佐证译讯人等,最基本的要求是搞清楚事实真相,审讯的官吏"如实"审讯,犯罪嫌疑人"如实"交代,佐证译讯人等"如实"作证通译。反之,应以法律主体的不同设立相应的罪名,并遵循故意反坐,过失从轻的刑罚适用原则。

第四节　秦的刑罚的执行

秦汉时期的刑罚体系杂乱,除死刑、笞杖刑、劳役刑等主要刑罚以外,尚有其他刑罚如黥、刖左右趾、宫刑等肉刑,还有迁谪、赀罚等。下面主要介绍笞杖、劳役、死刑的执行:

一、笞杖刑的执行。《汉书·刑法志》记载汉景帝时,丞相刘舍、御史大夫卫绾请定《箠令》曰:"笞者,箠长五尺,其本大一寸,其竹也,末薄半寸,皆平其节。当笞者笞臀。毋得更人,毕一罪乃得更人。"②大概对此前的笞杖行刑不一的现象进一步加以规范,秦制虽未见记载,猜想大致相同。

二、劳役刑的执行。秦汉时期较常见的刑罚为劳役刑,即强迫罪犯从事重体力劳动,一般应带铁制刑具,头发被髡剃,衣赭衣服劳役。以鬼薪白粲为例,《急就篇》:"鬼薪白粲钳釱髡。不肯谨慎自令然,输属诏作溪谷山。筿籵起居课后先,斩伐材木斫株根。"师古曰:"此谓轻罚非重罪者也。鬼薪,主取薪柴以供祭祀鬼神也;白粲,主择米取精白粲然者也。以铁锴头曰钳,锴足曰釱。"王应麟补注:"《食货志》:'釱左趾',注:'釱,足钳也。'张裴《律序》云:状如跟衣着足,足下

---

① 《唐律疏议》,第475页。
② 《汉书》卷二十三,第1100—1101页。

重六斤,以代刖。《陈咸传》:'私解脱钳釱',钳在颈,釱在足,皆以铁为之。"①服劳役刑者被强迫在溪谷间服劳役,所谓"觚籵起居课后先",师古曰:"言督作之,司吹鞭及竹箅为起居之节度。又校其程课,先者免罚,后者惩责也。"②

三、对于死刑的执行。死刑的执行一般须秋冬季行刑,此外,死刑的执行一般也在闹市中执行,如"枭首于市""腰斩于市""弃市"等,行刑后暴尸。

第八章 秦律的缺陷

　　秦律是"中国第一律"，是中国帝制形成时代出现的律法，虽然在制度创新上做出了很大贡献，对中国传统法律产生了深远影响，正所谓"百代皆行秦政法"，是对其历史地位的高度概括。但秦律毕竟仍处于立法探索的阶段，所以将秦律与以秦律为蓝本而形成的后代律尤其是《唐律》比较，会发现其本身还有许多不完善之处，带有中国传统律典早期的某些特征，是秦文化的产物，也有其落后、野蛮的一面。只有清楚地认识到这一点，才能对秦的法律文化有较为全面的认识和理解。

一、秦律有显明秦地方文化特征

　　秦律虽然创制了较多的法律名词术语，有些一直沿用到明清律。但秦律有较多原创的内容，很多名词术语有显明秦地方文化特征，如"祠未閟""盗埱厓""匜面""臧（赃）人""介人""大误""羊躯"等皆为秦律中的专门术语；有些名词虽为汉律继承，但经魏晋社会变革以后，已不见于唐以后律典，如"城旦舂""鬼薪白粲"等。其实早期秦律的一些内容，大一统的秦帝国时期应该就已废止了。如诉讼上区分"公室告"与"非公室告"等。还有"赀一甲""赀一盾"等刑罚应该是秦统一六国之前，适应兼并战争需要而出现的刑罚。随着秦兼并六国，"收天下之兵聚之咸阳，销锋铸鐻，以为金人十二，以弱黔首之民"，"赀甲""赀盾"的刑罚当已废止，汉初已完全不见了踪迹。秦律中那些消失在历史云烟中的法律名词术语，往往是那些具有显明且浓郁秦文化地方特征的名词术语，是为了适应秦文化从地方性文化逐渐上升为全国性文化的变化过程中被淘汰的。

二、秦律具有早期法律的不成熟之处

　　与高度成熟发达的唐宋律比较，秦律包括沿袭秦律的汉律具有某种早期法律的不成熟之处。主要有以下几点：首先，立法语言的规范严谨不如唐宋律。其次，唐律是正刑定罪之法，换句话说，《唐律》是纯粹的刑律，秦律包括汉律则未必是单纯的刑律，这些早期律文并非完全都是"正罪名"的，而恰恰是"存事制"的，秦汉律"驳杂不纯"的特点表现得尤为突出。再次，《唐律》十二篇之间结构严谨，秦律、汉律则远未法典化。

关于秦律具有早期法律不成熟之处的问题，前文已有详论，为避免重复，此处不再赘述，可参看本书绪论第四节相关内容。

三、秦律中有落后和野蛮的法律内容

秦文化是法家文化，秦律是在法家法理念指导下制定的法律，既有体现"以法治国""为国以法""法不曲挠"等先进治国理念的内容，也有一些法家自身无法克服的痼疾及阴暗面。"夫寒者利裋褐而饥者甘糟糠，天下之嗷嗷，新主之资也。此言劳民之易为仁也。"[①]这也为汉初统治者能迅速拨乱反正、改弦易辙提供了历史契机。主要有以下几个方面：

第一，秦律奉行重刑主张，刑罚残酷是其明显的缺陷。《唐六典》卷六刑部郎中员外郎条注略云："商鞅传之，改法为律，以相秦。增相坐之法，造参夷之诛，大辟加凿颠、抽胁、镬烹、车裂之制。"事实上，凿颠、抽胁、镬烹、囊扑等酷刑并未见诸秦律律文，或为秦始皇呈一时雷霆之怒，或为汉儒传闻。但秦律刑罚偏重是不争的事实。

林剑鸣认为秦律适用"轻罪重刑"和严刑酷罚，"在中国封建社会中是最为突出、最为野蛮的，表现了封建刑法初期的特点"。[②]秦法中的肉刑到汉初已为时贤所诟病，也成就了汉文帝成为一代仁君的美名。《史记·孝文本纪》记载孝文帝十三年五月，"齐太仓令淳于公有罪当刑，诏狱逮徙系长安。太仓公无男，有女五人。太仓公将行会逮，骂其女曰：'生子不生男，有缓急非有益也！'其少女缇萦自伤泣，乃随其父至长安，上书曰：'妾父为吏，齐中皆称其廉平，今坐法当刑。妾伤夫死者不可复生，刑者不可复属，虽复欲改过自新，其道无由也。妾原没入为

---

① 《史记》卷六《秦始皇本纪》。
② 林剑鸣：《秦汉史》第二章第二节，上海人民出版社，2003年。

官婢，赎父刑罪，使得自新。'书奏天子，天子怜悲其意，乃下诏曰：'盖闻有虞氏之时，画衣冠异章服以为僇，而民不犯。何则？至治也。今法有肉刑三，而奸不止，其咎安在？非乃朕德薄而教不明欤？吾甚自愧。故夫驯道不纯而愚民陷焉。诗曰恺悌君子，民之父母。今人有过，教未施而刑加焉？或欲改行为善而道毋由也。朕甚怜之。夫刑至断支体，刻肌肤，终身不息，何其楚痛而不德也，岂称为民父母之意哉！其除肉刑。'"①

孝文帝以"恺悌君子"自励，对孝女"虽复欲改过自新，其道无由也"的看法深表赞同，在重重阻力下下诏废除了肉刑，在中国刑罚史上留了千古美谈。太史公曰："孔子言'必世然后仁。善人之治国百年，亦可以胜残去杀'。诚哉是言！"②

《后汉书·陈龟传》记载陈龟评价："近孝文皇帝感一女子之言，除肉刑之法，体德行仁，为汉贤主。"③

西汉初年的废肉刑之制，确实具有超越时代的先进性，因此从东汉开始，就有不少的人主张恢复肉刑，如以东汉仲长统为代表，他说："肉刑之废，轻重无品，下死则得髡钳，下髡钳则得鞭笞。死者不可复生，而髡者无伤于人。髡笞不足以惩中罪，安得不至于死哉！夫鸡狗之攘窃，男女之淫奔，酒醴之赂遗，谬误之伤害，皆非值于死者也。杀之则甚重，髡之则甚轻。不制中刑以称其罪，则法令安得不参差，杀生安得不过谬乎？今患刑轻之不足以惩恶，则假臧货以成罪，托疾病以讳杀。科条无所准，名实不相应，恐非帝王之通法，圣人之良制也。或曰：过刑恶人，可也；过刑善人，岂可复哉？曰：若前政以来，未曾枉害善人者，则有罪不死也，是为忍于杀人，而不忍于刑人也。今令五刑有品，轻重有数，科条有序，名实有正，非杀人逆乱鸟兽之行甚重者，皆勿杀。嗣周氏之秘典，续吕侯之祥刑，此又宜复之善者也。"④仲长统的批评也主要是针对肉刑废除以后，刑罚缺乏合理刑等的设置，出现"杀之则甚重，髡之则甚轻。不制中刑以称其罪，则法令安得不参差"的情况而发的。

也许有人要说，肉刑是那个时代的产物，但同样"废肉刑"也是那个时代出现

---

① 《史记》卷十《孝文本纪》。
② 同上注。
③ 《后汉书》卷五十一《陈龟传》。
④ ［汉］仲长统撰、孙启治校注：《昌言校注》，中华书局，2012年，第280页。

的,越发显示了秦朝统治者的暴虐以及刑罚观念的落后,也反衬了汉文帝的仁贤和刑罚观的超前。著名思想家王夫之说:"肉刑之不可复,易知也。如必曰古先圣王之大法,以止天下之恶,未可泯也;则亦君果至仁,吏果至恕,井田复,封建定,学校兴,礼三王而乐六代,然后复肉刑之辟未晏也。不然,徒取愚贱之小民,折割残毁,以唯吾制是行,而曰古先圣王之大法也;则自欺以诬天下,僭孰甚焉。"①

第二,秦律奉行法家的文化专制路线,焚书坑儒,箝制人们的思想言论。秦始皇三十四年,李斯奏请焚书,秦王朝先后颁布了焚书令、挟书命,禁止法家以外其他学派的活动与存在,对谈论诗书和援古非今等罪确定了量刑标准。这是中国历史上的大倒退,使春秋战国时期诸子百家"百花齐放""百家争鸣"的思想文化繁荣景象不再,一时间形成了万马齐喑的至暗时刻。直到汉初,孝惠帝才下令废除了"挟书律",吕后称制时废除了"妖言令",孝文帝又废除了"诽谤罪"。孝文帝二年三月下诏曰:"古之治天下,朝有进善之旌,诽谤之木,所以通治道而来谏者也,今法有诽谤、訞言之罪,是使众臣不敢尽情,而上无由闻过失也。将何以来远方之贤良? 其除之。民或祝诅上,以相约而后相谩,吏以为大逆,其有他言,吏又以为诽谤。此细民之愚无知抵死,朕甚不取。自今以来,有犯此者勿听治。"②在中国历代法律中,只有秦朝法律有为数众多的思想言论罪来箝制人们的思想,在中国历史的大多数时期,一般律典仅有"妖言罪"而没有诽谤罪。甚至诽谤即批评政府,发表不同政见,是民众的一项基本权利。如《国语》中齐王甚至鼓励人们直言进谏,"面刺寡人之过"。在周厉王时,为弭谤使卫巫监谤,结果百姓"莫敢言,道路以目",邵公说"防民之口,甚于防川",建议厉王应广泛听取民众意见,他讲"是故为川者决之使导,为民者宣之使言",保持言路畅通的重要意义。否则"川壅而溃,伤人必多"。有些朝代虽然也大兴"文字狱",但却没有相应的罪名,往往以"反逆"一类罪名来附会,对于正言极谏者往往予以优容。

第三,秦律保护一种落后的生产关系。李学勤先生讲:"睡虎地竹简表明,秦国的社会制度和文化,实际在很多方面落后于六国。这方面一个主要的标志是,

①　[清]王夫之著:《读通鉴论》,中华书局,1996 年,第 39 页。
②　《史记》卷十《孝文本纪》。

秦人相当普遍地保留着奴隶制的残余。"①刘海年认为秦律"鼓励奴隶解放,又肯定大量奴隶制残余"。②

　　秦律中就有将罪犯惩罚为终身服役的官奴隶的法律,也有将罪犯的亲属"收孥"的制度。直到汉初才正式废除。孝文帝即位之元年十二月,即下诏曰:"法者,治之正也,所以禁暴而率善人也。今犯法已论,而使毋罪之父母妻子同产坐之,及为收帑,朕甚不取。其议之。"有司皆曰:"民不能自治,故为法以禁之。相坐坐收,所以累其心,使重犯法,所从来远矣。如故便。"上曰:"朕闻法正则民悫,罪当则民从。且夫牧民而导之善者,吏也。其既不能导,又以不正之法罪之,是反害于民为暴者也。何以禁之? 朕未见其便,其孰计之。"有司皆曰:"陛下加大惠,德甚盛,非臣等所及也。请奉诏书,除收帑诸相坐律令。"③

　　在孝文帝废除"收孥"制以前,秦朝法律为了达到"以累其心,使重犯法"的目的,往往在惩罚犯罪的同时,"使毋罪之父母妻子同产坐之,及为收帑",使官府的官奴隶源源不断,在大型工程中也大量使用刑徒,事实上法律在保护一种落后的生产关系。这种法律被孝文帝斥之为"不正之法",是不道德的。后世法律虽仍有"缘坐"的残余制度,但也仅见于少数几种严重威胁封该政权的几种犯罪而已。

　　① 李学勤:《简帛与楚文化》,见氏著:《简帛佚籍与学术史》,江西教育出版社,2001 年,第 16 页。
　　② 刘海年:《云梦秦简的发现与秦律研究》,《法学研究》1982 年第 1 期。又收入氏著:《战国秦代法制管窥》,法律出版社,2006 年。
　　③ 《史记》卷十《孝文本纪》。

附录一

秦汉时期的法医检验

　　成书于南宋的宋慈的《洗冤集录》，是举世闻名的世界上第一部法医学著作，同时也是中国古代法医学检验体系成熟和建立的标志性著作。1949年以前一些学者将中国法医学史分为三期："第一期洗冤录未出现前，第二期洗冤录出现期，第三期法医学之输入。"①认为前二期仅能称作法医检验而不能称为法医学。还有一些学者则认为："秦汉以前，我国似有检验之法与律例并行。"②无论何种观点，都苦于"文献不足征"而无法详论。云梦秦简的出土，使人们惊奇地发现，早在二千年的秦汉时期乃至更早些，我国的法医检验已有初步发展，如果再回过头来，结合有关文献与出土简牍，我们的观点会更进一步，对秦汉时期法医检验的成就会有较多的了解，对《洗冤集录》何以在宋代出现，会有更合理的解释。

　　在《洗冤集录》之前，我国也曾有一些法医学检验的书籍问世，如宋慈在《洗冤集录·序》中就提到"《内恕录》以下凡数家"，③尤袤《遂初堂书目》中就著录《检验法》一书，医史名家李涛甚至提到北朝名医徐之才曾撰有《明冤实录》一书，④近年出版的由杨医亚主编的《中国医学史》也认为："公元3世纪，吴普已经把医学知识运用到审判案件之中。到6世纪，徐之才著《明冤实录》，这是中国最早一部法医书籍。"⑤事实上，我国的法医检验历史更悠久，《礼记·月令》："是月也……命理瞻伤、视创、察折、审断，决狱讼，必端平。"⑥近年考古发现的与法医

①　孙逵方、张养吾：《中国法医学史》，《法医季刊》1936年第1卷第1期。
②　林儿：《法医学史略》，《北平医刊》1936年4卷8期。
③　[宋]宋慈撰，杨奉琨校译：《洗冤集录校译·序》，群众出版社，1984年。
④　见张颐昌：《祖国法医学发展简史》，《华东政法学报》1956年12月第3期。
⑤　杨医亚主编：《中国医学史》，第76页，河北科学出版社，1996年。
⑥　[清]朱彬撰，饶钦农点校：《礼记训纂》，第259页，中华书局，1996年。

检验有关的秦汉简牍有力地肯定了这一点。中外学者在这一方面都进行了一些有益的探讨，①本文将在充分吸收已有学术成果的基础上，结合历史文献与出土简牍，对秦汉时期法医检验的若干方面进行综合研究，若有不当，恳请专家学者多提批评意见。

这里还须说明，在古代我国还未明确形成法医学（Forensic medicine）这样一个独立学科的概念，但检验的主旨极为明确，应该承认其作为独立学科的客观性，按照现法科学的划分，只能将这个体系称为"法医检验体系"或"法医学"。②古代所谓"检验"包括刑侦在内，或依法律之要求，或单纯为谳狱定案提供证据。

一、秦汉时期的检验制度

（一）秦汉时期法医检验的法律依据

检验是以一定的相关法规为基础的，为有关法律和司法审判提供必要的证据。秦汉时期的证据除了人证、物证、书证、供词以外，还比较重视法医检验的结论——诊验爰书。从目前掌握的资料分析，秦汉时期至少在以下情况必须进行法医检验：

（1）自杀。《睡虎地秦墓竹简·法律答问》："或自杀，其室人弗言吏，即葬埋之，问死者有妻、子当收，弗言吏而葬，当赀一甲。"③这显然是要求对自杀必须报官检验，以便加以法律上之确认。《封诊式·经死爰书》即其例。《汉书·佞幸传》："（董）贤与妻皆自杀，家惶恐夜葬。（王）莽疑其诈死，有司奏请发贤棺，至狱诊视。……贤既见发，裸诊其尸，因埋狱中。"师古曰："谓发冢取其棺柩也。诊，验也"。④ 这是见于文献记载的一例开棺验尸。

（2）疾死。《睡虎地秦墓竹简·厩苑律》："其小隶臣疾死者，告其□□之；其

---

① 除本文所引者外，还有马继兴：《云梦秦简里的法医核对总和医政管理》，《医史和文献资料研究》1979年第6期；刘海年：《中国古代早期的现场勘查与法医检验的规定》，《中国学警察制度简论》，群众出版社，1985年；贾静涛、张慰丰：《云梦秦简与医学、法医学》，《中华医史杂志》1980年10卷第1期；Bodde, Derk. "Forensic medicine in pre-imperial China", Journal of the American Oriental Sociaty, 102；1 (1982), 1-15。

② 请参看廖育群主编：《中国古代科学技术史·医学卷》，第244页，辽宁教育出版社，1996年。

③ 《秦简牍合集·释文注释修订本》（壹），第213页。

④ 《汉书》卷九十三。

非疾死者，以其诊书告官论之。"①对小隶臣尚且如此，其他更不待言。汉简中就有几例对疾病而死的检验爰书（见后）。对于突然死亡"暴卒"也应进行法医检验，《汉书·外戚传》："明年春，成帝崩。帝素强，无疾病……昏夜平善，乡晨，傅绔袜欲起，因失衣，不能言，昼漏上十刻而崩。民间归罪赵昭仪，皇太后诏大司马莽、丞相大司空曰：'皇帝暴崩，群众讙哗怪之。掖庭令辅等在后庭左右，侍燕迫近，杂与御史、丞相、廷尉治问皇帝起居发病状。'"②

（3）贼死。所谓"贼死"，是指被人谋杀。对这类死亡案件亦应进行法医检验，以便查明案情，找出真凶。《封诊式·贼死爰书》即其例。

（4）对处决的罪犯须验明正身。《后汉书·杜根传》："太后大怒，收执根等，令盛以缣囊，于殿上扑杀之。执法者以根知名，私语行事人使不加力，既而载出城外，根得苏。太后使人检视，根遂诈死。"③《后汉书·李固传》注引《袁宏纪》曰："基字宪公，兹字季公，并为长史，闻固策免，并弃官亡归巴汉，南郑赵子贱为郡功曹，诏下郡杀固二子。太守知其枉，遇之甚宽，二子托服药夭，具棺器，欲因出逃。子贱畏法，敕吏验实，就杀之。"④

以上为对死亡进行法医检验的规定。

（5）牲畜检验。《睡虎地秦墓竹简·厩苑律》："将牧公马牛，马牛死者，亟谒死所县，县亟诊而入之。""其乘服公马牛亡马者而死县，县诊而杂买（卖）其肉。"⑤《睡虎地秦墓竹简·法律杂抄》："伤乘舆马，决革一寸，赀一盾；二寸，赀二盾；过二寸，赀一甲。课驵騠，卒岁六匹以下到一匹，赀一盾。志马舍乘车马后，毋（何）敢炊（簸）饬，犯令，赀一盾。"⑥唐代相关律令与汉代一脉相承，《唐律疏议》卷十五《厩库》："诸验畜产不以实者，一答四十，三加一等，罪止杖一百。"⑦"诸乘驾官畜产，而脊破领穿，疮三寸，答二十；五寸以上，答五十。注：'谓围绕为

---

① 《秦简牍合集·释文注释修订本》（壹），第52页。
② 《汉书》卷九十七。
③ 《后汉书》卷五十七。
④ 《后汉书》卷六十三。
⑤ 《秦简牍合集·释文注释修订本》（壹），第52页。
⑥ 同上注，第169页。
⑦ 《唐律疏议》，第227页。

寸者。'"。①

（6）伤情检验。《吕氏春秋》和《礼记·月令》中的"瞻伤、察创、视折、审断"就是对伤情的检验。伤情检验与保辜制度密切相关，唐律《斗讼律》："诸保辜者，手足殴伤人限十日，以他物殴伤人者二十日，以刃及汤火伤人者三十日，折跌支体及破骨者五十日。"②汉代也有保辜制度，《春秋公羊传》襄公七年注："辜内当以弑君论之，辜外当以伤君论之。"③《居延新简》："以兵刃索绳它物可以自杀者予囚，因以自杀、杀人，而以辜二旬内死，予者髡为城旦舂。"（E.P.S4.T2：100）④

（7）疾病诊验。秦汉时期的法律规定对某些疾病须进行法医检验，如传染病—麻风病等，《睡虎地秦墓竹简·法律答问》："疠者有罪，定杀。定杀可（何）如？生定杀水中之谓也。或曰生埋，生埋之异事也。"⑤"甲有完城旦罪，未断，今甲疠，问甲可（何）以论？当迁疠所处之；或曰当迁迁所定杀。""城旦、鬼薪疠，可（何）论？当迁病近所。"⑥对于诈病、精神病、罢癃废病等也应进行法医检验。

（8）中毒检验（详细情况请参看下文"秦汉时期的中毒检验"）。

（9）物证检验（详细情况请参看下文"秦汉时期的物证检验"）。

（二）秦汉时期法医检验的组织与人员

（1）令史。在《睡虎地秦墓竹简·封诊式》⑦中的检验案例中，均由县令命令史负责检验。综合各例，令史职责包括：

逮捕，《出子爰书》："即令令史己往执。"《盗自告爰书》："即令令史某往执。"

检验牲畜，《争牛爰书》："即令令史某齿牛，牛六岁矣。"齿牛就是验牛的年龄。

诊验疾病，《告臣爰书》："令令史某诊丙，不病。"

---

① 《唐律疏议》，第281页。
② 同上注，第388—389页。
③ ［汉］何休撰：《春秋公羊传》，第138页，《汉魏古注十三经》，中华书局1998年影印本。
④ 甘肃省文物考古研究所、甘肃省博物馆、文化部古文献研究室、中国社会科学院历史研究所：《居延新简》，第561页，文物出版社，1990年。
⑤ 《秦简牍合集·释文注释修订本》（壹），第230页。
⑥ 同上注，第231页。
⑦ 本标题下的引文不注出处者皆据睡虎地秦墓竹简整理小组编：《睡虎地秦墓竹简》（中华书局1978年）之《封诊式》，恕不一一标明页码。

检验尸体，《贼死爰书》："即令令史某往诊。"《经死爰书》："即令令史某往诊。"

勘验现场，《穴盗爰书》："即令令史某往诊，求其盗。"还兼有侦缉盗贼的职责。

检验活体，《出子爰书》："即令令史某往执丙。即诊婴儿男女、生发及保（胞）之状。"

"令史"为县斗食小吏，多见于文献和秦汉简牍。通过秦简资料，我们可以了解到，令史负有基层司法检验的职责。阎步克先生认为："睡虎地十一号墓的墓主喜，最初所任为史，后来担任了安陆令史、鄢令史。其墓中所发现的大量法律文书，即是史、令史履行职责的依本。"[1]再进一步讲，大量法律文书中有关于法医检验的书简，说明令史还是基层法医检验的主要负责者。

（2）牢隶臣。隶臣本是类似刑徒并具有奴隶身份的人，《周礼·秋官·司隶》："罪隶掌役百官府，与凡有守者，掌使令之小事。"罪隶属于司隶，司隶"帅其民而搏盗贼，役国中之辱事，为百官积任器，凡囚执人之事。"[2]可见，罪隶包括牢隶臣要参与官府里一些被人认为是"辱事"的一些杂役小事，法医检验即其例，在《睡虎地秦墓竹简·封诊式》中有四例，[3]如"令史某爰书：与牢隶臣某即甲诊。""令史某爰书：与牢隶臣某即甲、丙妻女，诊丙。"随从令史检验尸体，[4]这与后世的"仵作"很相似。

（3）隶妾。在《出子爰书》中，对妇女进行活体检查时，"令隶妾数字者，诊甲前血出及痏状。"让有多次生育的隶妾参与对女性的身体检验，与后代让"产婆""稳婆"参与对妇女的检验一样，亦为"辱事"一类。

（4）医生。医生参与法医检验，在云梦秦简中仅见于《疠爰书》："令医丁诊之。"由于对麻风病的确认是一项技术性很强的法医检验，没有医学知识便无法胜任。《伤寒论》中还提到对诈病的诊验："病人家来请云，病人发热烦极。明日

①　阎步克：《史官主书主法之责与官僚政治之演生》，《国学研究》第4卷，北京大学出版社，1997年。

②　［清］孙诒让：《周礼正义》第11册，中华书局，1987年，第2882—2884页。

③　参看吴树平：《云梦秦简所反映的秦代社会阶级状况》，《云梦秦简研究》，中华书局，1981年，第115页。

④　参看于豪亮：《秦简中的奴隶》，《云梦秦简研究》，中华书局，1981年，第135页。

师到,病人向壁卧,此热已去也。设令脉不和,处言已愈,设令向壁卧,闻师到,不惊起而盼视,若三言三止,脉之咽唾者,此诈病也。设令脉自和,处言此病大重。当须服吐下药,针灸数十百处乃愈。师持脉,病人欠者,无病也。"①《风俗通义》之佚文也有一例病检的实例:"济北李登为从事吏,病,得假归家,复移刺延期。后被召,登自嫌不甚羸瘦,谓双生弟宁曰:'兄弟相似,人不能别,汝类病者,代我至府。'宁曰:'府君大严,得无不可。'登曰:'我新吏耳,不无能觉者,我自行见诊必死。'宁便诣府,医药集("裸"(雜)之讹误)诊,有验。后为人所言,事发觉,遂杀登。"②后世病检就是由医生来担任的,《宋史·高防传》记载后周时,高防"除刑部郎中,宿州民以刃杀妻,妻族受赂,伪言风狂病喑,吏引律不加拷掠,具狱,上请覆。防云:'其人风不能言,无医验状,以何为证。'"明确记载要有医生出具的验状作为佐证。

(5) 亭长。《急就篇》:"亭长游徼共杂诊"。师古注:"亭长,一亭之长,主逐捕盗贼。游徼,乡之游行巡徼,皆督察奸非者也。杂,犹参也;诊,验视也。有被杀伤者则令亭长游徼相参而诊验之,知其轻重曲直也。"③《风俗通义·怪神篇》中就有实例:"亭卒上楼扫除,见死妇,大惊,走白亭长。亭长击鼓会诸庐吏,其集("裸"之讹误)诊之。"④

(6) 游徼。见"亭长"

(三) 秦汉时期的检验文书

秦汉时期的检验文书一般称作"爰书",《封诊式》中有许多实例,汉简中亦有类似的实例(参见下文的病死检验爰书),综合这些检验文书的实例,我们惊奇地发现秦汉时期的检验文书有一定的格式化要求,而云梦秦简《封诊式》正是这种格式化要求的范本,故称为"式"。睡虎地秦墓竹简整理小组在编写《封诊式·说

---

① ［汉］张仲景撰:《伤寒论》,顾武军主编:《文白对照中医古典名著精品丛书》,中国医药科技出版社,1998 年。

② ［东汉］应劭撰、吴树平校释:《风俗通义校释》,天津人民出版社,1986 年,第 424 页。"裸""雜",异体字。《汉书》《史记》常见"杂治"一词,与"杂诊"同例,《说文》段玉裁注:"汉书凡言杂治,会审也。""杂诊"也就是会同检验的意思。

③ 《急就篇》,第 302 页。

④ ［汉］应劭撰《风俗通义》,上海古籍出版社 1990 年影印本,第 66 页。

明》中讲：这种文书程式是"供有关官吏学习，并在处理案件时参照执行"的。[①]法医学家贾静涛近年在其主编的《法医学概论》[②]中对秦朝的法医检验文书进行了总结，陈公柔先生将秦的法医检验文书与宋代的验尸格式做了比较，[③]结合汉代简牍中的法医检验文书，我们对秦汉时期的法医检验文书做一归纳：

（1）案由。简述案件的因由，一般应注明报案人为谁，因何故来报案。"经死"案某里典甲来告，"贼死"案某亭求盗来告等。要求语言简练准确，如《疠爰书》，只用四字"疑疠来诣"。

（2）检验记录。首先注明参加检验的人员姓名、身份，然后简述检验经过，针对不同案件的不同特点，详细描述检验所见。如自缢案件着重辨明自杀抑或他杀，贼死案件注重通过现场勘验寻找侦破线索，麻风病的检验注意记录病史及病症等。对于现场无法核对和测量的专案，也应如实记录，如现场没有发现罪犯的痕迹，就注明"地坚，不可知贼迹"；现场血痕无法测量，就载明"不可为广袤"。

（3）做出初步结论，应当审慎，如病死爰书中可以认定为病死，就肯定"实病死审"；"疠爰书"中肯定为"疠也"。

（4）对其他情况的说明，如善后处理的记录，《贼死爰书》："令甲以布裙剡埋男子某所，待令。"还有现场走访的记录等。

二、秦汉时期的尸体检验

尸体检验是法医学的重要内容，三国时期吴国有一例烧死的尸检的记载见于文献，就是《疑狱集》里"张举烧猪"的故事："张举，吴人也，为句章令。有妻杀夫，因放火烧舍，诈称夫死于火。其弟讼之，举乃取二猪，一杀一活，积薪焚之。察死者口中无灰，活者口中有灰。因验夫口果无灰，以此鞠之，妻乃服罪。"[④]他用实验的方法来辨别生前被火烧死还是死后被火烧，这个方法对后世影响很大，《洗冤集录》就对此方法加以继承，宋慈认为："凡生前被火烧死者，其尸口鼻内有烟灰，两手脚皆拳缩；缘其人未死前被火逼奔挣，口开气脉往来，故呼吸烟灰入口

① 《秦简牍合集·释文注释修订本》（壹），第 263 页。
② 贾静涛主编：《法医学概论》，人民卫生出版社，1994 年，第 33 页。
③ 陈公柔：《云梦秦墓出土〈封诊式〉简册研究》，《燕京学报》第 3 期。
④ ［清］陈芳生撰：《疑狱笺》，"四库全书存目丛书"子部第三七册，齐鲁书社，1995 年。

鼻内,若死后烧者,其人虽手足拳缩,口内即无烟灰。"①文献记载的尸体检验据笔者所知,秦汉时期仅此一例,但出土简牍为我们提供了较多的尸体检验实例:

(一) 缢死的尸体检验

缢死是一种常见的死亡方式,对于缢死的尸检,秦汉时期已积累了相当多的经验,《睡虎地秦墓竹简·封诊式·经死》就是很好的尸检报告:

> 某里典甲曰:里人士五(伍)丙经死其室,不智(知)□故,来告。即令令史某往诊。令史某爰书:与牢隶臣某即甲、丙妻、女诊丙。丙死(尸)县其室东内北辟权,南乡(向),以枲索大如大指,旋通系颈,旋终在项。索上终权,再周结索;馀末袤二尺。头上去权二尺,足不傅地二寸,头北(背)傅辟。舌出齐唇吻,下遗失弱(溺),汙两却(脚)。解索,其口鼻气出渭(喟)然。索迹椒郁,不周项二寸。它度毋(无)兵刃木索迹。权大一围,袤三尺,西去堪二尺,堪上可道终索。地坚,不可智(知)人迹。索袤丈。衣络禅襦、裙各一,践□。即令甲、女载丙死(尸)诣廷。②

在这份爰书中,详细记录了尸体悬挂的场所、方向、绳索的质地(麻绳)、粗细及系结的方式,并测量了头去吊绳系点及足距地的距离,同时还详细记录了死者的尸体现象,将这些与《洗冤集录》做一比较,无不与之暗合,正如陈公柔先生所说:"《封诊式》中,关于验尸的报告,其他刑事勘查报告等等,均已确立了规格,并一直影响到后世。宋代《洗冤集录》中关于尸格的填写,与此极为接近,只是稍详而已。"③此外,还有几点值得注意:

首先,检验的仔细全面除了说明检验的认真负责以外,更能说明检验的水平,例如关于绳套的系结,文中说"旋(缳)通系颈,旋(缳)终在项",说明该案例为常见的前位缢形,绳索压迫颈部,在项后系结。"不周项二寸",指绳套在项上被

---

① [宋] 宋慈撰、杨奉琨校译:《洗冤集录校译》,群众出版社,1984 年,第 69 页。

② 《秦简牍合集·释文注释修订本》(壹),第 288 页。

③ 陈公柔:《云梦秦墓出土〈封诊式〉简册研究》,《燕京学报》新 3 期(1997 年)。

绳索,系结悬空,缢沟在项上中断提空,古代习惯称为"八字不交"。《洗冤集录》:"须是先看上头系处尘土,及死人踏甚处物,自以手攀系得上向绳头著,方是。上面系绳头处,或高或大,手不能攀及不能上,则是别人吊起。"①相应地,爰书记载:"权大一围,衮三尺,西去堪二尺,堪上可道终索"。更令人惊叹的是《经死爰书》竟然记载了"死声"的尸象:"解索,其口鼻气出渭(喟)然",并将"口鼻不渭然"视为区别自杀与他杀的一个重要标志。现代法医学认为:"在缢、勒死者,膈肌强直时呈扁平状,胸膜腔容积增大,当解除颈部绳索时,空气进入呼吸道内发生很小的声音。这种很小的声音,秦墓竹简上称为'渭然'。锡谷彻著的《法医诊断学》内称为死声。"②

其次,《经死爰书》还总结了检验自缢死的一般方法,这是尤其有意义的。

> 诊必先谨视其迹,当独抵死(尸)所,即视索终,终所党有通迹,乃视舌出不出,头足去终所及地各几可(何),遗矢弱(溺)不殹(也)。乃解索,视口鼻渭(喟)然不殹(也)。及视索迹郁之状。道索终所试脱头;能脱,乃□其衣,尽视其身、头发中及篡。舌不出,口鼻不渭(喟)然,索迹不郁,索终急不能脱,□死难审殹(也)。节(即)死久,口鼻或不能渭(喟)然者。③

这个一般性规则具有很强的可操作性,每个检验环节都表明其检验重点在于验证是自杀还是他杀,比较符合现代法医学的要求;而且每个环节之间都有很强的逻辑上的顺序性,不可忽视任何一个环节,这显然是长期法医检验实践经验的积累、总结。

最后,"自杀者必先有故,问其同居,以合其故"。就是要求检验人员进行现场走访调查,这无疑对判断是自缢还是他杀有着重要意义,这也符合现代法医学的要求。

(二) 病死的法医检验

汉简中有三例对病死的法医检验:

① 〔宋〕宋慈撰、杨奉琨校译:《洗冤集录校译》,群众出版社,1984 年,第 51 页。
② 陈康颐:《应用法医学各论》,上海医科大学出版社,1990 年,第 209 页。
③ 《秦简牍合集·释文注释修订本》(壹),第 288 页。

（1）□□□□阳□□里□□□□□病头痛寒炅，不能饮，□吟、手卷、足展、衣白绔，单□□□取布袍长里各一领，布复裤□□衣，诊视，毋木索兵刃处，□□□审，它如爰书，敢言之　　（27.1A）①

（2）□□□同郡县石里陈横乃七月己卯□□□县，南首，□偃、□吟、目瞀、手卷、足展、身完、毋兵刃木索　　（562.15）②

（3）□内郡荡阴邑焦里田亥告曰：所与同郡县□□□□死亭东内中，东首、正偃、目冥、□吟、两手卷、足展，衣□□，当时死，身完，毋兵刃木索迹，实疾死审，皆证（E. P. T58：46）③

这里需要稍作解释，"□吟"，《史记·淮阴侯列传》："吟而不言。"索隐："吟，邹氏音拒荫反，又音琴。"《后汉书·梁冀传》："口吟舌言"。④《说文解字》段玉裁注曰："此假吟为噤也。吟，噤义相似也。"⑤《说文解字义证》："口闭也者，通俗文口不开曰噤。"⑥

"手卷"，"两手卷"，即指两手握拳，《汉书·武五子传》："臣不胜惓惓。"师古曰："惓读曰拳。"《汉书·刘向传》："惓惓之义也。"师古曰："惓读与拳同。"《汉书·元后传》："而元后卷卷犹握一玺，不欲从以授莽，妇人之仁，悲夫。"师古曰："卷音其圆反。""惓""卷""卷"音同，皆读作"拳"。

"足展"指腿脚伸直，不伸缩之意，与"手卷"皆为秦汉时期描述病死尸象的习惯用语，如《论语》："寝不尸。"苞注曰："不偃卧布，展手足，似死人。"可见，古人常用"展手足"描写尸象。

"南首"，《睡虎地秦墓竹简》注曰："南首，南方。一说，南首是头向南"。译文："男子尸体在某家以南。"⑦据以上几例看，"南首""东首"似为当时检验文书的习语，表示尸体的陈列走向，"南首"即"头向南"，"东首"即为"头向东"。《庄

①　谢桂华、李均明、朱国炤：《居延汉简释文合校》，文物出版社，1987年，第41页。

②　同上注，第660页。

③　甘肃省文物考古研究所、甘肃省博物馆、文化部古文献研究室、中国社会科学院历史研究所编：《居延新简》，文物出版社，1990年，第352页。

④　《后汉书》卷三十四《梁冀传》。

⑤　[清]段玉裁：《说文解字注》，上海古籍出版社，1981年，第56页。

⑥　[清]桂馥撰：《说文解字义证》，中华书局，1987年，第125页。

⑦　《秦简牍合集·释文注释修订本》（壹），第285页。

子·在宥》:"广成子南首而卧。"《西京杂记》:"床上两尸,一男一女,皆年二十许,东首裸卧,无衣衾。"①可见"东首""南首"等为秦汉时期描摹尸象的常用语词。

"正偃",为秦汉时期法医检验文书常用语词。云梦秦简《封诊式·贼死爰书》:"男子死(尸)在某室南首,正偃。""偃",《说文解字注》:"凡仰仆为偃,引申为凡仰称。"②《参同契》:"男生而伏,女偃其躯,裹乎胞胎,受气元初,非徒生时,著而见之;及其死也,亦复效之。"这里是古人认为淹死的人其漂浮方式,男尸脸向下,女尸脸向上。南齐时褚澄解释说:"男女之合,二情交畅。阴血先至,阳精后冲。血开裹精,精入为骨,而男形成矣。阳精先入,阴血后参,精开裹血,血入居本,而女形成矣。阳气聚面,故男子面重,溺死者必伏。阴气聚背,故女子背重,溺死者必仰。"可见自秦汉以来古人即注意溺死者尸体现象。"偃"与"伏"意相反,"正偃"即正面仰身。

《洗冤集录》:"凡因病死者,形体裸瘦,肉色痿黄,口眼多合,腹肚多陷,两眼通黄,两拳微握,发髻解脱,身上或有新旧针灸瘢痕,余无故,即是因病死。"③汉简对于尸象的记载更简明,"目冥、口吟"即指"口眼多合"。"手卷"即"两拳微握"。除了察看尸象外,还重点察验是否有外伤,如"身完、毋兵刃木索迹",或者了解生前所患疾病,即可断定为病死。

(三) 他杀的尸体检验

如果说检验自缢、病死的要点核心在于确认是他杀还是自杀或自然死亡(病死)的话,那么对于他杀的尸体检验,其核心是为侦破案件提供线索,为审判定谳提供证据。《封诊式·贼死爰书》正体现了这一原则:

> 某亭求盗甲告曰:"署中某所有贼死、结发、不智(知)可(何)男子一人,来告。"即令令史某往诊。令史某爰书:与牢隶臣某即甲诊,男子死(尸)在某室,南首、正偃。某头左角刃痏一所,北(背)二所,皆从(纵)头北(背),袤各四寸,相奥,广各一寸,皆杀中,类斧,脑角出(頯)皆血出,披(被)汙头北

① [明]董说撰:《七国考》,第291页引文,中华书局,1956年。
② [清]段玉裁:《说文解字注》,上海古籍出版社,1981年,第381页。
③ [宋]宋慈撰,杨奉琨校译:《洗冤集录校译》,群众出版社,1984年,第75页。

（背）及地，皆不可为广袤；它完。衣布禅裙、襦各一。其襦北（背）直痏者，发刃决二所，应痏。襦背及中衽□汗血。男子西有漆荼葊履一两，去男子其一奇六步，一十步，以履履男子，利焉。地坚，不可知贼迹。男子丁壮，析（皙）色，长七尺一寸，发长二尺；其腹有久故瘢二所。男子尸所到某亭百步，到某里士五（伍）丙田舍二百步。令甲以布襦埋男子某所，待令。以襦、履诣廷。讯甲亭人及丙、智（知）男子可（何）日死，闻号寇者不殹（也）。①

从《贼死爰书》中可以反映出：

（1）秦汉时已通过伤型推测凶器（致伤物）。如果将斧头砍伤的伤型记载与其他伤型记载做一比较，这点结论很容易得出。斧头砍伤的伤型为"皆从（纵）头背，袤各四寸，相耎，广各一寸，皆臽中，类斧。"《封诊式》记载关于剑刺的伤型为"袤五寸，深到骨，类剑迹"。② 关于这一点，本文将在伤情检验中详述。

（2）注意验证衣服破损与身体伤痕之间的对应关系，"其襦背直痏者，以刃决二所，应痏"。《洗冤集录》："凡验被快利物伤死者，须看元着衣衫有无破伤处，隐对痕血点可验。"③显然对宋代的法医检验积累了经验。

（3）注意察验尸体的个人特征。"男子丁壮，皙色，长七尺一寸，发长二尺；其腹有久故瘢二所"，显然这是为了尸体识别做准备的，《洗冤集录·验状说》要求："其尸首有无雕青灸瘢，旧有何缺折肢体及伛偻、拳跛、秃头、青紫、黑色、红志、肉瘤、蹄踵诸般疾状，皆要一一于验状声载，以备证验诈伪，根寻本原推戡；及有不得姓名人尸首，后有骨肉陈理者，便要验状证辨观之。"④

（4）现场检验方式较合理科学，陆伦章认为"几乎同现代常用的内外交周式相同。因为这种先从现场外周逐步深入现场中心的静的现场观察活动，是合乎人的视阈功能原理的。等到检验者确定了现场中心之后，再以动的内周检验活动由中心推展到外周，以完成内外交周的检验实施"。⑤

---

① 《秦简牍合集·释文注释修订本》（壹），第285—286页。
② 同上注，第278页。
③ ［宋］宋慈撰、杨奉琨校译：《洗冤集录校译》，群众出版社，1984年，第66页。
④ 同上注，第92页。
⑤ 陆伦章：《我国刑事检验制度历史悠久——从出土秦简〈贼死〉篇谈起》，《法学》1982年第10期。

三、秦汉时期对疾病的诊验

（一）对疠病的检验

"疠"即"麻风病"，由于具有传染性，历来被视为"恶疾"，《礼记》记载妇女有"七去"，其中之一规定："妇人有恶疾，去。"除此之外，秦汉时期还设置了疠病隔离处所——"迁所"，法律对于疠病患者做了专门规定（见上文）。由于秦代规定了对麻风病的报官检验制度，也就有了对麻风病的法医检验实例：

> 某里典甲诣里人士五（伍）丙，告曰："疑疠，来诣。"讯丙，辞曰："以三岁时病庀，麋（眉）突，不可智（知）其可（何）病，毋（无）它坐。"令医丁诊之，丁言曰："丙毋（无）麋（眉），艮本绝，鼻腔坏。刺其鼻不嚏。肘膝□□□到□足下奇（蹄），溃一所。其手毋胈。令謞，其音气败。疠也。"[①]

基层官吏"里典甲"怀疑"里人士伍丙"患有麻风病，将其送至官府，请求诊验。检验时，首先听患者丙主诉病史，三岁时患溃疡，并出现眉毛脱落；然后请医生丁来诊验，丙没有眉毛，鼻梁断，鼻腔坏，刺激鼻内不能引起喷嚏，膝、肘关节障碍，两腿行走困难，体表溃疡一处，上肢汗发脱落，让丙呼喊，声音嘶哑。最后，医生根据以上诊断结果分析，断定丙所患为疠病。

（二）对医疗事故的检验

秦汉时期较常见的医疗事故称为"针害"，关于针害的各种情形，《黄帝内经》之《灵枢》《素问》多有记载，如《素问·禁刺》提出："藏有要害，不可不察。""刺中心，一日死，其动为噫；刺中肝，五日死，其动为语；刺中肾，六日死，其动为嚏；刺中肺，三日死，其动为咳；刺中脾，十日死，其动为吞；刺中胆，一日半死，其动为呕。""刺跗上，中大脉，血出不止死；刺面，中溜脉，不幸为盲；刺头，中脑户，入脑立死；刺舌下，中脉太过，血出不止为喑。"[②]

在《三国志·魏书·方技传》中记载了一例针害的检验："督邮徐毅得病，佗

---

① 《秦简牍合集·释文注释修订本》（壹），第 284 页。

② 郭霭春主编：《黄帝内经素问校注》下册，人民卫生出版社，1992 年，第 640 页。

往省之。毅谓佗曰：'昨使医曹刘租针胃管讫，便苦咳嗽，欲卧不安。'佗曰：'刺不得胃管，误中肝也，食当日减，五日不救。'遂如佗言。""肝"疑"肺"之误。

（三）妊娠、堕胎及贞操的检验

唐律规定："居父母丧，生子及兄弟别籍、异财者，徒一年。"①"在父母丧生子者，皆谓二十七月内而怀胎者。若父母未亡以前而怀胎，虽于服内而生子者，不坐；纵除服以后始生，但计胎月是服内而怀者，依律得罪。"②其实，此唐律从汉律继承发展而来，汉律亦有类似规定，《汉书·功臣表》："堂邑侯陈须季，生母公主率，未除服奸，当死，自杀。嗣侯嗣，坐母丧未除服奸，自杀。"③《汉书·诸侯王表》："嗣常山王勃，坐宪王丧服奸，废徙房陵。"④这就要求对妊娠进行法医诊验。

关于堕胎，唐律规定："堕人胎，徒两年。"疏议："堕人胎谓孕未生，因打而落者，各徒二年。注云：'堕胎者，谓在母辜限之内而子死者。子虽伤而在母限外死者，或虽在辜内胎落而子未成形者，各从本殴法，无堕胎之罪。"⑤这就要求对胎儿发育程度进行法医诊验，云梦秦简《封诊式·出子》中有对因殴而堕的胎儿进行的检验，说明秦汉时期已有此项规定和相应的检验方法：

> 某里士五（伍）妻甲告曰："甲怀子六月矣，自昼与同里大女子丙斗，甲与丙相捽，甲债屏甲。里人公士丁救，别丙、甲。甲到室即病复（腹）痛，自宵子变出。今甲裹把子来诣自告，告丙。"

于是，令史"即诊婴儿男女、生发及保（胞）之状"，其诊验报告如下：

> 令令史某、隶臣某诊甲所诣子，已前以布巾裹，如衈（衃）血状，大如手，不可智（知）子。即置盎水中摇之，唇（衃）血子殹（也）。其头、身、臂、手指、

---

① 《唐律疏议》，第236页。

② 同上注，第57页。

③ 《汉书》卷十六《功表表》。

④ 《汉书》卷十四《诸侯王表》。

⑤ 《唐律疏议》，第385—386页。

股以下到足、足指类人,而不可智(知)目、耳、鼻、男女。出水中有(又)音(虾)血状。①

秦汉时期我国已对妇女的贞操问题进行检验,马王堆汉墓出土帛书《养生方》记载:

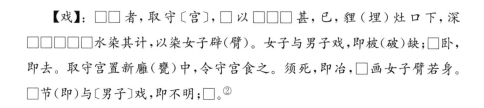

【戏】:□□者,取守〔宫〕,□以□□□甚,已,貍(埋)灶口下,深□□□□□水染其计,以染女子辟(臂)。女子与男子戏,即被(破)缺;□卧,即去。取守宫置新𤭖(甍)中,令守宫食之。须死,即冶,□画女子臂若身。□节(即)与〔男子〕戏,即不明;□。②

这说明秦汉时期已用"守宫"检验妇女是否发生了性行为,所谓"守宫"(壁虎、螺蜒),《汉书·东方朔传》:"上尝使诸数家射覆,置守宫盂下,射之,皆不能中。"师古曰:"守宫,虫名也。术家云以器养之,食以丹砂,满七斤,捣治万杵,以点女人体,终身不灭,若有房室之事,则灭矣。言可以防闲淫逸,故谓之守宫也。今俗呼为辟宫,辟亦御捍之义耳。"③可见,汉代宫廷很可能已用守宫来检验妇女的贞操了。虽然这是方术之士所用的一种方法,说明这一时期巫术在医学、法医检验中仍有较大影响。

秦汉时期对妇女贞操的法医检验是否还有其他方法,于史无载。《北史·酷吏传》记载王文同"又悉裸僧尼,验有淫状非童男女者数千人,复将斩之。郡中士女,号哭于路,诸郡惊骇,各奏其事。"④说明南北朝时期已对妇女的贞操进行检验,其方法虽史无明文,但其承继自秦汉时期,亦未可知。

秦汉时期涉及疾病的有关法律有很多,如在云梦秦简《封诊式·告臣》中,对买卖的标的物——甲的奴隶丙进行诊验,看丙是否有病。还有前面提到的对"诈病"的诊验等,只是"文献不足征",今人无从得知罢了。

---

① 《秦简牍合集·释文注释修订本》(壹),第 293 页。
② 马王堆汉墓整理小组编:《马王堆汉墓帛书〔肆〕》,文物出版社,1985 年,第 104 页。
③ 《汉书》卷六十五《东方朔传》。
④ 《北史》卷八十七《酷吏传》。

四、秦汉时期的中毒检验

（一）秦汉时期人们对毒物及中毒现象的认识

中华民族的祖先在很早以前就对毒物和中毒现象有所认识，传说"神农尝百草之滋味……一日而遇七十毒"。[①] 王充甚至对毒物做了极带辩证意味的说明："天下万物，合太阳而生者，皆有毒螫。"[②]"夫毒，太阳之热气也。中人人毒，人食凑濊者，不堪任也，不堪任则谓之毒。"[③]他认为毒物的概念是相对的，一般将明显有毒的，即进入人体能引起机体障碍的（不堪任）才称为毒，《黄帝内经》还注意到中毒现象与个体差异的关系："胃厚、色黑、大骨及肥者，皆胜毒；故其疲而薄胃者，皆不胜毒。"

由于古人对毒物有着比较科学的认识，大胆地用以治病救人，《周礼·天官》："聚毒以供医事。"[④]《庄子·徐无鬼》："药，其实堇也。"[⑤]在长期的医疗实践中，逐步掌握了毒物中毒的剂量，《神农本草经》："若用毒药治病，先起如黍、粟，病去即止，不去倍之，不去十之，取去为度。"[⑥]

（二）秦汉时期的验毒方法

隋代巢元方《诸病源候论》提出了两种验毒方法，一种是："欲知是毒非毒者，初得便以灰磨洗好熟银令净。复以水扬枝洗口齿，含此银一宿卧，明旦吐出看之。银黑者是不强药；银青黑者是兰药；银紫班者是焦铜药。"《太平御览》卷七三五引《隋书·秦孝王俊传》载秦王妃崔氏性妒，"遂于瓜中进毒，俊由是遇疾，笃。含银，银色异，为遇蛊（毒）"。[⑦]《诸病源候论》还记载着另一种方法："取鸡子煮去壳，令病人齿啮鸡子白处，并著露下，若齿啮痕中黑即是也。"这两种方法很可能是对前人经验的总结。张仲景在《金匮要略》中提到以犀角筷子验毒的方法：

① 何宁撰：《淮南子集释》，中华书局，1998年，第1312页。
② 黄晖撰：《论衡校释》第三册，中华书局，1990年，第954页。
③ 同上注，第949页。
④ ［清］孙诒让撰：《周礼正义》，中华书局，1987年，第315页。
⑤ 郭庆藩辑：《庄子集释》，《诸子集成》，上海书店，1986年，第375页。
⑥ 马继兴：《神农本草经辑注》，人民卫生出版社，1995年，第27—28页。
⑦ ［宋］李方撰：《太平御览》卷735，中华书局1960年影印本。

"犀角筋搅饮食,沫出,及浇地坟起者,食之杀人。"①古人认为犀角能解毒,《神农本草经》即载犀角"治百毒……杀钩吻、鸩羽、蛇毒",②如果用犀角筷子搅动食物,产生白色泡沫,是犀角化毒之象,说明食物有毒。"浇地坟起"起源更早,《史记·晋世家》:"骊姬使人置毒药胙中,……宰人上胙献公,献公欲飨之,骊姬从旁止之,曰:'胙所从来远,宜试之。'祭地。地坟;与犬,犬死;与小臣,小臣死。"③

(三) 秦汉文献对中毒现象的记载

《神农本草经》根据药物的性能、功效,将药物分为上、中、下三品,其中下品药多有毒。关于各种毒物的中毒现象也多有反映:

(1) 莨菪。《神农本草经》:"多食令人狂走。"④莨菪含有生物碱,误食使人中毒,其中毒现象《金匮要略》有记载:"菜中有水莨菪,叶圆而光,有毒,误食之,令人狂乱,状如中风,或吐血。"⑤《旧唐书·安禄山传》载安禄山"欺诱契丹,宴设酒中著莨菪子,预掘一坑,待其昏醉,斩首埋之,皆不觉死。"⑥

(2) 钩吻。《金匮要略》:"钩吻与芹菜相似,误食之,杀人。"⑦钩吻别名"野葛""断肠草",其中毒现象《外台秘要》记载:"但闻腹中烦无冤剥裂,作声如肠胃破断状。目视一人成两人,或五色光起,须臾不散。"

(3) 乌头附子。乌头属毛茛科多年生草本植物,因形如乌鸦头,故名,其侧根称附子。《神农本草经》:"乌头……其汁,煎之名射罔。"陶弘景注:"以八月采,捣笮茎,取汁,日煎为射罔。猎人以敷箭,射禽兽,中人亦死。"⑧古代箭毒多为射罔毒,《后汉书·耿恭传》:"恭乘城搏战,以毒药傅矢。传语匈奴曰:汉家神箭,其中疮者必有异。因发弩射之。虏中矢者,视创皆沸,遂大惊。"附子亦有毒,《汉书·外戚传》记载霍光妻闫显指使女医淳于衍"即捣附子,赍入长定宫。皇后

---

① 引自李克光主编:《金匮要略译释》,上海科学技术出版社,1993年,第744页。
② 马继兴:《神农本草经辑注》,第425页。
③ 《史记》卷三十九。
④ 马继兴:《神农本草经辑注》,人民卫生出版社,1995年,第252页。
⑤ 李克光主编:《金匮要略译释》,第740页。
⑥ 《旧唐书》卷二百上。
⑦ 李克光主编:《金匮要略译释》,第739页。
⑧ 马继兴:《神农本草经辑注》,第332—333页。

免身,衍取附子并合太医大丸以饮皇后。有顷曰:我头岑岑也,药中得无有毒?对曰:无有。遂加烦懑,崩。"

(4) 蜀椒。《金匮要略》:"蜀椒闭口者有毒,误食之,戟人咽喉,气病欲绝。或吐下白沫,身,体痹冷。"①

(5) 马肝。《汉书·儒林传》:"食肉毋食马肝,未为不知味也。"师古曰:"马肝有毒,食之喜杀人,幸得无食。"②《史记·封禅书》:"文成食马肝死耳。"③

(6) 鸩羽。《说文》:"鸩,毒鸟也,一名运日。"《后汉书·皇后纪》注:"鸩,毒鸟也,食蝮。以其羽画酒中,饮之立死。"④

五、秦汉时期的物证检验

秦汉时期对证据非常重视,已注意到对物证的收集和勘验,其种类和方法已知有如下几点:

(一) 痕迹勘验

云梦秦简《封诊式·穴盗》:

某里士五(伍)乙告曰:"自宵臧(藏)乙复结衣一乙房内中,闭其户,乙独与妻丙晦卧堂上,今旦起启户取衣,人已穴房内,彻内中,结衣不得,不智(知)穴盗者可(何)人、人数,毋(无)它亡也,来告。"即令令史某往诊,求其盗。令史某爰书:与乡□□隶臣某即乙、典丁诊乙房内。房内在其大内东,比大内,南乡(向)有户。内后有小堂,内中央有新穴,穴彻内中。穴下齐小堂,上高二尺三寸,下广二尺五寸,上如猪窦状。其所以叔者类旁凿,迹广□寸大半寸。其穴壤在小堂上,直穴播壤,破入内中。内中及穴中外壤上有膝、手迹,膝、手各六所。外壤秦慕履迹四所,袤尺二寸。其前稠慕袤四寸,其中央稀者五寸,其踵稠者三寸。其履迹类故履。内北有垣,垣高七尺,垣

---

① 李克光主编:《金匮要略译释》,上海科学技术出版社,1993年,第733页。
② 《汉书》卷八十八。
③ 《史记》卷二十八。
④ 《后汉书·皇后纪》卷十。

北即巷也。垣北去小堂北唇丈，垣东去内五步，其上有新小坏，坏直中外，类足距之之迹，皆不可为广袤。小堂及垣外地坚，不可迹。不智（知）盗人数及之所。内中有竹招，招在内东北，东、北去廧各四尺，高一尺。乙曰："□结衣招中央。"①

这是一例对窃盗案的现场勘验报告，其中可称道的是对窃贼留下痕迹的检验：

（1）做案工具的痕迹。窃贼在房后小堂的墙中央挖了洞（穴），形状有如猪洞，挖洞的工具像是宽刃的凿，凿痕宽二又三分之二寸。

（2）窃贼手和膝的痕迹。房中和洞里外的土地上有膝和手的痕迹六处，窃贼显然膝手并用，从盗洞爬进室内。

（3）履的痕迹。外面地上有秦綦履踩的痕迹四处，长一尺二寸。履的印痕前部花纹细密，长四寸；中部花纹稀，长五寸；跟部花纹密，长三寸。从履的印痕看，好像是旧履。

（4）墙上有不大的缺口，好像有人跨越的痕迹，但不能测算长宽。小堂下和墙外的地面坚硬，勘查不到人的痕迹。

（二）附着物与渗入物

（1）附着物。《后汉书·酷吏传》："廷掾惮（周）纡严明，欲损其威，乃晨取死人断手足，立寺门。纡闻，便往至死人边，若与死人共语状。阴察口眼有稻芒，乃密问守门人：'悉谁载槁入城者？'门者曰：'唯有廷掾耳。'又问铃下：'外颇有疑令与死者语者不？'对：'廷掾疑君。'乃收廷掾考问，具服'不杀人，取道边死人'。"②周纡见死人无手足而立寺门，必移尸；又勘验死者口眼处附着稻芒，断定必由城郊野外移尸，故密问守门人，终于破案，其关键在于稻芒的勘验使周纡找准了侦破的方向。

（2）渗入物。《三国志·吴书·孙亮传》注引《吴历》："亮后出西苑，方食生

---

① 《秦简牍合集·释文注释修订本》（壹），第290—291页。
② 《后汉书》卷七十七。

梅,使黄门至中藏取蜜渍梅,蜜中有鼠矢,召问藏吏,藏吏叩头。亮问吏曰:'黄门从汝求蜜邪?'吏曰:'向求,实不敢与。'黄门不服,侍中刁玄、张合启:'黄门、藏吏辞语不同,请付狱推尽。'亮曰:'此易知耳。'令破鼠矢,矢里燥。亮大笑谓玄、合曰:'若矢先在蜜中,中外当俱湿,今外湿里燥,必是黄门所为。'黄门首服,左右莫不惊悚。"裴松之在注后加按语:"臣松之以为鼠矢新者,亦表里皆湿。黄门取新矢则无以得其奸也,缘遇燥失,故成亮之慧。"①和凝《疑狱集》亦录此事。法医学家汪继祖评述道:"鼠在蜜中窃食,遗屎于其中,屎初湿后被蜜侵入,不仅内外俱湿,亦是里外均有蜜质,倘取新鼠屎刚才投入,虽然内外俱湿,而蜜不入于屎中。俟鼠屎已干而后投入蜜中,则破屎内仍燥。可见孙亮破鼠矢以辨诬,确具慧见。"②这是一例典型的对渗入物的检验。

(三) 笔迹鉴定

《三国志·魏书·国渊传》:"时有投书诽谤者,太祖疾之,欲必知其主。渊请留其本书,而不宣露。其书多引《二京赋》,渊勒功曹曰:'此郡既大,今在都辇,而少学问者。其简开解年少,欲遣就师。'功曹差三人,临遣引见,训以'所学未及,《二京赋》,博物之书也,世人忽略,少有其师,可求能读者从受之。'又密喻旨。旬日得解读者,遂往受业。吏因请使作笺,比方其书,与投书人同手。收摄案问,具得情理。"③这是一例典型的笔迹勘对,"比方其书",结论是"与投书人同手"。

六、秦汉时期的畜牲检验

综合秦汉时期对牲畜进行法医检验的见诸文献和出土资料的实例,可分为:

(一) 公家牲畜死亡的检验

敦煌汉简中有一例对驿马的检验:

① 《三国志》卷四十八。
② 汪继祖:《疑狱集、折狱龟鉴、棠阴比事的释例》,《医学史与保健组织》1958 年第 1 号。
③ 《三国志》卷十一。

神爵二年十一月癸卯朔乙丑，县泉廄佐广德敢言之，爰书：廄御千乘里畸利谨告曰：所葆养传马一匹，骓牡，左剽，入坐肥，齿二岁，高六尺一寸，□头送日逐王来至冥安，病亡，即与御张乃始泠定杂诊马死（尸），身完，毋兵刃木索迹，病死审，证之，它如爰书，敢言之。（觚）　87DXC：12（1301）①

居延新简中还有一例对官骆驼的检验文书：

　　□□寅士吏强兼行侯事敢言之，爰书：戍卒颖川郡长社临利里乐德，同县安平里家横告曰：所为官牧橐他，成（戊）夜僵卧草中，以□行。谨案：德、横□到橐他尉，辟推谨，毋刀刃木索迹，德、横皆证所言，它如爰书，敢（E.P.T57：85）②

对于牲畜病死的检验有如对人病死的检验，主要察看有无外伤，还要询问病情。秦汉时期公马牛一般患病还要有诊病爰书，这是判断是否病死的一个重要依据，在最近公布的悬泉汉简中就有一例，整理者将它归于"司法文书"类，很有见地：

　　建昭元年八月丙寅朔戊辰，县泉廄佐欣敢言之，爰书：传马一匹，骀骆牡，左剽，齿九岁，高五尺九寸，名曰骀鸿，病中肺，咳涕出辜，饮食不尽度，即与啬夫遂成建杂诊马，病中肺，咳涕出辜，审证之，它如爰书，敢言之　Ⅱ90T0314②：301③

（二）对马牛劳动力的检验

秦汉时期的法律规定对公马牛进行定期的检查评比，一是为了考课有关官

---

　　①　引自何双全：《敦煌新出简牍辑录》，《简帛研究》第 1 辑，法律出版社，1993 年。关于此觚，还有不同释文，一见敦煌市博物馆：《敦煌汉代烽燧遗址调查所获简牍释文》，《文物》1991 年第 8 期；一见甘肃省文物考古研究所编：《敦煌汉简》，中华书局，1991 年。何双全释文原作"三尺一寸"，据其他两文改作"六尺一寸"。
　　②　甘肃省文物考古研究所、甘肃省博物馆、文化部古文献研究室、中国社会科学院历史研究所编：《居延新简》，文物出版社，1990 年，第 343 页。
　　③　甘肃省文物考古研究所：《敦煌悬泉汉简释文选》，《文物》2000 年第 5 期。

吏,二是为了检验马牛的劳动力。云梦秦简《秦律杂抄》:"庐吏乘马笃、赖,及不会庐期,赀一盾。马劳课殿,赀廐啬夫一甲,令、丞、史各一盾。马劳课殿,赀皂啬夫一盾。"①《廐苑律》则规定了对"田牛"的检验法规:"以四月、七月、十月、正月庐田牛。卒岁,以正月大课之,最,赐田啬夫壶酒束脯,为皂者除一更,赐牛长日三旬;殿者,谇田啬夫,罚冗皂者二月。其以牛田,牛减絜,治主者寸十。有里课之,最者,赐田典日旬;殿,治(笞)卅。"②对马牛劳动力检验以后分为不同的等级,如汉简中有:

> □官□驿马一匹,骊驳,牡,左剽,齿十四岁,高五尺八十,中　231.20③
>
> 驿马一匹,骅驳,齿四岁,高五尺八寸,上,调习　142.26④
>
> 廿四驿马一匹,骅牡,左剽,齿八岁,高五尺八寸,上,调习 E.P.C:1⑤

陈直先生指出:"此为检查驿马之纪事简,调谓驯和,习谓狎习,故评为上等"。⑥ 对驿马劳动力的检验最重要的标准是驿马的年龄-齿数,《居延汉简释文合校》:"□诊视马皆齿长,终不任驿□"(266.17)⑦森鹿三先生解释说:"经过检查这几匹马,因牙齿歪斜,长得很长,不能作驿马使用。"⑧

七、秦汉时期的伤情检验

(一) 秦汉时期关于伤型的概念

秦汉时期我国已对伤情进行分类,产生了关于伤型的概念,这是长期"瞻伤、察创、视折、审断"法医检验的结果,如果将《礼记》中提到的"伤""创""折""断"与秦汉简牍中出现的有关伤型的概念做一比较,可以发现两者基本上是相符合的。

---

① 《秦简牍合集·释文注释修订本》(壹),第170页。
② 同上注,第49页。
③ 谢桂华、李均明、朱国炤:《居延汉简释文合校》,文物出版社,1987年,第375页。
④ 同上注,第235页。
⑤ 甘肃省文物考古研究所、甘肃省博物馆、文化部古文献研究室、中国社会科学院历史研究所编:《居延新简》,文物出版社,1990年,第546页。
⑥ 陈直:《居延汉简研究·居延汉简解要》,天津古籍出版社,1986年,第431页。
⑦ 谢桂华、李均明、朱国炤:《居延汉简释文合校》,第446页。
⑧ (日)森鹿三:《论居延简所见的马》,《简牍研究译丛》第1辑,中国社会科学出版社,1983年。

1. 疻与伤

"疻"指一般性损伤，一般没有皮破血流。《汉书·薛宣传》："遇人不以义而见疻者，与痏人之罪钧，恶不直也。"注引应劭曰："以杖手殴击人，剥其皮肤，肿起青黑而无创瘢者，律谓疻痏。遇人不以义为不直，虽见疻与痏人罪同也。"师古曰："疻谓侈。痏谓鮪。"①在颜师古所引应劭注中，疻与痏不分，显然有可商榷之处，段玉裁认为："此应注讹脱。《急就篇》颜注云：'殴人皮肤肿起曰疻，殴伤曰痏。'盖应注'律谓疻痏'下夺去六字，当作'具有创瘢者谓痏。'《文选》嵇康诗：'怛若创痏。'李善引《说文》：'痏，瘢也。'正与应语合，皆本《汉律》也。疻轻痏重，遇人不以义而见疻，罪与痏人等，是疻人者轻论，见痏者重论，故曰恶不直也。创瘢谓皮破血流。或曰依应仲远，则疻、痏异事，何为合之也？曰：应析言之，许浑言之。许曰殴伤，则固兼无创瘢有创瘢者言之。"②朱骏声讲得更确切："凡殴伤皮肤肿起青黑而无创瘢者为疻，有创瘢者曰痏。"③沈家本也认为"惟以创瘢之有无为疻痏之分别。"④这种观点无疑是正确的，这可以在云梦秦简中找到证据，《法律答问》中提到"疻痏"三处：

"或与人斗，决人唇，论可（何）也？比疻痏。"

"或斗，啮人颊若颜，其大方一寸，深半寸，可（何）论？比疻痏。"

"斗，为人殴也，毋（无）疻痏，殴者顾折齿，可（何）论？各以其律论之。"⑤

以上三例"疻痏"连称，泛指一切因殴斗而引起的人体皮肤的病理变化，但没有皮破血出。若果造成皮肤破损，就只能称为"痏"。

2. 痏与创

《封诊式》中有二例都明确地载明皮肉有破损，但都毫无例外地称为"痏"：

---

① 《汉书》卷八十三。

② ［清］段玉裁注：《说文解字注》，上海古籍出版社，1988 年，第 351 页。

③ ［清］朱骏声撰：《说文通训定声》，武汉市古籍书店 1983 年影印本，第 512 页。

④ 《汉律摭遗》，《历代刑法考》第 3 册，第 1467 页。

⑤ 《秦简牍合集·释文注释修订本》（壹），第 216 页。

诊首□齧发,其右角痏一所,袤五寸,深到骨,类剑迹;其头所不然。①

某头左角刃痏一所,北(背)二所,皆从(纵)头背,袤各四寸,相奥,广各一寸,皆肖中类斧。②

上文"痍"与"痏"的辨析中已经论述,痏当指有创痕的伤情类型,一般指有皮破血流现象的创伤。《释名·释疾病》:"痏,侈也,侈开皮肤为创也。"③此处的痍与创同意,痏亦指此类伤型而言。

3. 大痍与折

云梦秦简《法律答问》:"可(何)如为'大痍'?'大痍'者,支(肢)或未断,及将长令二人扶出之,为'大痍'。"④从秦律对"大痍"的正式解释可以看出,此类伤型概属《礼记》中的"折",蔡邕曰:"皮曰伤,肉曰创,骨曰折,骨肉皆绝曰断。"秦律伤型的区分当与此一致。

4. 瘢与绉瘢

瘢指创伤面愈合后留下的疤痕,《汉书·朱博传》:"长陵大姓尚方禁,少时尝盗人妻见斫,创著颊,博闻知以它事召见,视其面果有瘢。"⑤《汉书·王莽传》:"诚见君面有瘢,美玉可以灭瘢,欲献其琢耳。"师古曰:"瘢,创痕也。"⑥"绉瘢"见于张家山汉简《奏谳书》第十七例:"诊讲北(背),治(笞)瘢大如指者十三所,小绉瘢相质五也,道肩下到要(腰),稠不可数。""诊毛北(背),笞绉瘢相质五也,道肩下到要(腰),稠不可数,其殿(臀)瘢大如指四所,其两股瘢大如指。"⑦李学勤先生讲:"'质'读为'秩',意为积;'五'读为'午',意为交。"意思是"绉瘢"互相交叠。⑧ 简文中已载明诊验时已过"磔笞"时数月,秦汉时期的笞刑用荆杖、竹杖等,"绉瘢"概指杖击伤愈合后形成的瘢痕,后代称为"竹打中空"伤愈以后的形

① 《秦简牍合集·释文注释修订本》(壹),第278页。
② 同上注,第285页。
③ 引自[清]桂馥撰:《说文解字义证》,中华书局,1987年,第658页。
④ 《秦简牍合集·释文注释修订本》(壹),第262页。
⑤ 《汉书》卷八十三。
⑥ 《汉书》卷九十九。
⑦ 江陵张家山汉简整理小组编:《江陵张家山汉简〈奏谳书〉释文(二)》,《文物》1993年第3期。
⑧ 李学勤:《〈奏谳书〉解说(下)》,《文物》1995年第3期。

成。关于此种伤型的形成,法医学家汪继祖讲:"凡被军棍打伤,均能表现为两条并列红痕,中夹白痕,在红痕处显著隆肿,有炎症性状,而白痕处显著平坦,俗称'竹打中空',凡被圆筒形物(柴棍、手杖、竹干、荆条、竹枝、鞭之举)的打伤,均有此项特殊形成。"①

(二) 秦汉时期的损伤等级与唐律损伤等级之比较

《法律答问》:"拔人发,大可(何)如为'提'? 智(知)以上为'提'。"②与此相应,《唐律》:"伤及拔发方寸以上,杖八十。"③

《法律答问》:"或斗,啮断人鼻若指若唇,论各何也? 议皆当耐"。④"律曰:'斗决人耳,耐'。今决耳故不穿,所决非珥所入也,何论? 律所谓,非必珥所入乃为决,决裂男若女耳,皆当耐。"⑤"斗,为人殴也,毋(无)痕痏,殴者顾折齿,何论? 各以其律论之。"⑥相应的《唐律》规定:"诸斗殴人,折齿、毁缺耳鼻,眇一目及折手足者,若破骨及汤火伤人者,徒一年。"⑦

《法律答问》:"斗折脊项骨,何论? 比折支。"⑧"妻悍,夫殴治之,决其耳,若折支指,胅体,问夫何论? 当耐。"⑨相应地,《唐律》:"诸斗殴折跌人支体及瞎其一目者,徒三年。折支者,折骨;胅体者,骨差跌,失其常处。"⑩

(三) 秦汉时期的伤情检验实例

《汉书·薛宣传》载薛宣子薛况"赇客杨明,欲令创(申)咸面目,使不居位。今司隶缺,况恐咸为之,遂令明遮斫咸宫门外,断鼻唇,身八创。"⑪显然,在这例雇凶伤害案中进行了伤情检验。在汉简中,有关于伤情检验记载的残简断编:

---

① 汪继祖:《疑狱集、折狱龟鉴、棠阴比事的释例》,《医学与保健组织》1958 年第 1 号。
② 《秦简牍合集·释文注释修订本》(壹),第 214 页。
③ 《唐律疏议》,第 384 页。
④ 《秦简牍合集·释文注释修订本》(壹),第 215 页。
⑤ 同上注,第 214 页。
⑥ 同上注,第 216 页。
⑦ 《唐律疏议》,第 384 页。
⑧ 《秦简牍合集·释文注释修订本》(壹),第 212 页。
⑨ 同上注,第 214 页。
⑩ 《唐律疏议》,第 386 页。
⑪ 《汉书》卷八十三。

□□一所，广二寸，袤六寸；左臂二所，皆广二寸，长六寸；又手中创二所，皆广半寸，长三寸；右臂二所，其一□(E. P. T51：324)①

相击，尊击伤良头四所，其一所创袤三寸(E. P. T68：172)②

□□相击，尊击伤良(E. P. T68：187)

四所，其一所创袤三寸，三所创袤二寸半，皆广三寸，深至骨，良(E. P. T68：188)③

□……一所，刺腹一所，尊击□□□左胁一所，凡□□□□(E. P. T43：106)④

戍卒东郡戍里靳龟坐乃四月不审日行道到屋兰界中，与戍卒函何阳争言，斗以剑击伤右手指二所，地节三年八月己酉械系(13.6)⑤

戍卒东郡□里函何阳坐斗以剑击伤戍卒同郡县戍里靳龟右髀一所，地节三年八月辛卯械系(118.18)⑥

从以上检验的实例来看，秦汉时期的伤情检验很细致，一般应包括受伤的部位，创口的长、宽、深及伤口的数量，创口的走向等，以便定受伤的等级、保辜的期限等。

云梦秦简《封诊式》的《出子爰书》是一例因殴斗而导致孕妇胎儿流产的伤情检验，除了对流产婴儿进行检验以外，还对孕妇的伤情进行了检验："令隶妾数字者某某诊甲，皆言甲前旁有干血，今尚血出而少，非朔事也。某尝怀子而变，其前及血出如甲。"⑦让生育多次的隶妾去检验甲，都说甲阴部旁边有干血，现在仍少量出血，并非月经。某人曾怀孕流产，其阴部及出血与甲相同。这里还运用了同类推理的方法。⑧

---

①　甘肃省文物考古研究所、甘肃省博物馆、文化部古文献研究室、中国社会科学院历史研究所：《居延新简》文物出版社，1990 年，第 199 页。

②　同上注，第 464 页。

③　同上注，第 465 页。

④　同上注，第 107 页。

⑤　谢桂华、李均明、朱国炤：《居延汉简释文合校》，文物出版社，1987 年，第 20—21 页。

⑥　同上注，第 192 页。

⑦　《睡虎地秦墓竹简》，第 274—275 页。

⑧　郭延威：《浅析秦代的刑事检验制度》，《西北政法学院学报》1985 年第 4 期。

八、秦汉时期的对死亡的认识及急救方

(一) 秦汉时期对死亡的认识

古代对死亡的确认以心跳和呼吸完全停止,不能恢复时即可判定机体已经死亡,《礼记·丧大记》:"属纩以俟绝气。"注:"纩,今之新绵,易动摇,置口鼻之上以为候。"①这种简便易行的方法在今天仍有一定的借鉴意义,现代法医学仍将它作为确定是否死亡的一种手段。② 古人对假死现象也有一定的认识,《礼记·问丧》:"死三日而后敛者,何也? ……三日而后敛者以俟其生也,三日而不生,亦不生矣。"③作为"属纩"验死法的一种补充,对死者停尸三日,是为了防止假死现象的发生。在历史文献中也有假死的记载,谓之"尸厥"。《说苑·辨物》:"扁鹊过赵,赵王太子暴疾而死。鹊造宫门曰:……太子之疾,所谓尸厥者也。以为不然,人诊之,太子股阴当温耳,耳中焦焦如有啸者声,然者皆可治也。"④关于此事,《史记·扁鹊仓公列传》⑤也有记载,扁鹊指出若太子未发生"尸冷"的现象,"其两股以至于阴,当尚温也",尽管外表看起来"形静如死状",但尚可及时救治,否则会变为真死。

王充《论衡》:"诸生息之物,气绝死……致生息之物密器中,覆盖其口,漆涂其隙,中外气隔,息不得泄,有顷死也。"⑥说明古人对窒息死的死亡机制已有一定的认识,一些酷吏杀人亦用此法,《汉书·酷吏传》:"(尹)赏以三辅高第选守长安令,竞得壹切便宜从事。赏至,修治长安狱,穿地方深各数丈,致令辟为郭,以大石覆其口,名为'虎穴'。……其余尽以次内虎穴中,百人为辈,覆以大石。数日一发视,皆相枕藉死……"⑦

(二) 秦汉时期的急救方法

现场急救是现代法医学中要求现场勘查所采取的紧急措施之一,我国古代

① [清] 朱彬撰、饶钦农点校:《礼记训纂》,中华书局,1996 年,第 658 页。
② 请参看郭景元主编:《法医学》,人民卫生出版社,1997 年,第 14 页。
③ [清] 朱彬撰、饶钦农点校:《礼记训纂》,第 826—827 页。
④ [汉] 刘向撰、向宗鲁校证:《说苑校证》,中华书局,1987 年,第 470—472 页。
⑤ 《史记》卷一百五《扁鹊仓公列传》,中华书局,1959 年三家注本。然"赵王太子"作"虢太子"。
⑥ 黄晖撰:《论衡校释》,中华书局,1990 年,第 328 页。
⑦ 《汉书》卷九十。

的法医学对此非常重视，《洗冤集录》中就有"救死方"一卷。其中关于缢死的急救方若与秦汉时期的关于自缢的急救方相比较，发现是一脉相承的。张仲景《金匮要略》：

> 救自缢死，旦至暮，虽已冷，必可治。暮至旦，小难也。恐此当言阴气盛故也。然夏时夜短于昼，又热，犹应可治。又云：下若微温者，一日以上，犹可治之方。
>
> 徐徐抱解，不得截绳，上下安放卧之，一人以脚踏其两肩，手少挽其发，常弦弦勿纵之；一人以手按据胸上，数动之；一人摩将臂胫，屈伸之，若已僵，但渐渐强屈之，并按其腹，如此一炊顷，气从口出，呼吸眼开，而横引按莫置，亦勿苦劳之，须臾，可少桂枝汤及粥清，含与之，令濡喉，渐渐能咽，及稍止，若向令两人以管吹其两耳，深好，此法最善，无不善也。①

二千多年前张仲景的自缢救死方与现代的人工呼吸法几乎完全一致，极具科学性，而且一直流传，到宋代宋慈撰《洗冤集录》时加以继承："若缢从早至夜，虽冷亦可救，从夜至早，稍难。若心下温，一日以上犹可救。不得截绳，但款款抱解放卧，令一人踏其两肩，以手拔其发常令紧，一人微微然整喉咙，依先以手擦胸上散动之，一人磨搦臂、足屈伸之。若已僵，但渐渐强屈之。又按其腹，如此一饭久，即气从口出，复呼吸。眼开，勿苦劳动，又以少官桂汤及粥饮与之，令润咽咙，更令二人以笔管吹其耳内。若依此救，无不活者。"②。

《汉书·苏武传》生动记载了一例对杀伤的急救："（苏武）引佩刀自刺，卫律惊，自抱持武，驰召医，凿地为坎，置煴火，覆武其上，蹈其背以出血，武气绝半日，复息。"③通过煴火保暖、蹈背出其淤血，终于使苏武复苏，这大概是北方寒冷地区常用的急救措施。

秦汉时期，人们对一些毒物及毒理作用已有一定认识，并针对不同的中毒情况，总结了一些中毒的救方法。

---

① 李克光主编：《金匮要略译释》，上海科学技术出版社，1993年，第704—705页。
② ［宋］宋慈著、杨奉琨校译：《洗冤集录校译》，群众出版社，1984年，第88页。
③ 《汉书》卷五十四。

1. 截扎法,防止毒液扩散,如《汉书·项籍传》:"蝮蛋手则斩手,蛋足则斩足。"应劭曰:"蝮一名虺。蛋,螫也。螫人手足则割去其肉,不然则死。"①《三国书·魏书·陈泰传》:"古人有言:蝮蛇螫手,壮士解其腕"。② 这是防止毒液通过血液回圈流到身体的其他部位。

2. 外敷法,往往以毒攻毒,《淮南子·说林训》:"蝮蛇螫人,傅以和堇则愈,物故有重而害反为利者。"③马王堆汉墓帛书《五十二病方》在"毒乌象"中对被毒箭射伤也采用外敷法:"禺(遇)人毒者,取麋(蘪)芜本□若荠一□□□□□□□□傅有(痏)。"

3. 内服法,服用各种解毒汤药,如《三国书·魏书·杨卓传》注:"赵昂妻异者,……遂饮毒药而绝,时适有解毒药良汤,撅口而灌之,良久乃苏"。④

4. 催吐法,如《三国志·魏书·董卓传》注引《典略》曰:"他日催复请氾,大醉。氾疑催药之,绞粪汁饮之乃解。"⑤这一例目的则在于利用条件反射来催吐。

5. 巫法。秦汉时期的解毒法中也掺杂着一些迷信巫术性的方法,例如在马王堆汉墓医书《五十二病方》中的"蚖"(被毒蛇咬伤)条下:"湮汲一杯入奚蠡中,左承之,北向,向人禹步三,问其名,即曰:'某某年□今□。'饮半杯,曰:'病□□已,徐去除已。'即覆奚蠡,去之。"⑥徐莉莉将这种通过祝告祈祷或念咒语使疾病自愈的方法称为"祝祷法"。⑦ 针对所谓的中蛊毒者,人们则用烧符成灰的方法来禳除,例如《五十二病方》在"蛊者"条下云:"蛊而病者:燔北向并符,而蒸羊尼(脣),以下汤敦(淳)符灰,即□□病者,沐浴为蛊者。"⑧徐莉莉将这种做法叫"符箓法"。⑨

① 《汉书》卷三十一。
② 《三国志》卷二十二。
③ 何宁撰:《淮南子集释》下册,中华书局,1998年,第1228页。
④ 《三国志》卷二十五。
⑤ 《三国志》卷六。
⑥ 马王堆汉墓帛书整理小组编:《马王堆汉墓帛书〔肆〕》,文物出版社,1985年。
⑦ 徐莉莉:《帛书〈五十二病方〉中巫术医方的认识价值》,王元化主编《学术集林》卷十,上海远东出版社,1997年。
⑧ 马王堆汉墓帛书整理小组编:《马王堆汉墓帛书〔肆〕》。
⑨ 徐莉莉:《帛书〈五十二病方〉中巫术医方的认识价值》,王元化主编《学术集林》卷十。

（三）秦汉时期其他有关法医检验的科学认识

宋慈在《洗冤集录》中辨认生前抑或死后伤，所依据的方法暗合现代法医学中的"生活反应"原理："活人被刃杀伤死者，其被刃处皮肉紧缩，有血荫四畔。若被支解者，筋骨皮肉稠粘，受刃处皮肉（紧缩）骨露。死人被割截，尸首皮肉如旧，血不灌荫，被割处皮不紧缩，刃尽处无血流，其色白。纵痕下有血，洗检挤捺，肉内无清血出，即非生前被刃。"①王充在《论衡》中对一些不符合科学原理的说法进行了批驳：

> 儒书言："卫有忠臣弘演，为卫哀公使，未还，狄人攻哀公而杀之，尽食其肉，独舍其肝。弘演使还，致命于肝。痛哀公之死，身肉尽，肝无所附，引刀自刳其腹，尽出其腹实，乃内哀公之肝而死。"……言其自刳内哀公之肝而死，可也；言尽出其腹实乃内哀公之肝，增之也。人以刃相刺，中五脏辄死。何则？五脏，气之主也，犹头，脉之凑。头一断，手不能取他人之头著之于颈，奈何独能先出其腹实，乃内哀公之肝？腹实出，辄死，则手不能把矣。②
>
> 儒书言："禽息荐百里奚，缪公未听，出，禽息当门，仆头碎首而死。缪公痛之，乃用百里奚。"此言贤者荐善，不爱其死，仆头碎首而死，以达其友也。世士相激，文书传称之，莫谓不然。夫仆首以荐善，古今有之。禽息仆头，盖其实也，言碎首而死，是增之也。夫人之扣头，痛者血流，虽忿恨惶恐，无碎首者。非首不可碎，人力不能自碎也。执刃刎颈，树锋刺胸，锋刃之助，故手足得成势也。言禽息举推自击，首碎，不足怪也；仆头碎首，力不能自将也。有扣头而死者，未有使头破首碎者也。③

总之，以上关于秦汉法医检验几个方面的论述，仅仅是豹之一斑。但由于资料的限制，我们无法对秦汉时期的法医检验知道得更多。仅凭以上几个方面的考察，我们完全可以得出结论，早在二千多年前的秦汉时期，我国的法医检验已经取得了很大的成就，积累了丰富的经验和方法，并为以后法医学著作的出现奠

---

① ［宋］宋慈撰、杨奉琨校译：《洗冤集录校译》，群众出版社，1984年，第67页。
② 黄晖撰：《论衡校释》，中华书局，1990年，第362页。
③ 同上注，第371页。

定了坚实的基础。《洗冤集录》在宋代的问世，并不是在历史的长河里突兀地树起的一座高峰，而是吸收和总结了秦汉以来法医检验的经验和方法，如果没有自秦汉以来甚至更早以来法医检验知识和经验的蓄积，就不可能有《洗冤集录》这样的著作出现。但法医检验的知识历来在"牢隶臣"及仵作等贱役中流传，并不受重视，再加上传统文化不提倡对尸体的解剖，因此传统的法医检验自秦汉以来一直以尸表检验为主，这就埋下了阻碍中国传统法医学进步和发展的因素，不过无论如何，在宋慈《洗冤集录》诞生的时代，中国的法医检验在世界上无疑是领先的；在《洗冤集录》产生以前，中国的法医检验的方法和体系也应该是居于领先的地位；从秦汉时期的法医检验到宋代的《洗冤集录》，中国的法医检验一直是进步的，并达到了这种以尸表检验为特色的法医检验所能达到的最高水准。也毋庸讳言，这种只注重尸表核对总和经验积累，而不重视学理分析，并禁绝尸体解剖的法医学，很难有更进一步的发展，中国法医学的发展史也证明了这一点，当然这些特色或者说缺陷都有着深刻的历史文化背景，我们也无须苛求古人，他们在当时的社会历史条件下和科学技术条件下取得的成就和表现出的非凡的聪明才智，足让今人赞叹不已。

附录二

秦的徭役与法律

尚秉和《历代社会风俗事物考》:"自春秋以来,凡国家筑城、浚河、筑路、修造宫室、官署,无不役民为之,此役于工者也。瞭望烽燧,守堠关塞,此役于兵也。在国民对于国家,为当然义务,然使之不时,或太过,如秦筑长城,隋开汴河,不世建筑,虽赖以成,而民亦叛之。"①

秦的徭役是有关秦史的一个重要议题。秦从诸侯国到统一六合,是通过战争的方式完成的。为确保战争的胜利,国家需要征发大量的兵役,配备优良的兵器装备,还必需有强大的后勤保障和粮草供应。秦最终统一六国,本身就证明了秦在徭役制度上的成功。在和平时期,还需征发兵役戍守边疆及津关要塞。而秦在统一后,"又作阿房之宫,治直、驰道,赋敛愈重,戍徭无已"。② 徭役不息,使民过甚,最终也导致了秦帝国的灭亡。《盐铁论》中贤良认为"役烦则力罢,用多则财乏。二者不息,则民遗怨。此秦之所以失民心、隤社稷也"。③ 武帝时严安上书认为"乡使秦缓其刑罚,薄赋敛,省繇役,贵仁义,贱权利,上笃厚,下智巧,变风易俗,化于海内,则世世必安矣"。④

一、徭役的种类

秦汉时期徭也常写作"繇"。古代徭役是指国人被国家征发无偿从事一些力役的活动。秦汉时期的徭役一般有兵役、针对犯罪者的惩役,以及普通人的徭役。这三种徭役除了征发的对象不同,服役的期限及时间都有不同。

---

① 尚秉和著:《历代社会风俗事物考》,中国书店,2001年,第393页。
② 《史记》卷八十七《李斯列传》。
③ 王利器校注:《盐铁论校注》,中华书局,2019年,第497页。
④ 《史记》卷一百一十二《平津侯主父列传》。

　　秦汉时期,徭役从服役地点上说有内外徭之说。《史记·律书》载汉文帝时"百姓无内外之繇,得息肩于田亩,天下殷富,粟至十余钱,鸣鸡吠狗,烟火万里,可谓和乐者乎"。①《汉书·沟洫志》:"为著外繇六月。"注引如淳曰:"律说,戍边一岁当罢,若有急,当留守六月。"②《汉书·卜式传》:"乃赐式外繇四百人。"注引引苏林曰:"外繇谓戍边也。一人出三百钱,谓之过更。式岁得十二万钱也。一说,在繇役之外得复除四百人。"③外徭指被派去戍边,应指服兵役或谓之"徭戍"。《通鉴》卷七秦二世元年:"是时发闾左戍渔阳。"注曰:"晁错曰,秦以谪发戍,先发吏有谪及赘婿、贾人,后以尝有市籍者,又后以大父母尝有市籍者,后入闾取其左。《索隐》曰,闾左谓居闾里之左也,秦时复除者居闾左,今力役凡在闾左者尽发之也。又云,凡居以富强为右,贫弱为左,秦役戍多富者,役尽,兼取贫弱而发之也。"可见,所谓的外徭即戍边,实际上是服兵役。《通鉴》卷一三汉高后五年:"初令戍卒岁更。"注曰:"秦虐用其民,南戍五岭,北筑长城,戍卒连年不归而死者多矣,至此始令一岁而更。"由此可知,秦的戍边役期长而没有限制,导致戍边者伤亡很多。

　　相对而言,内徭是指一般地征发民夫从事大型工程或其他活动,如《史记·高祖本纪》:"高祖常繇咸阳。"④一般徭役的对象是农民,服役以不误农时为准,且安排在农闲时节,服役的期限也较短。《周礼·天官》叙:"官徒百有二十人。"注:"此民给徭役者,若今卫士矣。"疏:"徒给使役。郑云若今卫士者,卫士亦给徭役,故举汉法说之。"沈家本按:"汉之卫士,亦给徭役。此犹是兵民未分之制。"⑤不知秦代是否就亦如此? 汉代只是承袭罢了。

　　针对罪犯的惩役是终身的,所服力役也是很艰苦的,往往由司空来管理;从征发徭役的机构来看,有国家征发的徭役,也有郡县各级政府或衙署征发的徭役。

---

① 《史记》卷二十五《律书》。
② 《汉书》卷二十九《沟洫志》。
③ 《汉书》卷五十八《公孙弘卜式儿宽传》。
④ 《史记》卷八。
⑤ 《历代刑法考》第三册,第1393页。

二、《傜律》《傅律》《复律》及其他

秦"凡事皆有法式",秦的傜役则有《傜律》加以规范,传世文献中虽未见,但睡虎地秦简《秦律十八种》和《岳麓书院藏秦简》中赫然有《傜律》,这些显然不是《傜律》的全部内容。

睡虎地秦简、岳麓秦简中都有秦《傜律》,这些律文虽不是秦《傜律》的全部内容,然仔细研读这些律条,再结合汉《傜律》相关规定,对秦的《傜律》及所规范的傜役制度会有一个大致的认识。

汉律中有《傜律》,应从秦律中承袭而来。《史记·吴王濞列传》:"卒践更,辄与平贾。"《集解》引《汉书音义》曰:"以当为更卒,出钱三百文,谓之'过更'。自行为卒,谓之'践更'。吴王欲得民心,为卒者顾其庸,随时月与平贾,如汉桓、灵时有所兴作,以少府钱借民比也。"《索隐》案:"汉律,卒更有三,践更、居更、过更也。此言践更辄与平贾者,谓为践更合自出钱,今王欲得人心。乃与平贾,官雠之也。《正义》:"践更,若今唱更、行更者也。言民自著卒。更有三品:有卒更,有践更,有过更。古者正卒无常人,皆当迭为之,是为卒更。贫者欲顾更钱者,次直者出钱顾之,月二千,是为践更。天下人皆直戍边三月,亦各为更,律所谓傜戍也。虽丞相子亦在戍边之调,不可人人自行三月戍,又行者出钱三百入官,官给戍者,是为过更。此汉初因秦法而行之,后改为谪,乃戍边一岁。"

《史记·游侠列传》:"每至践更,数过,吏弗求。"《集解》引如淳曰:"更有三品,有卒更,有践更,有过更。古有正卒无常人,皆当迭为之,一月一更,是为卒更也。贫者欲得顾更钱者,次直者出钱顾之,月二千,是为践更也。《律说》卒更、践更者,居县中五月乃更也。后从《尉律》,卒践更一月休十一月也。"①

另外,《傅律》《复律》的律文内容与傜役之事密切相关,应是《傜律》的相关律。

傅就是傅籍,就是登记在相应的户口簿上。李学勤先生指出:"《傅律》是关于傅籍制度的规定。依爵级不同,规定哪一级爵到多少岁为脱老或免老,到多少岁受杖,到多少岁领取特殊的月米。什么是士伍,什么是罢癃等,也有说明。"②

① 《史记》卷一百二十四。

② 李学勤:《论张家山 247 号墓汉律竹简》,《当代学者自选文库·李学勤卷》,第 420 页,安徽教育出版社,1999 年。

当然，户籍中的个人信息情况是政府摊派征发徭役的重要依据。《汉书·高帝纪》："汉王屯荥阳，萧何发关中老弱未傅者悉诣军。"孟康曰："古者二十而傅，三年耕有一年储，故二十三而后役之。"如淳曰："律，年二十三傅之畴官，各从其父畴学之，高不满六尺二寸以下为罢癃。"师古曰："傅，著也。言著名籍，给公家徭役也。"①

复，就是免除徭役，《复律》就是免除徭役的法律。张家山汉简"《复律》只有一条，讲到事县官的工人怎样复其户而勿算徭赋。"②《汉书·高帝纪》："蜀汉民给军事劳苦，复勿租税二岁。关中卒从军者，复家一岁。"师古曰："复者，除其赋役也。"汉高帝五年诏曰："其七大夫以上，皆令食邑，非七大夫以下，皆复其身及户，勿事。"臣瓒曰："秦制，列侯乃得食邑，今七大夫以上皆食邑，所以宠之也。"师古曰："七大夫，公大夫也，爵第七，故谓之七大夫。"如淳曰："事谓役使也。"师古曰："复其身及一户之内皆不徭赋也。"《元帝纪》："以用度不足，民多复除，无以给中外徭役。"③

秦有《戍律》，见于《睡虎地秦墓竹简》和《岳麓书院藏秦简（肆）》，虽是关于行戍的法律，但与徭役密切相关。《秦律杂抄》："戍律曰：同居毋并行，县啬夫、尉及士吏行戍不以律，赀二甲。"④《岳麓书院藏秦简（肆）》：

> 1267：•《戍律》曰：城塞陛障多决坏不脩，徒隶少不足治，以间时岁一兴，大夫以下至弟子、复子无复不复，各旬
>
> 1273：以缮之。尽旬不足以索缮之，言不足用积徒数属所尉，毋敢令公士、公卒、士五为它事，必与缮城塞。
>
> 1248：岁上春城旦、居赀续〈赎〉、隶臣妾缮治城塞数、用徒数及黔首所缮用徒数于属所尉，与计偕。其力足
>
> 1249：以为而弗为及力不足而弗言者，赀县丞、令、令史、尉、尉史、士吏

---

① 《汉书》卷一。
② 李学勤：《论张家山 247 号墓汉律竹简》，《当代学者自选文库·李学勤卷》，安徽教育出版社，1999 年，第 419 页。
③ 《汉书》卷九。
④ 《秦简牍合集·释文注释修订本》（壹），第 176—177 页。

各二甲。离城乡啬夫坐城不治，如城尉。①

秦律有《司空律》见于岳麓秦简，睡虎地秦简也有《司空》，应是《司空律》的省称。司空掌管工程，因当时工程多用刑徒，后逐渐成为主管刑徒的官名，《汉书·百官表》注引如淳云："律，司空主水及罪人。贾谊曰：'输之司空，编之徒官。'"②因此，《司空律》的内容也有徭役相关。如《睡虎地秦墓竹简》：

> 有罪以赀赎及有责（债）于公，以其令日问之，其弗能入及赏（偿），以令日居之，日居八钱；公食者，日居六钱。居官府公食者，男子参，女子驷（四）。公士以下居赎刑罪、死罪者，居于城旦舂，毋赤其衣，勿枸椟欙杕。鬼薪白粲，群下吏毋耐者，人奴妾居赎赀责（债）于城旦，皆赤其衣，枸椟欙杕，将司之；其或亡之，有罪。葆子以上居赎刑以上到赎死，居于官府，皆勿将司。所弗问而久系之，大啬夫、丞及官啬夫有罪。居赀赎责（债）欲代者，耆弱相当，许之。作务及贾而负责（债）者，不得代。一室二人以上居赀赎责（债）而莫见其室者，出其一人，令相为兼居之。居赀赎责（债）者，或欲籍（藉）人与并居之，许之，毋除繇（徭）戍。③

《岳麓书院藏秦简（肆）》：

> 1375：•《司空律》曰：城旦舂衣赤衣，冒赤氈，枸椟杕之。诸当衣赤衣者，其衣物毋小大及表里尽赤之，其衣
> 1412：裻者，赤其里，□仗，衣之。仗城旦勿将司，舂城旦出繇者，毋敢之市及留舍闑外，当行市中者，回，［勿行］。④

此外，还有一些与徭役相关的法律，如《戍律》《行书律》中也有徭役之事。

---

① 《岳麓书院藏秦简（肆）》，上海辞书出版社，2015年，第130—131页。下引该书皆为此版本。
② 《汉书》卷十九。
③ 《秦简牍合集·释文注释修订本》（壹），第112—113页。
④ 《岳麓书院藏秦简（肆）》，第123页。

三、徭役的征发

秦朝徭役的征发是有权限划分的。县以上各级官府都有权兴发徭役,但有权限,中央政府似乎没有这种限制,如秦宫殿、皇陵、长城、直道、驰道等全国性大型工程都是由中央政府向全国各郡县征发徭役的。《史记·秦始皇本纪》:"作阿房之宫,治直、驰道,赋敛愈重,戍徭无已。"①当指此类情形。

基层政府兴发徭役的权力理论上是应受到一些限制的。因此文献中常有"擅兴"的表述。睡虎地秦简《繇律》:"县毋敢擅坏更公舍官府及廷,其有欲坏更殿(也),必谳之。欲以城旦舂益为公舍官府及补缮之,为之,勿谳。县为恒事及谳有为殿(也),吏程攻(功),赢员及减员自二日以上,为不察。上之所兴,其程攻(功)而不当者,如县然。"②也就是说县不准擅自拆改官有的房舍衙署,如需拆改,必须呈报。如要使用城旦舂扩建官有房屋衙署或加以修补,即可进行,无须呈报。

汉代对地方政府的擅兴徭役以及正常必要的徭役征发做出了法律限制。沈家本在《汉律摭遗》说:"'科有擅作修舍事',此律与之为类,其亦关于宫室者乎?今以意推之。"③汉以后各代律宜有此项内容,"'擅作修舍事'即《唐律》兴造当言上而不言上及非法兴造之类,亦在《擅兴律》。"④如《景帝纪》记载景帝中二年颁布诏令,诸侯王、列侯"其薨葬,国得发民挽丧,穿复土,治坟无过三百人毕事"。颜注:"毕事,毕葬事也。"对因治丧征发徭役的规模和数量做出明确限制。《功臣表》:"信武嗣侯亭,坐事国人过律,免。"颜注:"事谓役使之也。"《王子侯表》:"柞阳侯仁,坐擅兴繇赋,削爵一级为关内侯。"削爵一级,较过律之免侯者为轻,沈家本推测以为"殆过律者常行役使,擅兴者偶行赋役欤?"。⑤《王子侯表》:"江阳侯仁,坐役使附落,免。"颜注:"有聚落来附者辄役使之,非法制也。"沈家本说"役使有律,此殆以新附之人不依律而任意役使之,免,则罪与过律同"。⑥《功臣表》:"阳平侯相夫,坐为太常与大乐令中可当郑舞人擅繇,阑出入关,免。"颜注:"择可

① 《史记》第六。
② 《秦简牍合集·释文注释修订本》(壹),第105页。
③ 《历代刑法考》第三册,第1375页。
④ 同上注,第1375页。
⑤ 同上注,第1590页。
⑥ 同上注,第1591页。

以为郑舞而擅从役使之，又阑出入关。"《百官表》："阳平侯杜相为太常，坐擅繇大乐令论。"沈家本解释："舞人本太常所当择，必其所择者有关外之人，致有阑出入关之事。非当繇者，故曰擅也。其事亦因公，故罪止免侯。《地官》舞师舞徒四十人注：'舞徒，给繇役能舞者以为之。'疏：'此官徒言舞者。徒是给繇役之人，今兼言舞，即徒中使能舞者以充徒数也。'疑汉之舞人亦若周制，皆给徒役者，方与擅繇之文合。又《大乐律》之舞人取诸六百石、五大夫之适子，犹之《周礼》有《地官》舞师之舞徒。而《春官》大胥掌学士之版，以待致诸子。郑司农云，学士谓乡大夫诸子学舞者。其法正同也。汉法之本于周者甚多，此其一端。"①

汉律中常言诸侯役使国人"过律"或擅兴繇役，而记载郡县的较少见，不能说汉律中仅对诸侯征发繇役有明确规定而对郡县没有限制，只是说明诸侯不守法度而已。汉代对郡县和诸侯国征发繇役的法律应当承袭自秦律对郡县等地方政府征发繇役设限的法律。但秦律显然对中央政府征发繇役没有设限，尤其是皇帝亲自征发的繇役更是如此。在专制体制下，君权不受限于此可见一斑，也正是二世皇帝的任意妄为，繇役不止，导致秦帝国的轰然倒塌。《史记·秦始皇本纪》："高闻李斯以为言，乃见丞相曰：'关东群盗多，今上急益发繇治阿房宫，聚狗马无用之物。臣欲谏，为位贱。此真君侯之事，君何不谏？'"②

秦朝地方政府如果要征发繇役，也必须对工程量进行估算，以便决定征发繇役的数量。睡虎地秦简《繇律》："度攻（功）必令司空与匠度之，毋独令匠。其不审，以律论度者，而以其实为繇（繇）徒计。"③也就是说，县进行经常性的及经呈报批准的工程，由吏估计工程量，如施工时间超过或不足两天以上，以不察论处。县以上的征发，如估计工程量不确，与县同例。估算工程量必须由司空和匠人一起估算，不得单令匠人估算。如所估不实，对估算者依法论处，再按实际情况计算所需服繇役徒的数量。

县级兴发的繇役须报郡守。张家山汉简《繇律》："都吏及令、丞时案不如律者论之，而岁上繇（繇）员及行繇（繇）数二千石官。"④都吏，即后来的督邮。《汉

①　《历代刑法考》第三册，第 1591 页。
②　《史记》卷六《秦始皇本纪》。
③　《秦简牍合集·释文注释修订本》（壹），第 105—106 页。
④　《二年律令与奏谳书》，第 250 页。

书·文帝纪》："二千石遣都吏循行,不称者督之。"注引如淳曰:"律说,都吏今督邮是也。闲惠晓事,即为文无害都吏。"陈直先生在《汉书新证》中说:"敦煌、居延两木简所见之都吏名称极多,无督邮之名,如淳注都吏即督邮之说,当然可信。"①杨树达说:"洪颐煊云:'汉制:太守属官,凡外事循行督捕盗贼,皆督邮主之,故称都吏。'"②都吏以及县令、县丞时时案劾不如律者予以论处,"不如律"此处似指没有按照征派徭役方面的法律,县级要给郡二千石官上报每年服徭役人员及服徭役天数。武威旱滩坡东汉墓出土竹简记有"诸自非九月,吏不得发民车马牛给县官事。非九月时,吏擅发民车□□",③实际上又是对征发徭役的时间加以限制,疑为汉徭律佚文。

新近公布的岳麓秦简中有一条《徭律》由 1295、1294、1236、1231 四枚简编连而成,其中就明确提到"勿敢擅兴":

> 1295:•《繇律》曰:发繇,兴有爵以下到人弟子、复子,必先请属所执法,郡各请其守,皆言所为及用积
>
> 1294:徒数,勿敢擅兴,及勿敢擅傅教童、私属、奴及不从车牛,凡免老及教童未傅者,县勿敢傅,节
>
> 1236:载粟乃发教童年十五岁以上,史子未傅先觉(学)室,令与粟事,教童当行粟而寡子独与老
>
> 1231:父老母居,老如免老,若独与癃病母居者,皆勿行。④

所谓"擅兴",指超越本等权限擅自兴发徭役,或擅自向法律上有免役规定的人派发徭役。

四、徭役的摊派

官吏在征派徭役时,必须做到徭役均平。"赋役平均"是古人心目中比较理

---

① 陈直:《汉书新证》,天津人民出版社,1979 年第 2 版,第 19 页。
② 杨树达:《汉书管窥》(上册),上海古籍出版社,2013 年,第 23 页。
③ 甘肃省文物考古研究所:《武威旱滩坡东汉墓发掘简报》,《文物》1973 年第 12 期。
④ 《岳麓书院藏秦简(肆)》,第 119—120 页。

想的政治状态。《盐铁论·地广》:"古者,天子之立于天下之中,县内方不过千里,诸侯列国,不及不食之地,《禹贡》至于五千里;民各供其君,诸侯各保其国,是以百姓均调,而繇役不劳也。"①而"赋役不均"是中国古代社会矛盾激化的导火索,因此历代统治者将都将赋役不均悬为厉禁。"《诗》云:'莫非王事,而我独劳。'刺不均也。"②就是讥刺徭役不均的现象。

《岳麓书院藏秦简》中将简 1305、1355、1313、0913 四枚简连编成一条律文,如果连编正确不误的话,那么这条《徭律》的内容就是秦朝派征徭役时如何防止派役不均及法律责任的:

1305:《繇(徭)律》曰:发繇(徭),自不更以下繇(徭)戍,自一日以上尽券书,及署于牒,将阳倍(背)事者亦署之,不从令及繇(徭)不当

1355:券书,券书之,赀乡啬夫、吏主者各一甲,丞、令、令史各一盾。繇(徭)多员少员,赎(续)计后年繇(徭)戍数。发吏力足以均繇(徭)日,

1313:尽岁弗均,乡啬夫、吏及令史、尉史主者赀各二甲,左迁。令、尉、丞繇(徭)已盈员弗请而擅发者赀二甲,免。

0913:吏□繇(徭)□均,伪为其券书以均者赀二甲,废。③

这条《徭律》中"吏□繇(徭)□均"中有缺字,后一字应是"不"字,前一字应是"发"字,大意可猜,是指"吏发徭不均"。律文主要是要求官吏在征派徭役时,必须让徭役的负担摊派做到平均及如何做到的具体办法。详绎律意,意思是说官府征发徭役时,爵位在不更以下的人都要服徭役戍边,服役满一天以上的都要在服役者的券书(应是作为服役的凭证)上登记,并在官府牒书上登记,偷奸耍滑不认真服役的也要记录。不从令及服徭役不当在服役凭证登记却登记,罚具体负责办理的乡啬夫及主管官吏各一副铠甲,县丞、县令、令史各一盾牌。多登记或少登记的徭役员数,在后年徭成员数中冲抵。征发官吏能力上能做到使服徭役日数平均,但却故意在一年期中使徭役不均平,罚乡啬夫、吏及令史、尉史主者各

① 王利器校注:《盐铁论校注》,中华书局,2019 年,第 229—230 页。
② 同上注,第 229 页。
③ 《岳麓书院藏秦简(肆)》,第 152 页。

二副铠甲,并降调。若该县徭役员数已满,县令、县尉、县丞不向上级禀请而仍擅自征发徭役者赀二甲,免官。吏□繇(徭)□均,伪为其券书以均者赀二甲,废。

律文中值得注意有几点:

一是"自不更以下繇(徭)戍",这句话是说不更以上爵位不服徭役,有免役的特权,那么包括不包括"不更"?《汉书·百官公卿表》曰:"一级曰公士,二上造,三簪裊,四不更,五大夫,六官大夫,七公大夫,八公乘,九五大夫,十左庶长,十一右庶长,十二左更,十三中更,十四右更,十五少上造,十六大上造,十七驷车庶长,十八大庶长,十九关内侯,二十彻侯。皆秦制,以赏功劳。"①"不更"为二十级秦爵中的第四级,属于低级爵位。"不更"爵名的取名来源,据《续汉书·百官志五》注引刘劭《爵制》:"四爵不更,不更者,为车右,不复与凡更卒同也。"也就是说因其以上爵位开始有免役特权,故而名曰"不更"。当然,不更以上还有其他权力,《后汉书·南蛮西南夷列传》:"及秦惠王并巴中,以巴氏以蛮夷君长,世尚秦女,其民爵比不更,有罪得以爵除。"②可见,第四级爵"不更"是一个重要的权力分界点。

二是"令、尉、丞繇(徭)已盈员弗请而擅发者赀二甲,免"。③ 可见县级官府征发徭役的权力有法定员数限制,超出法定员数征发徭役要向上级官府禀请。

岳麓秦简中还有一条《繇律》,细致地规定了如何使徭役摊派均平的具体方法:

1241:《繇律》曰:岁兴繇徒,人为三尺券一,书其厚焉。節(即)发繇,乡嗇夫必身与典以券行之。田时先行富

1242:有贤人,以间时行贫者,皆月券书其行月及所为日数,而署其都发及县情。其当行而病及不存,

1363:署于券,后有繇(徭)而轟(躡)行之。節(即)券繇(徭),令典各操其里繇(徭)徒券来与券以畀繇(徭)徒,勿征赘,勿令费日。

1386:其移徒者,辄移其行繇(徭)数徒所,尽岁而更为券,各取其当轟

① 《汉书》卷十九。
② 《后汉书》卷八十六。
③ 《岳麓书院藏秦简(肆)》,第152页。

（躐）及有赢者日数,皆署新券以聂（躐）。①

睡虎地秦简《秦律杂抄》:"戍律曰：同居毋并行,县啬夫、尉及士吏行戍不以律,赀二甲。"②同居者不要同时征服边戍,县啬夫（县令）、县尉和士吏如不依法征发边戍,罚二甲。

睡虎地秦简《司空律》:"一室二人以上居赀赎责（债）而莫见其室者,出其一人,令相为兼居之。居赀赎责（债）者,或欲籍（藉）人与并居之,许之,毋除繇（繇）戍。"③意思是一家有两人以上以劳役抵偿赀赎债务而无人照看家室的,可以放出一人,叫他们轮流服役。张金光认为"这是秦份地小农家庭利益在繇役制度上的一定反映,是为了照顾护养官社体制下份地小农家庭——这个普遍存在的秦国家基石和社会生产最基本组织细胞——的存在与发展而做出的限制规定"。④

《唐律疏议》:"应差丁夫而差遣不平。"《唐律》之"差遣之法,谓先富强,后贫弱；先多丁,后少丁。凡丁分番上役者,家有兼丁,要月；家贫单身,闲月之类。违此不平及令人数欠剩者,一人笞四十,五人加一等,罪止徒一年"。⑤ 每丁每年服役二十日,有事须加役者全年合计亦不得超过五十日。征发时按"先富强,后贫弱,先多丁,后少丁"之顺序,农忙有役征兼丁,农闲有役征单丁。所谓差遣不平罪,即指违反上述规定,征发繇役有不公平致令人数欠剩之行为。

五、不须服役与繇役的免除

秦汉时期有《户律》,也有《傅律》,还有《复律》,再加上《繇律》,都从不同角度如年龄、爵位、身体状态等方面对相应人等是否要服役、免役做出规定。秦汉时期,实行"齐民编户"政策,所有人都"生者著,死者削"。目前在《睡虎地秦墓竹简》中有《魏户律》、张家山汉墓竹简中有《户律》,但内容"是十二等爵各受田宅多寡的规定。律中还要求五大夫以下的人都要比地为伍,居处相察,出入相司,这

---

① 《岳麓书院藏秦简（肆）》,第149—150页。
② 《秦简牍合集·释文注释修订本》（壹）,第176—177页。
③ 同上注,第112—113页。
④ 张金光著：《秦制研究》,上海古籍出版社,2004年,第259页。
⑤ 《唐律疏议》,第317页。

无疑是商鞅制法的延续。关于田宅、奴婢、财物如何制定遗嘱，即所谓先令券书，也有明文"。① 目前虽未见《户律》全部，但于以肯定户口登记应是《户律》的一项主要内容。在《户律》注册了的所有百姓，从理论上讲到法定年龄必须服役，到了法定年龄也才能免役，这些法律规定见于《傅律》。睡虎地秦简《秦律杂抄》中即有一条，张家山汉墓竹简中也有《傅律》，主要内容"是关于傅籍制度的规定。依爵级不同，规定哪一级爵到多少岁为耽老或免老，到多少岁受杖，到多少岁领取特殊的月米。什么是士伍，什么是罢癃等，也有说明"。②《汉书·高帝纪》："汉王屯荥阳，萧何发关中老弱未傅者悉诣军。"师古曰："傅，著也。言著名籍，给公家徭役也。"秦汉时期《傅律》除了从老、幼两个年龄段规定免役的法定年龄外，还从各个身份地位（爵级）、身体状态（是否罢癃、废疾）规定了免役的条件。《户律》《傅律》是具有普遍适用性的法律，相较而言，《复律》似乎是具有较强针对性的法律。张家山汉墓竹简中有《复律》一条，"讲到事县官的工人怎样复其户而勿算徭赋"。③

除秦律规定免除了徭役的人以外，一般的秦人皆有服徭役的义务。不须服役与徭役的免除，秦汉时期有专门的术语来表述，即"勿繇"与"不繇"。沈家本在《汉律摭遗》中说："不繇与勿繇不同。勿繇者上之恩，不繇民之事。"④所谓"勿徭"，当出于一种恩赐，应服役而被皇帝加恩免除了徭役，实例往往见于皇帝的复除诏书中，应是《复律》的内容；不徭应是《傅律》的内容，一般包括达不到服徭役年龄或身高，或已过服役的年龄应免除徭役，以及具有某个爵级以上爵位的人不服徭役、身体残废服役等的规定。

总括起来，秦律中免除了徭役的人包括以下情形：一是达不到法定年龄和身高的幼年人；二是已过法定服役年龄的人；三是具有免役特权身份的人，有时是将身份和爵位综合起来考虑；四是身体有残疾的人；五是皇帝赦免了徭役的人，有点类似被赦免刑罚。下面分别讨论：

---

① 李学勤：《论张家山 247 号墓汉律竹简》，见氏著：《简帛佚籍与学术史》，江西教育出版社，2001年，第 197 页。

② 李学勤：《论张家山 247 号墓汉律竹简》，《当代学者自选文库·李学勤卷》，第 420 页。

③ 李学勤：《论张家山 247 号墓汉律竹简》，见氏著：《简帛佚籍与学术史》，第 197 页。

④ 《历代刑法考》第三册，第 1595 页。

1. 幼年免役。秦有傅籍制度。《史记·秦始皇本纪》：秦始皇十六年"初令男子书年"。[1] 所谓"初令"，意味着以前在户籍中没有登记年龄，新的法令开始登记年龄，并以此来摊派徭役。结合睡虎地秦墓竹简的材料，秦始皇十六年以前，秦人是以身高来傅籍的，以是否达到一定身高作为应否征派徭役的标准。"隶臣、城旦高不盈六尺五寸，隶妾、舂高不盈六尺二寸，皆为小；高五尺二寸，皆作之。"[2]意思是隶臣、城旦身高不满六尺五寸，隶妾、舂身高不满六尺二寸，都属于小；身高达到五尺二寸都要劳作。

汉初，将傅籍年龄推后，景帝前元二年，"令天下男子年二十始傅"。[3] 沈家本曾考证："《说文》贝部：'赀，小罚以财自赎也。《汉律》，民不繇，赀钱二十三。'段注：繇，傜古今字。二十三，各本作二十二，今正。《汉仪注》曰，人年十五至五十六出赋钱，人百二十，为一算。又七岁至十四出口钱，人二十，以供天子。至武帝时又口加三钱，以补车骑马。见《昭纪》、《光武纪》二注及今《四库全书》内《汉旧仪》。按《论衡·谢短篇》曰七岁头钱二十三，亦谓此也。然则民不繇者，谓七岁至十四岁。赀钱二十三者，口钱二十并武帝所加三钱也。"[4]也就是汉代七岁以下"不繇"，亦不出"赀钱"。七岁以上到十四岁虽亦"不繇"，但须出"赀钱"二十三。以此逆推，秦代当亦大致不差。

《史记·项羽本纪》："汉王间往从之，稍稍收其士卒。至荥阳，诸败军皆会，萧何亦发关中老弱未傅悉诣荥阳。"《集解》引服虔曰："傅音附。"孟康曰："古者二十而傅，三年耕有一年储，故二十三年而后役之。"如淳曰："律年二十三傅之畴官，各从其父畴内学之。高不满六尺二寸以下为罢癃。《汉仪注》：'民年二十三为正，一岁为卫士，一岁为材官骑士，习射御骑驰战阵'。又曰'年五十六衰老，乃得免为庶民，就田里'。今老弱未尝傅者皆发之。未二十三为弱，过五十六为老。《食货志》曰'月为更卒，已复为正，一岁屯戍，一岁力役，三十倍于古者'。"《索隐》按：姚氏云"古者更卒不过一月，践更五月而休"。又颜云"五当为'三'，言一岁之中三月居更，三日戍边，总九十三日。古者役人岁不过三日，此所谓'一岁力役

① 《史记》卷六。
② 《秦简牍合集·释文注释修订本》(壹)，第72页。
③ 《汉书》卷五《孝景纪》。
④ 《历代刑法考》第三册，第1595页。

三十倍于古'也"。①

张家山汉简《傅律》："不更以下子年廿岁，大夫以上至五大夫子及小爵不更以下至上造年廿二岁，卿以上子及小爵大夫以上年廿四岁，皆傅之。公士、公卒及士五(伍)、司寇、隐官子，皆为士五(伍)。畴官各从其父畴，有学师者学之。"不更以下儿子年龄二十岁，大夫以上至五大夫儿子及低级爵位不更以下至上造年龄二十二岁，卿以上儿子及低级爵位大夫以上年龄二十四岁，皆登上户口簿。公士、公卒及士伍、司寇、隐官儿子，皆登记为士伍。畴官各从其父亲畴，有学师者学之。简文是记述拥有各级爵位的儿子入户籍服兵役、徭役的起始年龄。但由于简文错乱，文意不可理解。这种错乱可能是原来抄写时造成的，也可能是整理简文时造成的，为了能解读这段简文，笔者不揣浅陋，按律文的原意，对其文字顺序重新排列如下：

小爵不更以下至上造子年廿岁，大夫以上至五大夫子年廿二岁，卿以上子廿四岁，皆傅之。公士、公卒及士五、司寇、隐官子，皆为士五，畴官各从其父畴，有学师者学之。(《傅律》)

以上对该条简文的重新组合，由于是"删字解经"，与原简文肯定不完全符合，但其大意肯定不错。其本意是说小爵(不更以下至上造)之子二十岁入籍服役，大夫级爵(大夫至五大夫)之子二十二岁入籍服役，卿级爵位(左庶长至大庶长)之子二十四岁入籍服役。这就是说爵位级别越高，其子服役的年龄越晚，爵位级别越低，其子服役的年龄越早。值得注意的是，本应属于小爵范围的公士，在此律文中被排除了，这是公士之子服役开始的年龄与公卒、士五、司寇、隐官之子一致的缘故。

2. 老年。张家山汉简《傅律》："不更年五十八，簪褭五十九，上造六十，公士六十一，公卒、士五(伍)六十二，皆为睆老。"②睆老，据下文，可免除一半徭役。不更年龄满五十八岁，簪褭满五十九岁，上造满六十岁，公士满六十一岁，公卒、士伍满六十二岁，皆为睆老。

张家山汉简《傅律》："大夫以上年五十八，不更六十二，簪褭六十三，上造六

① 《史记》卷七。
② 《二年律令与奏谳书》，第232页。

十四,公士六十五,公卒以下六十六,皆为免老。"①这是一条关于退休免役的律文,也是按大夫爵级和小爵的不同爵级计算的"免老"年龄。大夫以上年龄五十八岁,不更六十二岁,簪褭六十三岁,上造六十四岁,公士六十五岁,公卒以下六十六岁,皆为免除徭役的老人。据《汉官旧仪》记载:"秦制二十级爵,男子赐爵一级以上,有罪以减,年五十六免。无爵为士伍,年六十乃免老,有罪各尽其刑。"汉制虽与秦制不同,但显然是自秦制承袭而来,《二年律令》的免老年龄包括大夫级爵在内,比秦制高出二至六年。

3. 有爵位并达到免役爵级者。张家山汉简《傅律》:"大夫以上[年]九十,不更九十一,簪褭九十二,上造九十三,公士九十四,公卒、士五(伍)九十五以上者,稟鬻米月一石。"②稟,《说文解字注》:"稟,赐谷也。凡赐谷曰稟,受赐亦曰稟。"③《汉书·文帝纪》:"'今闻吏稟当受鬻者,或以陈粟,岂称养老之意哉!具为令。'有司请令县道,年八十已上,赐米人月一石,肉二十斤,酒五斗。其九十已上,又赐帛人二疋,絮三斤。赐物及当稟鬻米者,长吏阅视,丞若尉致。不满九十,啬夫、令史致。二千石遣都吏循行,不称者督之。刑者及有罪耐以上,不用此令。"④也就是说爵位在大夫以上年龄九十岁,不更九十一岁,簪褭九十二岁,上造九十三岁,公士九十四岁,公卒、士伍九十五岁以上者,由官府供给粥米每月一石,爵位越低、年龄要求越大,显然将年龄与爵位综合起来考虑。《汉书·武帝纪》载建元元年夏四月诏曰:"民年九十以上,已有受鬻法,为复子若孙,令得身帅妻妾遂其供养之事。"师古曰:"给米粟以为糜鬻。"⑤武帝"受鬻法",九十以上老人不仅由官府供养,其子孙还可以免除徭役,让其尽"其供养之事",这些老人本身自然也在"勿徭"之列。

张家山汉简《傅律》:"民产子五人以上,男傅,女十二岁,以父为免□者;其父大夫也,以为免老。"⑥免老,免除全部徭役。大夫,二十等爵位的第五等,大约是生育子女在五人以上,若有一子傅籍,其父便可免役。

---

① 《二年律令与奏谳书》,第231页。
② 同上注,第230页。
③ [清]段玉裁:《说文解字注》,上海古籍出版社,1988年,第230页。
④ 《汉书》卷四《文帝纪》。
⑤ 《汉书》卷六《武帝纪》。
⑥ 《二年律令与奏谳书》,第232页。

4. 罢癃。《说文》:"癃,罢病也。"段注:"罢者,废置之意。凡废置不能事事曰罢癃。……凡废疾皆得谓之罢癃也。"《史记·平原君传》:"臣不幸有罢癃之病。"《集解》引徐广曰:"癃,病也。"《索隐》:"罢癃谓背疾,言腰曲而背隆高也。"《史记·项羽本纪》:"萧何亦发关中老弱未傅悉诣荥阳。"《集解》引如淳曰:"律年二十三傅之畴官,各从其父畴内学之。高不满六尺二寸以下为罢癃。"睡虎地秦简《傅律》:"匿敖童,及占癃(癃)不审,典、老赎耐,百姓不当老,至老时不用请,敢为酢(诈)伪者,赀二甲;典、老弗告,赀各一甲;伍人,户一盾,皆迁之。"①

张家山汉简《傅律》:"当傅,高不盈六尺二寸以下,及天乌者,以为罢癃(癃)。"②应当登记户籍,身高不足六尺二寸以下,及天乌者,登记为罢癃。

张家山汉简《繇律》:"诸当行粟,独与若父母居老如睆老,若其父母罢癃(癃)者,皆勿行。金痍、有□病,皆以为罢癃(癃),可事如睆老。其非从军战痍也,作县官四更,不可事,勿事。勿(?)以□眹(?)瘳之令、尉前。"③

金痍,指受刀剑等伤。《说文》:"痍,伤也。"《睡虎地秦墓竹简》:"可(何)如为'大痍'?'大痍'者,支(肢)或未断,及将长令二人扶出之,为'大痍'。"④

运送米粟,独与若父母居老如睆老,或其父母患罢癃者,皆不得使运送米粟。有受刀剑伤有疮痍、有□病,皆以为罢癃,可服役如睆老。如果不是从军参战受伤有疮痍,作官府四更,不能服役者,可以不服役。

5. 服务官府的特殊职业。睡虎地秦简《秦律杂抄》中有《除吏律》一条云:"驾驺除四岁,不能驾御,赀教者一盾;免,赏(偿)四岁繇(徭)戍。"⑤驾驺已任用四年,仍不能驾车,罚负责教练的人一盾;驾驺本人应免职,并补服四年内应服的徭戍。也就是说驾驺本人在免职以前,是免除了徭役的。

张家山汉墓竹简《行书律》规定:"复蜀、巴、汉中、下辨、故道及鸡剟中五邮,邮人勿令繇(徭)戍,毋事其户,毋租其田一顷,勿令出租、刍稾。"⑥蔡万进认为"巴、蜀、汉中山高路险,汉初因交通设施恢复有限,邮人劳动强度大,为保证国家

---

① 《秦简牍合集·释文注释修订本》(壹),第171页。
② 《二年律令与奏谳书》,第234页。
③ 同上注,第247页。
④ 《秦简牍合集·释文注释修订本》(壹),第262页。
⑤ 同上注,第155页。
⑥ 《二年律令与奏谳书》,第201页。

政令畅通,特别颁律规定蜀、汉中等地邮人不徭戍、不出租赋,专职传递"。① 实际上,此条似应归入《复律》。大约邮人不服徭役是通例,不光是蜀、巴、汉中、下辨、故道等地邮人不服徭役屯戍,全国皆应如此。此条的重点在于上述地区除了邮人本身不服徭,也不得役使其家人,而且由于生计艰难,其田一顷不得收租,不得令出租赋、刍稾。

岳麓书院藏秦简《行书律》中甚至规定,作为一项奖励政策,可以"除繇"。这条《行书律》,岳麓书院藏秦简整理小组将两枚简编连而成,内容如下:

> 1384:•《行书律》曰:有令女子、小童行制书者,赀二甲。能捕犯令者,为除半岁繇。其不当繇者,得以除它
>
> 1388:人繇。②

秦汉时期手工业者有似于此,因其服务的对象也是官府,为国家生产各种器具,如车辆、兵器、日用器物等,也算是服了徭役,因此手工业者服役制亦不同于一般人。张家山汉简有《复律》:"□□工事县官者复其户而各其工。大数衞(率)取上手什(十)三人为复,丁女子各二人,它各一人,勿筭(算)繇(徭)赋。家毋当繇(徭)者,得复县中它人。县复而毋复者,得复官在所县人。新学盈一岁,乃为复,各如其手次。盈二岁而巧不成者,勿为复。"③手工业者因为官府服务,其本人当然不须和普通百姓一样再服徭役。作为一项奖励制度,从手工业者中选取十分之三的人为"上手",即工艺精湛者,可以复户,免除成丁女子各二人,其他各一人,勿算徭赋,除了不服役,算赋也免除。如果家里没有应当服徭役者,得复县中其他人。如果县中也没有可复者,得复官在所县人。新学满一岁,才可复。满二年而仍没掌握技艺者,勿为复。

6. 皇帝的特别诏令。复除制度实际上是皇帝于一般法律规定之外的一项特权,复除的内容似有赋税和徭役之别。《汉书·高帝纪》载汉二年,刘邦下令:

---

① 《〈秦谳书〉与汉代奏谳制度》,《出土文献研究》第6辑,上海古籍出版社,2004年。
② 《岳麓书院藏秦简(肆)》,第132页。
③ 《二年律令与奏谳书》,第246页。

"蜀、汉民给军事劳苦,复勿租税二岁。关中卒从军者,复家一岁。举民年五十以上,有修行,能帅众为善,置以为三老,乡一人。择乡三老一人为县三老,与县令、丞、尉以事相教,复勿徭戍。"颜注:"复者,除其赋役也。"①蜀、汉民"复勿租税二岁"应是免除了两年的赋税负担;三老与县令丞尉有教化百姓的义务,因此也"复",不再有徭役义务。汉高帝五年诏曰:"诸侯子在关中者,复之十二岁,其归者半之。……其七大夫以上,皆令食邑;非七大夫以下,皆复其身及户,勿事。"臣瓒曰:"秦制,列侯乃得食邑,今七大夫以上皆食邑,所以宠之也。"师古曰:"七大夫,公大夫也,爵第七,故谓之七大夫。"应劭曰:"不输户赋也。"如淳曰:"事谓役使也。"师古曰:"复其身及一户之内皆不徭赋也。"②从这条史料可见,古人对"复"的义涵理解有分歧。应劭是东汉人,认为复是"不输户赋",而如淳却说"事谓役使",两人都以熟悉典章制度著称,都不可能讲错,征有可能就是复有"勿租税"与"勿徭戍"之别。《汉书·宣帝纪》载地节四年诏曰:"导民以孝,则天下顺。今百姓或遭衰绖凶灾,而吏繇事,使不得葬,伤孝子之心,朕甚怜之。自今诸有大父母、父母丧者勿繇事,使得收敛送终,尽其子道。"③

《后汉书·陈忠传》:"元初三年,有诏大臣得行三年丧,服阕还职。忠因此上言:孝宣皇帝旧令,人从军屯及给事县官者,大父母死未满三月,皆勿徭,令得葬送。请依此制。太后从之。"④

7. 闾左。《史记·秦始皇本纪》:"二世元年七月,发闾左適戍渔阳。"《索隐》:"闾左谓居闾里之左也。秦时复除者居闾左。今力役凡在闾左者尽发之也。又云,凡居以富强为右,贫弱为左。秦役戍多,富者役尽,兼取贫弱者也。"⑤

六、勿计为繇

睡虎地秦简《秦律十八种》中有《繇(徭)律》:"兴徒以为邑中之红(功)者,令結(嬝)堵卒岁。未卒堵坏,司空将红(功)及君子主堵者有罪,令其徒复垣之,勿

---

① 《汉书》卷一《高帝纪》上。
② 《汉书》卷一《高帝纪》下。
③ 《汉书》卷八。
④ 《后汉书》卷四十六《郭陈列传》。
⑤ 《史记》卷六《秦始皇本纪》。

计为繇（徭）。"①也就是说，征发徒众作城邑的工程，要对所筑的墙担保一年。不满一年而墙坏，主持工程的司空和负责该墙的君子有罪，令原来修墙的徒众重新修筑，不得算入服繇役的时间。

"县葆禁苑、公马牛苑，兴徒以斩（堑）垣离（篱）散及补缮之，辄以效苑吏，苑吏循之。未卒岁或坏（决），令县复兴徒为之，而勿计为繇（徭）。"②也就是说，县应维修禁苑及牧养官有牛马的苑囿，征发徒众为苑囿建造堑壕、墙垣、藩篱并加补修，修好即上交苑吏，由苑吏加以巡视。不满一年而有毁缺，令该县重新征发徒众建造，而不得算入服繇役的时间。

"卒岁而或（决）坏，过三堵以上，县葆者补缮之；三堵以下，及虽未盈卒岁而或盗（决）道出入，令苑辄自补缮之。县所葆禁苑之傅山、远山，其土恶不能雨，夏有坏者，勿稍补缮，至秋毋（无）雨时而以繇（徭）为之。其近田恐兽及马牛出食稼者，县啬夫材兴有田其旁者，无贵贱，以田少多出人，以垣缮之，不得为繇（徭）。"③也就是说，满一年而有缺毁，墙面超过三方丈的，由维修的县补修；不到三方丈，以及虽未满一年而有人私加破坏由之出入的，令该苑即自行补。县所维修的禁苑，不拘离山远近，如因土质不佳不能耐雨，到夏季有所毁坏，不必逐步补修，要到秋季无雨的时候兴繇役修筑。苑囿如邻近农田，恐有动物及牛马出来吃去禾稼，县啬夫应酌量征发在苑囿旁边有田地的人，不分贵贱，按田地多少出人，为苑囿筑墙修补，不得作为繇役。

岳麓简《繇律》亦有相似规定：

1255：•《繇律》曰：补缮邑院、除田道桥、穿汲池、渐奴苑，皆县黔首利殹，自不更以下及都官及请除有为

1371：殹，及八更，其睆老而皆不直更者，皆为之，冗宦及冗官者，勿与。除邮道、桥、驼道，行外者，令从户

1381：□□徒为之，勿以为繇。④

---

① 《秦简牍合集·释文注释修订本》（壹），第105页。
② 同上注，第105页。
③ 同上注，第105页。
④ 《岳麓书院藏秦简（肆）》，第118页。

七、与徭役有关的罪名

与徭役有关的罪名大致上可分两类：一类犯罪主体是应服徭者，即针对应役者设定的罪名；一类犯罪主体是官吏，主要是负责徭役征发、摊派及徭役管理的官吏。

（一）应服徭役者的罪名：

1. 失期。《史记·陈涉世家》："陈胜、吴广皆次当行，为屯长。会天大雨，道不通，度已失期。失期，法皆斩。陈胜、吴广乃谋曰：'今亡亦死，举大计亦死，等死，死国可乎？'"陈胜、吴广扇动徒属曰："公等遇雨，皆已失期，失期当斩。藉弟令毋斩，而戍死者固十六七。且壮士不死即已，死即举大名耳，王侯将相宁有种乎！"①但睡虎地秦简《秦律十八种》中有《繇（徭）律》："御中发征，乏弗行，赀二甲。失期三日到五日，谇；六日到旬，赀一盾；过旬，赀一甲。其得殹（也），及诣。水雨，除兴。"②也就是说，为朝廷征发徭役，如耽搁不加征发，应罚二甲。迟到三天到五天，斥责；六天到十天，罚一盾；超过十天，罚一甲。所征发人数已足，应尽速送抵服役处所。遇降雨不能动工，可免除本次征发。

2. 乏徭与逋事。《法律答问》："可（何）谓'逋事'及'乏繇（徭）'？律所谓者，当繇（徭），吏、典已令之，即亡弗会，为'逋事'；已阅及敦（屯）车食若行到繇（徭）所乃亡，皆为'乏繇（徭）'。"③

3. 匿户。《法律答问》："可（何）谓'匿户'及'敖童弗傅'？匿户弗繇（徭）使，弗令出户赋之谓殹（也）。"④匿户即《唐律》之脱漏户口，目的在于逃避赋役。《唐律》在《户婚律》当中有类似规定，但比秦律细致多了，有漏口、脱户、增减年状三种情形，目的是"以免课役"，与秦律"弗繇（徭）使、弗令出户赋"如出一辙。但《唐律》分三条规定了家长、里正、州县不觉（过误）脱漏户口及增减年状的内容，一条规定"里正及官司妄脱漏增减以出入课役"的内容。

（二）负责官吏的罪名，主要是在徭役征发、摊派及徭役管理过程中的违法犯罪行为，如擅发徭役和徭役不均及不依法管理役者，等等。目前所见资料主要

---

① 《史记》卷四十八《陈涉世家》。
② 《秦简牍合集·释文注释修订本》（壹），第105页。
③ 同上注，第245页。
④ 同上注，第246页。

是擅兴及兴繇而不当。

1．擅发徭役。睡虎地秦简《徭律》："县毋敢擅坏更公舍官府及廷，其有欲坏更殴（也），必谳之。"①意思是县级不准擅自拆改官有的房舍衙署，如需拆改，必须呈报。张家山汉简《繇律》："县道官敢擅坏更官府寺舍者，罚金四两，以其费负之。"②也是规定县道官不准擅自毁坏改造官府寺舍，显然汉初的这条繇律承自秦律。

岳麓秦简中有《繇律》简 26 枚，整理者编连了《繇律》七条，其中 1232、1257、1269、1408 编连的一条《繇律》律文，也是对官吏征发徭役不当的规定：

> 1232：《繇律》曰：兴繇及车牛及兴繇而不当者、及擅傅人属弟子、人复复子、小敖童、弩，乡啬夫吏主者，赀
>
> 1257：各二甲，尉、尉史、士吏、丞、令、令史见及或告而弗劾，与同皋。弗见莫告，赀各一甲。给邑中事，传送委输，先
>
> 1269：悉县官车牛及徒给之。其急不可留，乃兴繇如律。不先悉县官车牛徒，而兴黔首及其车牛以发
>
> 1408：繇，力足以均而弗均，论之。③

还有一条《繇律》由 1394、1393、1429、1240、1424 五枚简编连而成，内容也是"委输传送"方面的规定。

> 1394：•《繇律》曰：委输传送，重车负日行六十里，空车八十里，徒行百里。其有□□□□
>
> 1393：□而□傅于计，令徒善攻间车。食牛，牛掌（肯），将牛者不得券繇（繇）。尽兴隶臣妾、司寇、居赀赎责，县官
>
> 1429：□之□传输之，其急事，不可留殴（也），乃为兴繇（繇）。有赀赎责拾日而身居，其居县官者，县节有

① 《秦简牍合集·释文注释修订本》（壹），第 105 页。
② 《二年律令与奏谳书》，第 247 页。
③ 《岳麓书院藏秦简（肆）》，第 116—117 页。

1240：繇（徭）戍，其等当得出，令繇（徭）戍，繇（徭）戍已，辄复居。当繇（徭）戍，病不能出及作盈卒岁以上，为除其病岁繇（徭），

1424：勿聶（躡）□□论系，除系日繇（徭）戍，以出日傅之。①

张家山汉简《繇律》中也有类似于秦律的条文："发传送，县官车牛不足，令大夫以下有訾（赀）者，以赀共出车牛，及益令其毋訾（赀）者与共出牛食，约载具。吏及宦皇帝者不与给传送事。委输传送，重车、重负日行五十里，空车七十里，徒行八十里。免老、小未傅者、女子及诸有除者，县官勿敢繇（徭）使。节（即）载粟，乃发公大夫以下子未傅年十五以上者。补缮邑院，除道桥，穿波（陂）池，治沟渠，堑奴苑；自公大夫以下，□勿以为繇（徭）。市垣道桥，命市人不敬者为之。县弩春秋射各旬五日，以当繇（徭）戍，有余及少者，隤后年。兴传（？）送（？）为□□□□及发繇（徭）戍不以次，若擅兴车牛，及繇（徭）不当繇（徭）使者，罚金各四两。"②

从以上三条律文可以看出，"委输传送"是秦汉时期徭役的内容，也就是说兴发徭役主要是"委输传送"。传送，指由所经过的县依次转运。《史记》："上因迁之蜀，辇车传送。"委输，《史记·平准书》："置平准于京师，都受天下委输。"泷川资言会注考证："叶德辉曰：《续汉志补注》引《汉官解诂》云：委，积也，郡国所积聚金帛货财，随时输送诸司农曰委输，以供国用。"③《后汉书·臧宫传》："会属县送委输车数百乘至，宫夜使锯断城门限，令车声回转出入至旦。"④可以想见，秦及汉初，战争频繁。为了支援战争前线，将各县征集的粮草刍稿运输转送到前线。承平时将百姓缴纳的租税及物质运送到京师，等等，可见"委输传送"是秦汉时期所服徭役的主要内容，所以秦汉律中都有细致规定。

运输货物，秦汉时期一般用牛车。兴发此种徭役，由官府提供车辆和拉车的牛。官府车、牛不足时，让大夫以下有资产者出车、牛，让没有资产者出牛的草料、装载器具等。大约此种徭役长途跋涉，异常辛苦，重车重负每日行五十里，空

---

① 《岳麓书院藏秦简（肆）》，第150—151页。
② 《二年律令与奏谳书》，第248页。
③ 叶德辉补注：《汉书·艺文志》。
④ 《后汉书》卷十八。

车七十里，徒行八十里。官吏及在皇帝身边做官者不参与此种徭役。因年老被免除徭役、年龄小尚未傅籍者、女子及诸豁免者，官府也不许使服此种徭役。

运载米粟，才可以征发公大夫以下子尚未傅籍者年龄在十五以上者。修缮邑院，清扫道桥，穿治陂池，修整沟渠，堑奴苑，自公大夫以下，勿以为徭。

公大夫，爵第七。陈直先生说："在秦代七大夫公乘以上，皆为高爵，令丞与亢礼。（见高祖纪）"①汉初尚沿秦制，公大夫即不预繇役。汉中后期，公乘爵第八尚不免繇役。

市垣道桥，命市人不敬者修理。县弩春秋射各旬五日，以抵当徭役。秦汉春秋各行射仪，参与射仪不再服徭役。《汉书·韩延寿传》："延寿在东郡时，试骑士，治饰兵车，画龙虎朱爵。延寿衣黄纨方领，驾四马，傅緫，建幢棨，植羽葆。鼓车歌车，功曹引车，皆驾四马，载棨戟，五骑为伍，分左右部，军假司马、千人持幢旁毂。"陈直先生认为这是汉代秋射都试威仪。②

戍边有余及少于天数者，隤后年。兴□□□□为□□□□及征发徭戍不按次序，或擅兴车牛，及徭使不应当被徭使者，罚金各四两。

《岳麓书院藏秦简（肆）》还有一条《徭律》，也是针对官吏在征派徭中的违法行为，由 1374、1406 - 1 号编连拼接而成：

1374：•《繇律》曰：毋敢傳叚典居旬于官府；毋令士五为吏养、养马；毋令典、老行书；令居赀责、司寇、隶臣妾

1406 - 1：行书。③

晋《擅兴令》："擅兴造者，吏免官。"④《唐律疏议》："诸有所兴造，应言上而不言上，应待报而不待报，各计庸，坐赃论减一等。即料请财物及人功多少违实者，笞五十；若事已损费，各并计所违赃庸重者，坐赃论减一等。"疏议："修城郭，筑堤防，兴起人功，有所营造，依《营缮令》：'计人功多少，申尚书省听报，始合役功。'

①　陈直：《居延汉简研究》，天津古籍出版社，1986 年，第 67 页。

②　同上注，第 57 页。

③　《岳麓书院藏秦简（肆）》，第 119 页。

④　张鹏一编著、徐清廉校补：《晋令辑存》，三秦出版社，1989 年，第 204 页。

或不言上及不待报,各计所役人庸,坐赃论减一等。"①所谓擅兴指未经请示批准,即擅自征役人功,有所营造之行为。

《唐律疏议》:"诸非法兴造及杂徭役,十庸以上,坐赃论。"《疏议》曰:"'非法兴造',谓法令无文;虽则有文,非时兴造亦是,若作池、亭、宾馆之属。'及杂徭役',谓非时科唤丁夫。"②非法兴造及科唤罪,指在法令许可之范围及时间之外,滥征丁夫,有所兴造或杂役使之行为。"此类行为破坏徭役制度,增加人民负担,妨废农业生产,激化社会矛盾,故律设为专条惩禁之。"③

八、徭役的日常管理

秦有司空,是负责国家工程建设的职官,大概因为秦的大型工程都是由司空组织刑徒来完成的,因而秦《司空律》中有对刑徒进行日常管理的法律规定。

(一)囚徒终身服役,其服饰异于常人,文献所谓"赭衣塞道"大概指这种情形。尚秉和说:"徒刑者,即所谓昼役司空也。赭者,赤也,衣赭衣所以使人知其为罪人也。此等衣制,至清尚有,沿历数千年,可谓久已!"④睡虎地秦简《秦律十八种》中有《司空》:"城旦舂衣赤衣,冒赤幏(毡),枸椟欙杕之。仗城旦勿将司;其名将司者,将司之。舂城旦出繇(徭)者,毋敢之市及留舍阓外;当行市中者,回,勿行。城旦舂毁折瓦器、铁器、木器,为大车折辇(輮),辄治(笞)之。直(值)一钱,治(笞)十;直(值)廿钱以上,孰(熟)治(笞)之,出其器。弗辄治(笞),吏主者负其半。"⑤

《岳麓书院藏秦简(肆)》有相似的内容:

> •《司空律》曰:城旦舂衣赤衣,冒赤甄,枸椟杕之。诸当衣赤衣者,其衣物毋小大及表里尽赤之,其衣
>
> 1412:袤者,赤其里,□仗,衣之。仗城旦勿将司,舂城旦出繇者,毋敢

---

① 《唐律疏议》,第312页。
② 同上注,第313页。
③ 刘俊文撰:《唐律疏议笺解》,中华书局,1996,第1213页。
④ 尚秉和著:《历代社会风俗事物考》,中国书局,2001年,第291页。
⑤ 《秦简牍合集·释文注释修订本》(壹),第121页。

之市及留舍闉外,当行市中者,回,[勿行]。^①

《岳麓书院藏秦简(伍)》也有相似的内容的令文,规定更加具体和细致:

> 1922: •諸当衣赤衣冒擅(氊),枸櫝杕及当钳及当盗戒(械)而擅解衣物以上弗服者,皆以《自爵律》论之,其皋鬼
>
> 1764: 薪白粲以上,有(又)驾(加)皋一等。以作暑故初及卧、沐浴而解其赤衣擅(氊)者,不用此令。敢为人解去此一物,及吏徒
>
> 1671: 主将者擅弗令傅衣服,及智(知)其弗傅衣服而弗告劾论,皆以纵自爵皋论之,弗智(知),赀二甲。告劾,除。徒出^②

从以上律令文中得知,罪犯身穿红色囚服,其衣服不分大小还是葛裘质地,表里皆染成赤红色,囚犯一般皆为髡头秃发,所以头盖蒙红色毡巾,此外还施加木械、黑索和胫钳等械具。如果擅自解脱,往往"皆以《自爵律》論之","驾(加)皋一等"。大概只有在沐浴、暑热时可解去。

(二) 服徭役期间,遭遇亲人死葬,可以暂停服役,回家奔丧。

《岳麓书院藏秦简(肆)》中有《戍律》规定:

> 1299: •《戍律》曰:戍者月更。君子守官四旬以上为除戍一更。遣戍,同居毋并行。不从律,赀二甲。戍在署,父母、妻死
>
> 1238: 遣归葬。告县,县令拾日。繇发,亲父母、泰父母、妻、子死,遣归葬。已葬,辄聂以平其繇。^③

意思是已在戍边,父母、妻子死的,可遣归葬。如果繇役已征发,还未到服役场所,亲父母、泰父母、妻子、儿子死,遣归葬。经营丧葬已完,应追征其完成徭役

---

① 《岳麓书院藏秦简(肆)》,第123页。

② 《岳麓书院藏秦简(伍)》,上海辞书出版社,2017年,第141—142页。下引此书皆同此版本。

③ 《岳麓书院藏秦简(肆)》,第129页。

义务。

《岳麓书院藏秦简（伍）》有一条令文，简文虽有残缺，但大意也是在外县服徭役者，听闻父母死丧，可以报告官府，官府遣其归家操办丧葬事务：

> 1150：•令曰：郡及中县官吏千石下縣（徭）傅（使），有事它县官而行，闻其父母死，过咸阳者，自言□□□
>
> 1690：已，复之有事所，其归而已葬者，令居家五日，亦之有事所。其不过咸阳者，自言过所县官，县官听书
>
> J41：言亦遣归如令。其自言县官，县官为致书。自言丞相，丞相为致书。皆诣其居县，居县以案□□□①

《岳麓书院藏秦简（伍）》还有一条与此相关的令文：

> 1668：•令曰：吏及宦者、群官官属、冗募群戍卒及黔首縣（徭）使，有县官事，未得归，其父母、泰父母不死而
>
> 1665：谩吏曰死以求归者，完以为城旦；其妻子及同产，亲父母之同产不死而谩吏曰死及父母不病而
>
> 1660：［谩吏］曰病以求归，皆（迁）之。令辛②

因为家有丧葬，父母有病，秦之律令皆有明文规定可以遣归。这样一来，就有一些人"其父母、泰父母不死而谩吏曰死以求归者"，或"其妻子及同产，亲父母之同产不死而谩吏曰死及父母不病而［谩吏］曰病以求归"，这些人有"吏及宦者、群官官属、冗募群戍卒及黔首"，有官吏、戍卒、普通服役百姓各色人等，人数众多，因此法令规定"皆（迁）之"。晋《复除令》："庶人遭三年丧者，复除徭役。"③

---

① 《岳麓书院藏秦简（伍）》，第 197—198 页。
② 同上注，第 193 页。
③ 《通典》卷一〇八引《晋令》。引自张鹏一编著、徐清廉校补：《晋令辑存》，三秦出版社，1989 年，第 147 页。

九、小结

综上所述,秦的徭役制度有以下几个特点:

(一)对郡县及郡县以下官府征发徭役有明确的法律限制,但对朝廷兴发的徭役没有任何限制。而秦朝的徭役大多都是由朝廷征发的,"收泰半之赋,发闾左之戍。男子力耕不足粮饷,女子纺绩不足衣服。竭天下之资财以奉其政,犹未足以澹其欲也。海内愁怨,遂用溃畔"。[①] 这也导致了秦王朝的最终覆亡。大泽乡的第一把火就是由朝廷征发前往渔阳戍边的陈胜、吴广等点燃的,以至形成了燎原之势。右丞相冯去疾、左丞相李斯、将军冯劫进谏曰:"关东群盗并起,秦发兵诛击,所杀亡甚众,然犹不止。盗多,皆以戍漕转作事苦,赋税大也。请且止阿房宫作者,减省四边戍转。"[②]但秦二世未能听从,终致秦祚仅传二世。汉武帝时,"外事四夷,内兴功利,役费并兴而民去本"。大儒董仲舒上书示警,引秦亡教训来进谏:"古者税民不过什一,其求易共;使民不过三日,其力易足。民财内足以养老尽孝,外足以事上共税,下足以蓄妻子极爱,故民说从上。至秦则不然,用商鞅之法,改帝王之制,除井田,民得卖买,富者田连阡陌,贫者无立锥之地。又颛川泽之利,管山林之饶,荒淫越制,逾侈以相高;邑有人君之尊,里有公侯之富,小民安得不困? 又加月为更卒,已,复为正,一岁屯戍,一岁力役,三十倍于古;田租口赋,盐铁之利,二十倍于古。或耕豪民之田,见税什五。故贫民常衣牛马之衣,而食犬彘之食。重以贪暴之吏,刑戮妄加,民愁亡聊,亡逃山林,转为盗贼,赭衣半道,断狱岁以千万数。"[③]可以说,自秦以后,使民有度,爱惜民力,轻徭薄赋,成为历代贤明君主的共识。当然,滥发徭役、横征暴敛导致政权覆亡的历史大剧也一直在上演。晁错曾讲汉初的情形曰:"今农夫五口之家,其服役者不下二人,其能耕者不过百亩,百亩之收不过百石。春耕、夏耘,秋获、冬藏,伐薪樵,治官府,给徭役;春不得避风尘,夏不得避暑热,秋不得避阴雨,冬不得避寒冻,四时之间亡日休息;又私自送往迎来,吊死问疾,养孤长幼在其中。勤苦如此,尚复被水旱之灾,急政暴赋,赋敛不时,朝令而暮改。"[④]当然,在帝制专制时代,如何避免

---

① 《汉书》卷二十四上《食货志》上。
② 《史记》卷六《秦始皇本纪》。
③ 《汉书》卷二十四《食货志》。
④ 同上注。

滥发徭役、滥征赋税,则完全靠帝王的自觉,法律不可能对此有限制性措施,也不会有这样的法律。

(二)传统中国以农立国,征发徭役的主要对象是农民,因此从秦开始,徭役制度明显的有时间节令的限制,以不误农时为特征。"春耕、夏耘,秋获、冬藏",因而徭役一般应在农闲时节,"差遣之法,谓先富强,后贫弱;先多丁,后少丁。"如不得已,须在农忙时征发徭役,也应先征兼丁,农闲时再征单丁,"凡丁分番上役者,家有兼丁,要月;家贫单身,闲月之类"。[①] 这种传统从秦朝实行"同居毋并行"原则已经开始。[②]

(三)在徭役的摊派上,虽然为了防止赋役不均,制订了详细的徭役摊派制度和具体的分摊办法。但秦朝的法律除了单纯以个人的年龄、健康等自然因素明确徭役义务以外,还以爵位等社会地位或以爵位与年龄相结合的办法分摊徭役,使得徭役负担转嫁到了社会下层,造成了严重的社会危机。

---

① 《唐律疏议》,第 317 页。
② 张金光著:《秦制研究》,上海古籍出版社,2004 年,第 259 页。

附录三

秦汉行书律与帝国行政运作

内容提要：秦汉帝国建立起了比较完备的邮驿系统，以保证国家机器的正常高效运转。首先，秦汉实现了中央政府的高度集权，其行政过程文书化，保证并实现政令通达的政治需要是高效的邮驿系统产生的前提，而秦汉道路交通的发达以及设施的完善又为邮驿系统的建立奠定了坚实基础。其次，秦汉邮路以首都为核心，向各郡、县以及边境呈网状分布，郡县政府设立相应的职能机构，并配备足够数目的专职邮人。邮递方式多样，邮间距合理。再次，《行书律》通过对邮书类别划分、邮递速度、交接手续、封检等保密措施加以规范，保证了邮驿系统的高效、快速、安全、正常运转。最后，完备的邮驿系统衍生了督邮的监察属县功能，和为公务差旅官员提供食宿和交通车马的功能。

关键词：邮驿制度　督邮　邮程　行书律　传食律

《孟子·公孙丑上》："德之流行，速于置邮而传命。"①《吕氏春秋·上德》："行德三年，而三苗服。孔子闻之，曰：'通乎德之情，则孟门、太行不为险矣。故曰德之速，疾乎以邮传命。'"②《盐铁论》："故义之服无义，疾于原马良弓；以之召远，疾于驰传重驿。"③说明早在先秦时期，各国已经设置邮驿以传达政令，并且清醒地认识到传达政令必须"疾""速"。事实上，除了政令畅通，还必须保证下情上达，各郡县之间也能互相呼应联络。秦汉是中国历史上第一个大一统的时期，秦汉帝国建立起了比较完备的邮驿设施和邮驿制度，以保证国家机器的正常高效运转。本文拟在前人研究的基础上，对秦汉的《行书律》以及邮驿制度做进一

---

① ［清］焦循撰，沈文倬点校：《孟子正义》，中华书局，1991年，第185页。
② 许维遹撰：《吕氏春秋集释》，中华书局，2013年，第519页。
③ 王利器：《盐铁论校注》，中华书局，2019年，第597页。

步的探讨。

一、行政文书化和道路交通发达是邮驿系统
存在并完善的前提基础

秦的行政过程已经完全文书化了。秦朝法律规定,很多方面的行政活动都必须形成文书,以便查验考核。如《厩苑律》:"叚(假)铁器,销敝不胜而毁者,为用书,受勿责。"①就是借用铁制农具,因破旧不堪使用而自然损耗的,秦律也规定必须以文书上报损耗。《均工》:"盈期不成学者,籍书而上内史。"②新的工匠满期仍不能学成的,应记名而上报内史。《仓》律:"程禾、黍□□□□以书言年,别其数,以稟人。"③"十月牒书数,上内【史】。"④以上这些行政行为,相关法律都明确要求"以书言""用书"。

秦朝对各级行政机构的权力有明确限制,超出其权限的行政行为必须请示上级。如《司空》:"司寇勿以为仆、养、守官府及除有为殹(也)。有上令除之,必复请之。"⑤就是说,法律规定不得任用司寇作赶车的仆、烹炊的养、看守官府或其他的事。如有上级命令任用他们,一定要重新请示。《内史杂》还明确要求下级官府对上级官府的行政请示行为也"必以书",禁止口头请示:"有事请殹(也),必以书,毋口请,毋羁(羁)请。"⑥

平级的官府之间也以文书往来,沟通信息。如《金布律》:"官相输者,以书告其出计之年,受者以入计之。"⑦也就是说,官府输送物品,也应以文书通知其出账的年份,接受者按收到的时间记账。

基层政权对上级官府的报告也必须以文书化的形式,如《田律》:"雨为澍〈澍〉,及诱(秀)粟,辄以书言澍〈澍〉稼、诱(秀)粟及狠(垦)田暘毋(无)稼者顷数。稼已生后而雨,亦辄言雨少多,所利顷数。早〈旱〉及暴风雨、水潦、(螽)虫、群它

---

①　睡虎地秦墓竹简整理小组:《睡虎地秦墓竹简》,文物出版社,1978 年,第 32 页。
②　《睡虎地秦墓竹简》,第 75 页。
③　同上注,第 40 页。
④　同上注,第 41 页。
⑤　《睡虎地秦墓竹简》,第 91 页。
⑥　同上注,第 105 页。
⑦　同上注,第 58 页。

物伤稼者,亦辄言其顷数。近县令轻足行其书,远县令邮行之,尽八月□□之。"①其目的是便于中央政府及时全面了解农业生产及自然灾害等情报信息,便于下情上达,以利中央政府正确决策。

上级官府对下级官府发布的行政命令、教戒、文告,也都是以书面的形式,如秦王政(始皇)二十年四月初二日南郡的郡守腾颁发给本郡各县、道的一篇文告名《语书》,就属行政文书,要求"别书江陵布,以邮行"。②《汉书·刑法志》记载秦始皇也是以文书行政:"躬操文墨,昼断狱,夜理书,自程决事,日县石之一。"服虔曰:"始皇省读文书,日以百二十斤为程。"③

从秦帝国开始,国家的行政运作基本上文书化,而行政文书也基本上法律化了。即使最基层的乡,也有吏掌文书,如秦丞相李斯"年少时,为郡小吏",索隐:"乡小史。刘氏云'掌乡文书'。"④正因为文书行政在帝国行政中发挥着重要作用,在当时的各级政府中,都有收藏存放文书的"书府",类似一个庞大的行政信息库,秦吏出身的萧何当然清楚这些文书的重要性,所以在初入关中时,"尽收秦丞相府图籍文书"。⑤

文书的大量出现是国家行政文书化的结果。汉朝持续的时间长,其文书化程度当比秦朝有过之而无不及,汉武帝时"文书盈于几阁,典者不能遍睹。"⑥汉朝官吏日常所事,就是起草制造各种文书,所以《论衡》中多处记载:"夫文吏之学,学治文书也。"⑦"吏居城郭,出乘车马,坐治文书。"⑧"朝廷之人也,幼为干吏,以朝庭为田亩,以刀笔为耒耜,以文书为农业,犹家人子弟,生长宅中,其知曲折,愈于宾客也。"⑨

仔细研读秦律,汉代人说秦律"网密于凝脂",所言不虚。《司空》中有一段简文甚至对制作文书及如何包札文书都有详细规定:"令县及都官取柳及木楘(柔)

---

① 《睡虎地秦墓竹简》,第24页。
② 同上注,第16页。
③ 《汉书》卷二十三。
④ 《史记》卷八十七《李斯列传》。
⑤ 《汉书》卷一。
⑥ 《汉书》卷二十三《刑法志》。
⑦ 黄晖撰:《论衡校释》,中华书局,1990年,第552页。
⑧ 同上注,第576页。
⑨ 同上注,第539—540页。

可用书者,方之以书;毋(无)方者乃用版。其县山之多菅者,以菅缠书;毋(无)菅者以蒲、蔺以枲蓟(檠)之。"①将柳木或其他质柔可以书写的木材削成木方以供书写。没有木方的可用木版。山上盛产菅草的,用菅缠束文书;没有菅草的,用蒲草、蔺草及麻封扎。要求将以上这些东西在收获时多加储存。

鉴于文书多为竹木制成,其包扎之物也为易燃物,所以秦律规定"书府"为重点防火单位。《内史杂》:"毋敢以火入臧(藏)府、书府中。吏已收臧(藏),官啬夫及吏夜更行官。毋火,乃闭门户。令令史循其廷府。节(即)新为吏舍,毋依臧(藏)府、书府。"②

邮驿是传递行政命令、官府信息的高速公路,是主要依附于道路交通,并与道路交通高度重合的互联互通的网络系统。道路网络的布局以及交通设施、道路水平都与邮驿的发达水平密不可分。先秦时期,我国的道路交通已经比较发达。《诗经·小雅·大东》:"周道如砥,其直如矢。"就是对西周道路交通的赞美。③秦朝是中国历史上的第一个实现了大一统并结束封建割据的王朝,为了加强中央集权的统治以及巩固边防安全,秦朝政府推行"车同轨,书同文"的政策,非常重视道路交通网络的建设。《汉书·贾山传》描述了秦朝修筑驰道的情形:"为驰道于天下,东穷燕齐,南极吴楚,江湖之上,濒海之观毕至。道广五十步,三丈而树,厚筑其外,隐以金椎,树以青松。为驰道之丽至于此,使其后世曾不得邪径而托足焉。"④汉王朝在秦帝国的交通网络的基础上,进一步完善了道路交通网络。王子今在《秦汉交通史稿(增订版)》中指出:"考察秦汉时期交通发展的状况,我们看到,在这一时期,沟通黄河流域、长江流域、珠江流域各主要经济区的交通网已经基本形成;舟车等运输工具的制作已达到相当高的水平;路桥等交通设施建设出现了新的形式,运输动力也得到空前规模的开发;交通运输的组织管理方式也逐步走向完善;连通域外的主要交通线已经初步开通;在当时堪称世界先进的交通条件下,以华夏族为主体的多民族共同创造的统一的文

---

① 《睡虎地秦墓竹简》,第83页。
② 同上注,第109页。
③ 参看雷晋豪:《周道:封建时代的官道》,社会科学文献出版社,2011年。
④ 《汉书》卷五十一。

化——汉文化已经初步形成。"①

综上所述，秦汉帝国的行政是一种文书行政，而文书行政的实现和政令政情的上通下达依靠的是高效快捷的邮驿系统。而邮驿系统的布局与交通道路的完善又是密不可分的。

二、严整的邮驿系统是官文书传递的硬件保证

文书的高效快速传递是国家机器正常高效运转的必要保障。在国家机构中，应设有专门的职能系统和负责机构。

邮驿系统由来已久。春秋时名曰"遽"，《左传》僖三十三年："且使遽告于郑。"亦名曰"驲"，《左传》文十六年："楚子乘驲会师于临品。"《风俗通义》："汉改邮为置。"《增韵》云："步传曰邮，马传曰置。"尚秉和解释说："盖春秋时人不能骑马，故只有传车，至汉人能骑马矣，而官吏仍不骑行。"②

秦汉时期邮路当与交通道路重合，但又有不同。道路主要是物流、人流交通，而邮路主要是信息流，即为传布文书而设，使政令下达，下情得以上达。邮驿的主干线路当依附于交通的主干网络。《后汉书·西域传》："列邮置于要害之路。驰命走驿，不绝于时月。"③《论衡·谈天篇》："二十八宿为日月舍，犹地有邮亭为长吏廨矣。邮亭着地，亦如星舍着天也。"④可以看出，秦汉时期邮路当以首都为中心，秦以咸阳，西汉以长安，东汉以洛阳，通过主要干线连接首都与各郡、边郡，以及郡与郡的邮路联络。一郡之内，以郡府为中心，建立郡与县，县与县，县与乡亭之间联系。整个邮路网络的设立要考虑地理位置（要害之路），邮驿之间隔远近，以及合理分布，总以方便文书传递为考虑要素。⑤

东汉明帝永平九年《开通褒斜道石刻》云："为道二百五十八里，邮、亭、驿、

---

① 王子今：《秦汉交通史稿》（增订版），中国人民大学出版社，2013 年，第 5 页。

② 尚秉和著：《历代社会风俗事物考》，中国书店，2001 年，第 411—412 页。

③ 《后汉书》卷八十八。

④ 黄晖撰：《论衡校释》，中华书局，1990 年，第 484 页。

⑤ （韩）金庆浩在《秦汉简牍〈行书律〉及里程简所反映的地域统治》中认为："《二年律令·行书律》中所见的邮路，以首都长安为中心，大体上向三个方向展开，这与汉初中央权力的微弱有密切的关系。""《史记·秦始皇本纪》中记述的秦的直辖领域范围，和反映了汉初社会政治情况的《二年律令·行书律》中所见的邮路设置等，都是以内史为中心建立起来的。"见张德芳主编《甘肃省第二届简牍学国际学术研讨会论文集》，上海古籍出版社，2012 年，第 44 页。

置，徒司空褒中县官寺并六十四所。"①可见，秦汉时期的邮驿方式和机构主要有四种：邮、亭、驿、置。

实际上，邮、亭、驿、置有时有区别，有时也不作区别。《风俗通》："汉改邮为置。置亦驿也。度其远近置之也。"②邮，《说文》："邮，境上行书舍也。从邑垂，垂，边也。"这是狭义的"邮"，指交通不便处或边境偏僻之处由人步递，其速度较慢，距离较近。但在大多数情况下，邮是指广义上的邮驿系统。而亭的职掌主要是维护治安，附带着在乡间快递文书，其传递距离也不会远。张家山汉简《行书律》："畏害及近边不可置邮者，令门亭卒、捕盗行之。"③

至于邮间距，《汉旧仪》云："设十里一亭，亭长、亭候。五里一邮，邮间相去二里半"。④《史记·留侯世家》司马贞索隐引作"五里一邮，邮人居间，相去二里半"，并加按语："邮乃今之候也。"⑤《汉官仪》也有相同的记载。吴荣曾认为"这条材料颇为重要，把邮和亭连在一起叙述，表明邮和亭在作用或性质上必有相近之处"，但他又接着说："有人据《汉官仪》，以为三亭之间有四个邮，但从《集簿》得知，东海郡共有688亭，而邮则仅有38处，证明上述的推测不可信。当然，对《汉官仪》中有关亭、邮如何的关系，目前还不太清楚。"⑥他表面上在说对汉代邮亭之关系有疑问，实际上是对邮间距有所怀疑。

虽然有些地方邮与亭合而为一，这种情况在边郡可能更常见，如《汉书·赵充国传》："计度临羌东至浩亹，羌虏故田及公田，民所未垦，可二千顷以上，其间邮亭多坏败者。""以闲暇时下所伐材，缮治邮亭，充入金城。"⑦但大多数情况下和大多数地方，尤其是内地郡县的邮与亭则有分别。上述东海郡，亭数是邮数18的倍之多，既然邮少亭多，文献记载的"十里一亭"属实，"五里一邮"就绝不可能。《史记·白起列传》："武安君既行，出咸阳西门十里，至杜邮。"可见，咸阳作为秦之都城，人口稠密之处，邮间相距尚为十里，人烟稀少处，当不至此。张家山

①　［清］王昶撰：《金石萃编》，上海古籍出版社，2020年，第92页。
②　［汉］应劭撰，王利器校注：《风俗通义校注》，中华书局，2010年，第578页。
③　《二年律令与奏谳书》，第199页。
④　［清］孙星衍等辑，周天游点校：《汉官六种》，中华书局，2008年，第81页。
⑤　《史记》卷五十五。
⑥　吴荣曾：《汉代的亭和邮》，见氏著：《读史丛考》，中华书局，2014年，第176页。
⑦　《汉书》卷六十九。

汉墓竹简《行书律》明文规定汉代："十里置一邮。南郡江水以南，至索(?)南界，廿里一邮。"[1]"北地、上、陇西，卅里一邮；地险陕不可邮者，得进退就便处。"[2]可见，"五里一邮"不可信。如果属实，必然是邮多亭少。"邮间相去二里半"，邮人行书就不可能是一件苦差事，而《后汉书·杨震传》："弘农太守移良承樊丰等旨，遣吏于陕县留停震丧，露棺道侧，谪震诸子代邮行书，道路皆为陨涕。"

驿则是指邮人骑马快递的情形，其驿间距一般为三十里。置则是在主要邮路或邮驿主干线上用于长途以车快递的邮驿方式，置以驾车马匹的多少和速度来分置的不同等级。[3]《史记·孝文本纪》："余皆以给传置。"索隐如淳云："律，四马高足为传置，四马中足为驰置，下足为乘置，一马二马为轺置，如置急者乘一马曰乘也。"[4]由于置是以车快递，也称之为传。《汉书·英布传》："王怒欲捕赫，赫上变事，乘传诣长安。"[5]《汉书·高帝纪》："横惧，乘传诣洛阳，未至三十里，自杀。"注引如淳云："律，四马高足为置传，四马中足为驰传，下足为乘传，一马二马为轺传。急者乘一乘传也"。师古曰："传者，若今之驿，古者以车，谓之传车，其后又单置马，谓之驿骑。"[6]尚秉和解释说："盖春秋时人不能骑马，故只有传车，至汉人能骑马矣，而官吏仍不骑行。又其时往来文书仍竹简，书囊堆积，非车不能载。而官吏有急事，亦常乘传，故仍有传车。凡置马，谓之驿骑，自马递兴而车传渐少，自晋初纸多，而文书书简，马亦可递，故尤迅速。"[7]

实际上，以传递文书的方式来分，秦汉时期的文书传递主要有邮人的步递，也有邮人骑马的驿递，还有用马车传递的置驿，再加上利用乡亭组织的以次传递。车递对道路要求高，且附属设施的投入和车马费用要求也高，只能设置于全国交通的主干路上，作为邮路的大动脉，联络中央与各郡。驿递较为便捷，速度

---

① 《二年律令与奏谳书》，第 198 页。

② 同上注，第 199 页。

③ 吴昌廉在《汉"置"初探》中还认为"'置'为汉代用驿马传递诏书、邮书之邮驿设施，大约三十里二一置（南方十里一置），其设置地点又常与障（候官）、部、隧、亭相邻近或共构，内有吏卒等人员处理日常事务，并有传舍以供传递文书时用，甚至犹供往来官员、使者或吏民住宿之用。"见台湾简牍学会编：《简牍学报》第 15 期，兰台出版社，1993 年。

④ 《史记》卷十。

⑤ 《汉书》卷三十四。

⑥ 《汉书》卷一。

⑦ 尚秉和著：《历代社会风俗事物考》，中国书店，2001 年，第 411—412 页。

亦快，成本费用相对较低，东汉驿递逐渐取代了邮递。①《续汉书·舆服志》："驿马三十里一置，卒皆赤帻绛褠云。"李贤注引刘昭案曰："东晋犹有邮驿共置，承受傍郡县文书。有邮有驿，行传以相付。县置屋二区。有承驿吏，皆条所受书，每月言上州郡。"②一般意义上的邮递和乡亭间的"以次传"由于速度较慢，但其分布在郡到县以下，尤其是不适合马递的僻壤和交通上艰难险阻之处，属于主干邮路延伸的支线，联络基层政权组织，作为邮驿系统的"神经末梢"，也有其不可替代的作用。

邮驿有专职官员负责。《续汉书·百官志》太尉"掾史属二十四人"，其中"法曹主邮驿科程事"。③邮驿系统归属于太尉的军事系统。张家山汉简《行书律》："一邮十二室。长安广邮二十四室，敬（警）事邮十八室。"④

在郡一级，在太守之下"皆置诸曹掾史"，"其监属县，有五部督邮，曹掾一人"。⑤《汉书·朱博传》："后去官入京兆，历曹史列掾。出为督邮书掾"。《风俗通义》："今吏邮书传府，督邮职掌此。"⑥

在县一级，也有"各署诸曹掾史。本注曰：诸曹略如郡员"，大约也有负责邮驿的掾史。《曹全碑》碑阴有"故邮书掾姚闵升台"，⑦《汉安长陈君阁道碑》有邮亭掾，⑧都是在县中管理邮的小吏。

一般邮驿站点的邮人数目，《行书律》有明确规定："一邮十二室。长安广邮二十四室，敬（警）事邮十八室。"⑨可见，邮人以户为单位，长安城为西汉首都，邮人数目最多，当是最大的邮政站。如果从长安出发，北走直道以通北地、上郡，西向到陇西、安定以至河西，西南穿秦岭以达汉中、蜀地，东南出武关以达南郡、江夏以远南越，东出函关到河南、东郡、陈留，东北出临晋关到河内、太原、上党。那

---

①　吴荣曾在《汉代的亭和邮》一文中说："汉代的驿，主要指传送文书、信件的驿马，驿成为驿站当在汉以后。"见氏著：《读史丛考》，中华书局，2014年，第181页。

②　《后汉书》卷二十九。

③　《后汉书》卷二十四。

④　《二年律令与奏谳书》，第199页。

⑤　《续汉书·百官志》。

⑥　［汉］应劭撰，王利器校注：《风俗通义校注》，中华书局，2010年，第578页。

⑦　［清］王昶撰：《金石萃编》，上海古籍出版社，2020年，第311页。

⑧　［宋］洪适：《隶续》卷十五，中华书局，1985年。

⑨　《二年律令与奏谳书》，第199页。

么长安每个方向的邮人平均有 4 户。① 一般的邮政十二户,很可能设于郡府,在边郡设"敬(警)事邮",因须传递军情,特设 18 邮。

邮人是快递官文书的具体实施者,秦汉时期《行书律》中规定了关于邮人补充及免去其他徭役的具体办法。张家山汉简《行书律》:"有物故、去,辄代者有其田宅。有息,户勿减。"物故,秦汉时期习语,指死亡。《汉书·楚元王传》:"因之以饥馑,物故流离以十万数。"师古注:"物故,谓死也。"也就是说,必须保证邮人满员,不得出现缺额。

邮人以户为单位,大概可以世守其业。邮驿是邮人的专职工作,张家山汉简《行书律》明确规定:"令邮人行制书、急书,复,勿令为它事。"②还对蜀道中的五邮有不同于一般邮人的特别规定:"复蜀、巴、汉(?)中、下辨、故道及鸡创中五邮,邮人勿令徭(徭)戍,毋事其户,毋租其田一顷,勿令出租、刍稾。"③下辨,县名,即"下辨道",武帝以后属武都郡。故道,县名,武帝以后属武都郡。这些都是出名的偏僻并艰难险阻之处,因此也有特殊的优待。

由于邮人以户为单位,也可能世守其业,但法律明确禁止女性及儿童从事邮驿传递。岳麓秦简《行书律》中明确规定:

> •《行书律》曰:有令女子、小童行制者,赀二甲。能捕犯令者,为除半岁繇。其不当繇者,得以除它人繇。④
>
> •《行书律》曰:毋敢令年未盈十四岁者行县官恒书,不从令者,赀一甲。⑤

秦汉时期法律的这一规定,也为《唐律》所继承。"诸驿使无故,以书寄人行之及受寄者,徒一年。"《疏议》:"有军务要速,或追征报告,如此之类,遣专使乘

---

① 如果按韩国学者金庆浩所说"《二年律令·行书律》中所见的邮路,以首都长安为中心,大体上向三个方向展开",那么每个方向则有 8 户邮人负责。见金庆浩《秦汉简牍〈行书律〉及里程简所反映的地域统治》,张德芳主编:《甘肃省第二届简牍学国际学术研讨会论文集》,上海古籍出版社,2012 年,第 44 页。

② 《二年律令与奏谳书》,第 199 页。

③ 同上注,第 201 页。

④ 《岳麓秦简藏秦简(肆)》,第 132 页。

⑤ 同上注,第 133 页。

驿,赍送文书。'无故',谓非身患及父母丧者,以所赍文书,别寄他人送之及受寄文书者,各徒一年。"①

在秦汉的邮驿系统中,还有房屋等其他附属的生活设施,除了邮人生活使用以外,还可以为过往官员以及公务差旅者提供便利。张家山汉简《行书律》:"各具席,设井磨。吏有县官事而无仆者,邮为炊;有仆者,叚(假)器,皆给水浆。"②岳麓秦简《田律》中也有类似规定:

•《田律》曰:侍蒸邮、门,期足以给乘传晦行求烛者,邮具二席凡斧斤、凿、锥、刀、甕、爨,置梗井旁,吏有县官事使而无仆者,邮为飤,有仆,叚之器,勿为飤,皆给水酱。③

以上两条律文内容两相比较,岳麓秦简《田律》中"飤"为"炊"字误释。设于主要邮路上的驿站、置驿,衍生出为因公过往官员提供食宿、交通服务等职能,并且制订《传食律》加以详细规范,下文予以讨论。

三、秦汉行书律是邮驿系统高效运转的法律保证

为了保证邮驿系统的高效正常运转,为了官文书安全顺利地上传下达,秦汉帝国还制订了有关邮驿的法律制度。睡虎地秦简和岳麓秦简中都有秦朝《行书律》残篇,张家山汉墓竹简《二年律令》中也有汉代《行书律》的残篇。这些律文在近些年发现的秦汉简牍中有幸得以保存,虽非全璧,但通过对这些竹简律文的研究,可以对秦汉《行书律》有一个概要式的了解。

《行书律》对所行之"书"做了明确限制性规定。"书"指"官书"公文,不包括私书,禁止通过邮驿传递私人书信。《后汉书·袁安传》:"初为县功曹,奉檄诣从事,从事因安致书于令。安曰:'公事自有邮驿,私请则非功曹所持。'辞不肯受,从事惧然而止。"④可见,这一制度和法律观念已深入人心。

无关紧要的礼仪性文书,光武帝曾以遗诏的方式禁止"因邮奏"。《后汉书·光武纪》:中元二年,光武帝驾崩。遗诏曰:"刺史、二千石长吏皆无离城郭,无遣

---

① 《唐律疏议》,第 208—209 页。
② 《二年律令与奏谳书》,第 199 页。
③ 《岳麓书院藏秦简(肆)》,第 104 页。
④ 《后汉书》卷四十五。

吏及因邮奏。"①沈家本认为"此盖以戒纷扰也。"②也就是说,这在平时官员是可以因邮奏事的,但光武帝刘秀担心自己去世后,非常时期各地官员纷纷因邮奏事,反过来倒使邮路堵塞,因此遗诏下令禁止。

因邮传递的官文书实行分类管理。急事急办,急件快递。睡虎地秦简《行书》规定:"行命书及书署急者,辄行之;不急者,日䐜(毕),勿敢留。留者以律论之。"③命书即制书,秦始皇统一后改"命为制",《史记·秦始皇本纪》集解引蔡邕云:"制书,帝者制度之命也。"帝制时代皇帝的命令无疑是应以最快的方式传递,还有文书上署明为急件的,也应该是即收即递。岳麓秦简《行书律》也有相似的规定:

> •《行书律》曰:传行书,署急辄行,不辄行,赀二甲。不急者,日䐜。留三日,赀一盾;四日以上,赀一甲。二千石官书不急者,毋以邮行。④

以上岳麓秦简《行书律》规定了邮人滞留急件的法律后果。胡家草场西汉简有汉文帝时期的《行书律》,对于制书"当下,留弗下,下而留不行"导致的失期罪,规定的惩罚力度已非常明确:"制书有期会而失期,当下,留弗下,下而留不行,行留盈一日,皆罚金四两。"⑤当然,其他的文书也按正常速度传递,不得稽迟留滞。

岳麓秦简《行书律》:

> 县请制,唯故徼外盗以邮行之,其它毋敢擅令邮行书。⑥

张家山汉简《行书律》:

---

①　《后汉书》卷一下。
②　《历代刑法考》第三册,第1611页。
③　《睡虎地秦墓竹简》,第103页。
④　《岳麓书院藏秦简(肆)》,第131—132页。
⑤　荆州市博物馆、武汉大学简帛研究中心编著:《荆州胡家草场西汉简牍选粹》,文物出版社,2021年,第195页。
⑥　《岳麓书院藏秦简(肆)》,第133页。

书不急，擅以邮行，罚金二两。①

以上两条都涉及一个罪名问题，即"擅以邮行"或"擅令邮行书"。擅，《说文》："擅，专也。"那么专擅的主体就不可能是邮人，而是发文的政府官员。这类文书多为上行文书，除边情边患等紧急情况外，法律不准"擅以邮行"。"书不急"而"擅以邮行"罚金二两。可见，书署"急"或"不急"，当由发文的官府来根据文书的内容来确定。

不准以邮行的书怎么办？一般文书以次行。张家山汉简《行书律》规定："书不当以邮行者，为送告县道，以次传行之。"②"□□□不以次，罚金各四两，更以次行之。"③陈直《汉书新证》："汉代官书驿递，有三种名称，一曰以邮行，谓由驿递寄发。居延汉简释文卷一，六十页，有简文云：'肩水候官以邮行'是也。二曰以亭行，谓由乡亭递寄。同书同卷七十三页，有简文云：'甲渠官以亭行'是也。（边郡烽燧台亦称为亭燧，因十里一亭，燧亦相似，设燧之处即不再设亭，故隧长或称为亭长。）三曰以次行，谓沿途露布之官示。"④

不准以邮行的多为上行文书，但法律有明确规定者当属例外。张家山汉简《行书律》："诸狱辟书五百里以上，及郡县官相付受财物当校计者书，皆以邮行。"⑤彭浩认为："辟书是审理调查犯罪的文书。此外，疑难案件的奏谳文书、申请再审的乞鞫文书等也须由县廷呈报郡守，其中有些文书还要呈送中央政府的相关部门。上述文书都应归入'诸狱辟书'之中。"⑥"郡县官相付受财物当校计者书，大致包括郡县官员管理财物的审校报告和上计文书。上述统计资料的文书按县→郡→相国、御史或内史的次序逐级上报，大多数郡到国都长安的路程都超出五百里，故须交邮传递。"⑦实际上，"诸狱辟书"与"郡县官相付受财物当校计者书"都是上行文书，最终上报朝廷，所以《行书律》就直截了当地通过列举方

① 《二年律令与奏谳书》，第203页。
② 同上注，第203页。
③ 同上注，第203页。
④ 陈直：《汉书新证》，天津人民出版社，1959年，第55—56页。
⑤ 《二年律令与奏谳书》，第205页。
⑥ 彭浩：《读张家山汉简〈行书律〉》，《文物》2002年第9期。
⑦ 同上注。

式明确以"皆以邮行"。

邮驿是最讲求效率与速度的,为保证"邮书"的"疾"与"速",《行书律》对邮人的传递速度有数量指标性规定即"邮程",并同时规定了严苛的"不中程"即没有达到速度要求的法律责任和惩罚措施。①《周礼·地官·掌节》:"皆有期以反节。"注:"将送者,执此节以送行者,皆以道里日时课,如今邮行有程矣。以防容奸,擅有所通也。"沈家本据此推测:"邮行有一定之程,律内当有明文。"②沈家本的推测在张家山汉简《行书律》中得到证实:"邮人行书,一日一夜二百里。不中程半日,笞五十;过半日至盈一日,笞百;过一日,罚金二两。"③这是对负责传递文书的邮人"不中程"的规定。《居延新简》也有关于邮程的史料:

> 官去府七十里,书一日一夜当行百六十里,书积二日少半日乃到,解何?书到,各推辟界中,必得,事案到,如律令。言会月廿六日,会月廿四日(E. P. S4T2∶8A)

> 不中程百里,罚金半两;过百里至二百里一两;过二百里二两。不中程,车一里夺吏主者劳各一日,二里夺令□各一日(E. P. S4. T2∶8B)④

《居延新简》这枚简正面文字为"邮书课",是对传递文书的情况进行考核的评语,其依据正是简文背面的文字,当是《行书律》的残文。⑤

《汉书·景武昭宣元成功臣表》:成安侯韩延年"坐为太常行大行令事留外国书一月,乏兴,入谷赎,完为城旦"。颜注:"当有所兴发,因其迟留故阙乏。"⑥沈家本按:"此实稽留之罪,因稽留而阙乏,即以乏兴科之。入谷赎而仍为城旦,岂以事关外国而以重论欤?"⑦《后汉书·章帝纪》:"建初元年春正月,诏三州郡

---

① 参看拙作:《说"程"》,《法律史论丛》第9辑,上海社会科学院出版社,2002年。

② 《历代刑法考》第三册,第1611页。

③ 《二年律令与奏谳书》,第203页。

④ 甘肃省文物考古研究所、甘肃省博物馆、文化部古文献研究室、中国社会科学院历史研究所编:《居延新简》第554页,文物出版社,1990年。

⑤ 李均明、刘军著:《简牍文书学》,广西教育出版社,1999年,第414页。

⑥ 《汉书》卷十七。

⑦ 《历代刑法考》第三册,第1592页。

国：方春东作,恐人稍受稟,往来烦剧,或妨耕农。其各实覈尤贫者,计所贷并与之。流人欲归本者,郡县其实稟,令足还到,听过止官亭,无雇舍宿。长吏亲躬,无使贫弱遗脱,小吏豪右得容奸妄。诏书既下,无得稽留,刺史明加督察尤无状者。"①《后汉书·阳球传》：帝乃徙球为卫尉,"节敕尚书令召拜,不得稽留尺一"。② 沈家本按："诏书事关民瘼者,多稽留则民受共害,衡情为重,此云无得稽留,而稽留者如何处分,无可考。若阳球之不得稽留,固属曹节之弄权,亦可见汉法之如此。《唐律》稽缓诏书条在《职制》。"③

沈家本还进一步推测认为"唐有驿使稽程,在《职制律》,本于汉也"。对比汉律、唐律的相关规定,沈家本确有先见之明。《唐律疏议·职制律》："诸稽缓制书者,一日笞五十,一日加一等,十日徒一年。""其官文书稽程者,一日笞十,三日加一等,罪止杖八十。"《疏议》曰："依令：'小事五日程,中事十日程,大事二十日程,徒以上狱案辩定须断者三十日程。其通判及勾经三人以下者,给一日程;经四人以上,给二日程;大事各加一日程。若有机速,不在此例。'机速,谓军机急速,不必准案程。应了不了,亦准稽程法。除此之外,皆准事。稽程者,一日笞十,三日加一等,罪止杖八十。"④

同时《行书律》也对邮吏应"过书"而"弗过而留之"规定："邮吏居界过书,弗过而留之,半日以上,罚金一两。"⑤

张家山汉简《行书律》："发致及有传送,若诸有期会而失期,乏事,罚金二两。非乏事也,及书已具,留弗行,行书而留过旬,皆盈一日罚金二两。"⑥刘钊认为"乏事指无人办理"。⑦ 乏事、有明确送达时限却严重失期以及迟留文书超过一旬等,都是更严重的邮驿违规,因此处罚比一般的失误行为要重。

事实上,秦汉邮驿类似现代体育中的接力,文书类似运动员手中的接力棒。

---

① 《后汉书》卷三。

② 《后汉书》卷七十七。

③ 《历代刑法考》第三册,第1592页。

④ 《唐律疏议》,第208页。

⑤ 《二年律令与奏谳书》,第203页。

⑥ 同上注,第202页。胡家草场西汉简《兴律》中有相似法律规定："发征及有传送,若诸有期会而失期,乏事,罚金二两。非乏事殹(也),及书已具,留弗行,行书而留过旬,皆罚金一两。"见《荆州胡家草场西汉简牍选粹》,第193页。

⑦ 刘钊：《〈张家山汉墓出土竹简〉释注商榷》,《古籍整理研究学刊》2003年第3期。

为保证官文书的安全,也为明确邮人各自的责任,《行书律》还规定了明确的
文书交接手续。睡虎地秦简《行书》:"行传书、受书,必书其起及到日月夙莫
(暮),以辄相报殹(也)。书有亡者,亟告官。隶臣妾老弱及不可诚仁者勿令。书
廷辟有曰报,宜到不来者,追之。"①传送或收到文书,必须登记发文或收文的时
间。文书如有遗失,应立即报告官府。隶臣妾年老体弱及不足信赖的,不要派去
送递文书。征召文书上写明须急到的,该人已应来到而没有到达,应加追查。岳
麓书院藏秦简中也有类似法律规定:

> □律曰:传书受及行之,必书其起及到日月夙莫以相报,报宜到不来
> 者,追之。书有亡者,亟告其县官。不从令者,丞、令、令史主者赀各一甲。②
> 令曰:制书下及受制有问议者,皆为薄(簿),署初到初受所及上年日
> 月、官别留日数、传留状,与对皆(偕)上。不从令,赀一甲。卒令乙五③

简文中律名虽然缺失,但依据简文内容判断,必是秦朝《行书律》无疑。其内
容与睡虎地秦简《行书》的规定惊人的相似。更令人惊讶的是,秦律《行书律》的
规定竟然能在汉代邮驿材料中找到例证。陈直在《西汉屯戍研究》"有邮驿设置"
条中讲:"汉代边郡驿政,颇为整齐,每到一驿,都详记月日时刻,传递驿卒的人
名。兹举例如下,卷一第六十页有简文云:'南书一辈一封,潘和尉印,诣肩水都
尉府,六月廿三日庚申,日食坐五分,沙头亭长使辟北卒音,日东中六分沙头亭卒
宣付驿马卒同。'其他类似的各简,不再征引。"④可见,秦汉的邮驿法律规定有明
显的继承性。

秦汉法律除了追求文书传递的疾速以外,对其保密安全也有严格的规定。
当然,有些文书性质不同,根本不需要保密,如檄文,《说文》:"尺二书。"《高帝纪》
注:"有急事则加以鸟羽插之,示速疾也。"《后汉书·鲍昱传》注:"檄,军书也,若

---

① 《睡虎地秦墓竹简》,第104页。
② 《岳麓秦简藏秦简(肆)》,第142页。
③ 《岳麓秦简藏秦简(伍)》,第101页。
④ 陈直:《西汉屯戍研究》,见氏著:《两汉经济史料论丛》,中华书局,2008年,第40—41页。

今之露布。"①日本学者滕田胜久指出"檄的传递,有通过使者向广大吏民周告,以及在行政机关中传达的方法"。② 富谷至研究认为"檄是以露布的形态进行传送、旨在公之于众的木简"。③

一般官府文书大都涉及国家秘密,因此官府文书传递也要保密。④ 由于秦汉时期大多数文书为竹木简,须加以封检。也就是装在木制的书匣内,由邮人放入行囊中背负而行。如东方朔给汉武帝讲孝文节俭的故事:"贵为天子,富有四海,身衣弋绨,足履革舄,以韦带剑,莞蒲为席,兵木无刃,衣缊无文,集上书囊以为殿帷。"⑤《汉书·丙吉传》记载:"驭吏边郡人,习知边塞发奔命警备事,尝出,适见驿骑持赤白囊,边郡发奔命书驰来至。"⑥

传递过程中,如果木匣毁封,不论是"以县次传"还是"以邮行"的文书,汉朝《行书律》规定:"诸行书而毁封者,皆罚金一两。书以县次传,及以邮行,而毁封,□县□劾印,更封而署其送徼(檄)曰:毁封,更以某县令若丞印封。"⑦

李均明通过实物的考察,介绍文书封检的情形说:"居延汉简中也反映了邮件封缄的一些情况。每检皆书三行文字,竖写。中行署收件者及传递方式,是发件方写的。左右两侧为收件记录,右侧记来件的印文(亦即发件者),左侧记送达时间及传递人。右侧凡署'印破'者,即因封泥毁坏、印文无法辨认者,《行书律》多称之为'封毁'。凡封毁者,负责传递的所在县须另加封泥并用本县令或丞的印章一印,居延汉简中称之为'旁封'。"⑧

《论衡·定贤篇》:"邮人之过书、门者之传教也,封完书不遗,教审令不误者,则为善矣。"⑨如果封检完好无损,文书的内容及秘密就不会漏泄。

---

　① 《后汉书》卷二十九。

　② (日)滕田胜久:《汉代檄的传达方法及其功能》,见张德芳主编:《甘肃省第二届简牍学国际学术研讨会论文集》,上海世纪出版股份有限公司、上海古籍出版社,2012 年。

　③ (日)富谷至著,刘恒武、孔李波译:《文书行政的汉帝国》,江苏人民出版社,2018 年,第 88 页。

　④ 参看拙作:《古代保密法:漏泄与间谍》,《法学》2017 年第 2 期。

　⑤ 《汉书》卷六十五《东方朔传》。

　⑥ 《汉书》卷七十四。

　⑦ 《二年律令与奏谳书》,第 203 页。

　⑧ 李均明:《张家山汉简〈行书律〉考》,《中国古代法律文献研究》第 2 辑,中国政法大学出版社,2004 年。

　⑨ 黄晖撰:《论衡校释》,中华书局,第 1114 页。

睡虎地秦简《法律答问》："'发伪书，弗智（知），赀二甲。'今咸阳发伪传，弗智（知），即复封传它县，它县亦传其县次，到关而得，今当独咸阳坐以赀，且它县当尽赀？咸阳及它县发弗智（知）者当皆赀。"①这条《法律答问》解释了邮吏或邮人邮发伪造的文书，未能察觉，就重加封印传递给其他的县，其他县也传递给其次的县，一直到关口才被拿获，那么首发邮件的咸阳和其"过书"县的邮吏都应受罚二甲。当然，邮吏是不可以检视文书内容的，主要是检视书匣上的封印。

四、督邮监察职能和驿站作为行馆是邮驿系统的衍生功能

前已述及督邮为负责郡一级邮驿、传递公文的小吏，但却进而演变为郡守的耳目，具有监察属县及官员的职能。

《后汉书·周章传》记载周章初仕郡为功曹，从太守行春到冠军，太守犹欲谒冠军侯窦宪，章进谏曰："明府剖符大臣，千里重任，举止进退，其可轻乎？"②《后汉书·张酺传》记载酺出为东郡太守，而自以为曾经为亲近大臣，意不自得，上疏辞曰："臣愚以经术给事左右，少不更职，不晓文法，猥当剖符典郡，班政千里，必有负恩辱位之咎。"③汉代郡守所谓"剖符典郡，班政千里"，就是说郡守地位尊崇，在一郡之内有很大的自主权力，除了重大事项奏请皇帝外，其他只要不违反法令，往往可以自行其是。

《汉书·王温舒传》记载温舒出为河内太守，"令郡具私马五十匹，为驿自河内至长安，部吏如居广平时方略，捕郡中豪猾，相连坐千余家。上书请，大者至族，小者乃死，家尽没入偿臧。奏行不过二日，得可，事论报，至流血十余里。河内皆怪其奏，以为神速"。④ 王温舒此举，几乎等于设立了一个直达朝廷专属于河内太守的邮路专线。

秦朝，郡守就有在郡内传达政令的邮路，如南郡守腾《语书》："发书，移书曹，曹莫受，以告府，府令曹画之。其画最多者，当居曹奏令、丞，令、丞以为不直，志

① 《睡虎地秦墓竹简》，第 176 页。
② 《后汉书》卷三十四。
③ 《后汉书》卷四十五。
④ 《汉书》卷九十。

千里使有籍书之，以为恶吏。"①这里"府"指郡府，书当是郡守的文告政令。其中"移书"，睡虎地秦墓竹简整理小组解释为"致送文书"，应无不妥。而"发书"解释为"收阅本文书"，似嫌牵强，"发书"应指郡守签发文书。

汉代郡守亦复如是，"张敞衎衎，履忠进言，缘饰儒雅，刑罚必行，纵赦有度，条教可观"。② 郑弘"为南阳太守，皆著治迹，条教法度，为后所述"。③ 正因为郡守须"班政千里"，而秦汉时期行政又是文书行政，郡守的政令如"府书""条教"自然需要负责邮驿的督邮传达贯彻或者执行，这样无形中使督邮由职级不高专管邮驿的掾史，在传递官文书的过程中逐渐附加有其本身职务以外的权力，由郡守的信使变为郡守的代表，这是中国传统政治文化中一种独特的现象。

《文选·长笛赋》序：马融"为督邮，无留事"。注引韦昭《释名》曰："督邮，主诸县罚负殿，纠摄之也。"《辨位》曰："言督邮书掾者。邮，过也。此官不自造书，主督上官所下、所过之书也。"④《汉书·朱博传》："出为督邮书掾。"清人沈钦韩《汉书疏证》按："督邮本以主邮书为职，今得纠劾长吏耳。"⑤

督邮作为负责邮驿的官员，"主督上官所下、所过之书"，本身"不自造书"，就是说督邮不是发布政令的机构，主要是传递文书，但在代替郡守承宣政令，甚至颁宣天子诏书，收集属县舆情的过程中，久而久之衍生出了其职权以外的权力。如杨鸿年《汉魏制度丛考》一书中《郡督邮》一节，指出督邮的职责主要"监属县"，"对于部内县令、长，或则由于郡守指令，或则由于一己主动，有权逐捕案问，但不得杀害"，对于"县丞、尉以至亭长等县的中下级官吏，督邮亦有权监管处理"，除了"监管部内大小官吏，还监管豪强"等，对于"过境来到本郡的外郡官民"也可以监管等等。⑥

古代"邮"字有时假借为"尤"，即过失、罪过，如《诗》"不知其邮"，⑦学界遂以为督邮就是专职纠察过错。实际上，前引文献"邮，过也"，所谓"过"，亦不作"尤"

① 《睡虎地秦墓竹简》，第 20 页。
② 《汉书》卷七十六《赵尹韩张两王传》。
③ 《汉书》卷六十六《郑弘传》。
④ ［梁］萧统编，［唐］李善注：《文选》，上海古籍出版社，1997 年，第 807 页。
⑤ ［清］沈钦韩等撰：《汉书疏证（外二种）》，上海古籍出版社，2006 年。
⑥ 杨鸿年：《汉魏制度丛考》，武汉大学出版社，2005 年，第 377—379 页。
⑦ 《诗·小雅·宾之初筵》。

字解,而是指文书传递。孙毓棠早在 1943 年于《中国古代社会经济论丛》第 1 辑上发表《汉代的交通》一文,曾敏锐指出:"邮之职最初即是掌管邮驿,后则成为一郡中代太守监察属县的官员了。"①

至于成书于 20 世纪 80 年代、具有较大学术影响,由著名秦汉史专家安作璋与熊铁基合著的《秦汉官制史稿》,认为"'督邮书掾'没有什么意义,既有邮书掾、府督邮,就不必再设督送邮书的专职。而'督邮曹掾'则可理解为郡府诸曹之一,虽不一定在府内有办事处所,但就分科办事而言,督邮所分则为监察属县"。②显然是把督邮衍生出的监察职能当作其本职。

秦汉时期一般人行旅往往裹粮而行,甚至自带釜鬲等炊具。如蔡泽"去之赵,见逐。之韩、魏,遇夺釜鬲于涂"。③ 邮驿由于官府配有附属的房屋,秦汉文献常称为"传舍","传舍谓邮亭传置之舍"。④ 因此邮驿逐渐由传递官文书演化出官员驿馆的功能,为有公务在身的官员提供食宿和交通车辆,秦汉《传食律》就是有关方面的法律规定。

《汉书·平帝纪》注引淳曰:"律,诸当乘传及发驾置传者,皆持尺五寸木传信,封以御史大夫印章。其乘传参封之,叁,三也。有期会累封两端,端各两封,凡四封也。乘置驰传五封也,两端各二,中央一也。轺传两马再封之,一马一封也。"⑤也就是说,过往官员持"木传信"作为凭证乘坐车马,置驿依据"木传信"来提供车马便利,"木传信"由有关职能部门来制作颁发。"木传信"是拿一尺五寸长的木札制作的,封以御史大夫的官印,以封数的多寡表示持传的官员的地位、公事的缓急和传车的种类。《后汉书·申屠蟠传》:"遇司隶从事于河、巩之间,从事义之,为封传护送,蟠不肯受,投传于地而去。事毕还学。"⑥从《申屠蟠传》可知,东汉的司隶从事可以颁布"传"。据《续汉书·百官志》,司隶校尉有十二从事,其中"郡国从事,每郡国各一人,主督促文书",⑦大约此"司隶从事"即郡国从

---

① 孙毓棠著:《孙毓棠学术论文集》,中华书局,1995 年,第 363 页。
② 安作璋、熊铁基著:《秦汉官制史稿》,齐鲁书社,2007 年,第 598 页。
③ 《史记》卷七十九《蔡泽传》。
④ 《史记》卷四十九《外戚世家》。
⑤ 《汉书》卷十二。
⑥ 《后汉书》卷五十三。
⑦ 《后汉书》卷二十七。

事。《风俗通义》"佚文"："诸侯及使者有传信，乃得舍于传耳。今刺史行部，车号传车从事督邮。"①司隶从事有权颁发"木传信"，司隶校尉、刺史当然也有权颁发，加封的"御史大夫"自然更毋庸置疑。以此推测，其他中央政府机构估计也可以根据需要颁发乘驿的凭证"木传信"。紧急情况下，一般人可以乘传。"赫上变事，乘传诣长安。"②

如果没有"木传信"，驿传不能为其提供服务。张家山汉简《传食律》："发传所相（？）去远，度其行不能至者□□□□□长官皆不得释新成。使非有事，及当释驾新成也，毋得以传食焉，而以平贾（价）责钱。非当发传所也，毋敢发传食焉。为传过员，及私使人而敢为食传者，皆坐食臧（赃）为盗。"③"□诸□□及乘置、乘传者□□，皆毋得以传食焉。"④

前引《论衡·谈天篇》："二十八宿为日月舍，犹地有邮亭为长吏廨矣。"也就是说，如"二十八宿"布满天下的邮驿也有为官员提供食宿的功能。睡虎地秦墓竹简、张家山汉墓竹简以及岳麓秦简等文献中都发现了相关法律规定。

睡虎地秦简中保存《传食律》有三条，其一曰：

御史卒人使者，食粺米半斗，酱驷（四）分升一，采（菜）羹，给之韭葱。其有爵者，自官士大夫以上，爵食之。使者之从者，食米万（粝）米半斗；仆，少半斗。⑤

御史，指秦朝监郡的御史，《汉书·高帝纪》注引文颖云："秦时御史监郡，若今刺史。"此条《传食律》规定了驿站为常有差使的皇帝使者及随从提供食物的品种、质量及数量。以下两条《传食律》则按爵位等级规定了驿站为有公务差使的人提供食物的品种、质量及数量：

① ［东汉］应劭撰，吴树平校释：《风俗通义校释》，天津人民出版社，1980年，第407页。
② 《汉书》卷三十四《黥布传》。
③ 《二年律令与奏谳书》，第183页。
④ 同上注，第184页。乘置，与"乘传"不同。《史记·孝文本纪》："余皆以给传置"，索隐按：言乘传者以传次受名，乘置者以马取匹。此处疑具体指"四马高足"之传车，即"乘置传"。
⑤ 《睡虎地秦墓竹简》，第101页。

不更以下到谋人,粺米一斗,酱半升,采(菜)羹,刍稾各半石。宦奄如不更。①

上造以下到官佐、史毋(无)爵者,及卜、史、司御、寺、府,粝米一斗,有采(菜)羹,盐廿二分升二。②

"刍稾各半石"是为马匹提供的草料。可以看出秦律具有等级性特点,而且特别细致。尤其值得注意的是,睡虎地秦简《仓》中竟然有配套性的法律规定:"月食者已致稟而公使有传食,及告归尽月不来者,止其后朔食,而以其来日致其食;有秩吏不止。"③就是说,按月领取口粮的人员,如果粮食已经发给,而又因公出差,由沿途驿站供给饭食以及休假而到月底仍不归来的,应停发其口粮,直到回来的时候再行发给,有秩的吏则不停发。

张家山汉简《传食律》的规定显然受到秦律的影响,从秦律承袭而来:

丞相、御史及诸二千石官使人,若遣吏、新为官及属尉、佐以上征若迁徙者,及军吏、县道有尤急言变事,皆得为传食。车夫夫粺米半斗,参食,从者粝米,皆给草具。车大夫酱四分升一,盐及从者人各廿二分升一。食马如律,禾之比乘传者马。使者非有事其县道界中也,皆毋过再食。其有事焉,留过十日者,稟米令自炊。以诏使及乘置传,不用此律。县各署食尽日,前县以谁(推)续食。食从者,二千石毋过十人,千石到六百石毋过五人,五百石以下到三百石毋过二人,二百石以下一人。使非吏,食从者,卿以上比千石,五大夫以下到官大夫比五百石,大夫以下比上百石;吏皆以实从者食之。诸吏乘车以上及宦皇帝者,归休若罢官而有传者,县舍食人、马如令。④

综合分析以上资料,可以看出秦汉《传食律》主要从主食的精粗、数量,佐料,饮食器具等方面加以等级性规定。主食有粺米和粝米。粺米应该是加工比较精

---

① 《睡虎地秦墓竹简》,第102页。
② 同上注,第103页。
③ 同上注,第47页。
④ 《二年律令与奏谳书》,第184页。

细的米，主要供给官员及有高爵者。《说文解字注》："《大雅》'彼疏斯粺'笺云：米之率：粝十，粺九，糳八，侍御七。按汉《九章算术》云：粝米三十，粺米二十七，糳米二十四，御米二十二。即郑说所本。粺谓禾黍米，糳谓稻米，而可互称。"①

粝米是比较粗糙的米，立要供给随从及身份地位较低的人。《史记·太史公自序》："粝粱之食。"集解引张晏曰："一斛粟，七斗米，为粝。"瓒曰："五斗粟，三斗米，为粝。"索隐引服虔云："粝，粗米也。"②《盐铁论·散不足》："古者，庶人粝食藜藿，非乡饮酒腊腊祭祀无酒肉。"③秦简《仓律》："【粟一】石六斗大半斗，舂之为（粝）米一石；（粝）米一石为凿（糳）米九斗；九【斗】为毁（糳）米八斗。"④

草具，粗糙的食具。相对于太牢具，草具用以盛放粗制普通食物，来接待下等人物。《史记·范雎蔡泽列传》："秦王弗信，使舍食草具。"索隐："草具谓麤食草莱之馔具。"⑤盐和酱，用以调味佐餐。《史记·礼书》："天子祖而割牲，执酱而馈，执爵而酳，冕而总干，所以教诸侯之悌也。"⑥《急就篇》："芜荑盐豉醯酢酱。"师古注："酱以豆合面而为之也，食之有酱，如军之须将，取其率领进导之也。"王应麟补注："《论语》：'不得其酱不食。'"⑦

生活工具、物品设备等由驿舍借用，超出供给范围的东西可以平价购买。秦朝官员的饮食由随从仆人等借用炊具为之造办，如果没有仆人，方由邮人造办。岳麓秦简《田律》中有具体规定：

　•《田律》曰：侍蒸邮、门，期足以给乘传晦行求烛者，邮具二席凡斧斤、凿、锥、刀、瓮、㦡，置梗井旁，吏有县官事使而无仆者，邮为饬，有仆，段之器，勿为饬，皆给水酱。⑧

　•《田律》曰：吏归休，有县官吏乘乘马及县官乘马过县，欲贯刍藁、禾、

① ［清］段玉裁：《说文解字注》，上海古籍出版社，1988 年，第 331 页。
② 《史记》卷一百三十。
③ 王利器：《盐铁论校注》，中华书局，2019 年，第 390 页。
④ 《睡虎地秦墓竹简》，第 44 页。
⑤ 《史记》卷七十九。
⑥ 《史记》卷二十三。
⑦ ［汉］史游撰，颜师古注：《急就篇》第 135 页，商务印书馆，1936 年。
⑧ 《岳麓秦简藏秦简（肆）》，第 104 页。

粟、米及买菽者，县以朔日平贾受钱，钱辄输少内，皆相与靡除封印，中辨臧县廷。①

五、小结

秦汉是中国历史上第一个大一统的时期，秦汉帝国建立起了比较完备的邮驿设施和邮驿制度，以保证国家机器的正常高效运转。

首先，秦汉时期的行政过程已经完全文书化了，行政过程的实现和政令政情的上通下达，必须依靠高效快捷的邮驿系统。而秦汉道路交通网络的完善、道路设施的完美以及在车辆技术、养马规模、国家财政等方面的发展都为邮驿系统的建立奠定了坚实基础。

其次，秦汉邮路布局合理，设施完备。作为政府的行政信息流的邮路与承担物流、人流的交通道路重合，依附于交通网络，并形成以首都为核心，向各郡、县以及边境呈网状分布的邮路网络。郡县设立了相应的职能机构，并配备足够数目邮人，邮递方式多样，邮间距合理。

再次，秦汉帝国制订的《行书律》通过对邮书类别划分、邮递速度、交接手续、封检等保密措施加以规范，保证了邮驿系统的高效、快速、安全和正常运转。

最后，督邮由负责邮驿的官员逐渐具备了监察属县的功能，其管理的驿站也具备了作为公务差旅官员的行馆，为其提供食宿和交通车马的功能。

---

① 《岳麓秦简藏秦简（肆）》，第104—105页。

参 考 文 献

一、古籍文献

［战国］韩非著，［清］王先慎集解：《韩非子集解》，上海书店 1986 影印《诸子集成》本。

［秦］吕不韦著，［汉］高诱注：《吕氏春秋》，上海书店 1986 影印《诸子集成》本。

［汉］史游撰，［唐］颜师古注：《急就篇》，商务印务馆，1936 年。

［汉］司马迁撰，［宋］裴骃集解，［唐］司马贞索隐，［唐］张守节正义：《史记》，中华书局，1959 年。

［汉］班固撰，［唐］颜师古注：《汉书》，中华书局，1962 年。

［汉］崔寔著，孙启治校注：《政论校注》，中华书局，2012 年。

［晋］陈寿撰，［宋］裴松之注：《三国志》，中华书局，1959 年。

［唐］长孙无忌等撰，刘俊文点校：《唐律疏议》，中华书局，1983 年。

［宋］范晔撰 ，［唐］李贤等注：《后汉书》，中华书局，1965 年。

［明］董说撰：《七国考》，中华书局，1998 年。

《岳麓书院藏秦简（壹）》，上海辞书出版社，2010 年。

《岳麓书院藏秦简（贰）》，上海辞书出版社，2011 年。

《岳麓书院藏秦简（叁）》，上海辞书出版社，2013 年。

《岳麓书院藏秦简（肆）》，上海辞书出版社，2015 年。

《岳麓书院藏秦简（伍）》，上海辞书出版社，2017 年。

《岳麓书院藏秦简（陆）》，上海辞书出版社，2020 年。

彭浩、陈伟、（日）工藤元男主编：《二年律令与奏谳书——张家山二四七号汉墓出土法律文献释读》，上海古籍出版社，2007 年。

刘俊文撰：《唐律疏议笺解》，中华书局，1996 年。

张家山二四七号汉墓竹简整理小组：《张家山汉墓竹简〔二四七号墓〕》，文物出版社，2001 年。

沈家本：《历代刑法考》，中华书局，1985 年。

睡虎地秦墓竹简整理小组编：《睡虎地秦墓竹简》，文物出版社，1978 年。

张鹏一编著，徐清廉校补：《晋令辑存》，三秦出版社，1989 年。

蒋礼鸿撰：《商君书锥指》，中华书局，2001 年。

章炳麟著，徐复注：《訄书详注》，上海古籍出版社，2000 年。

二、著作

曹旅宁：《张家山汉律研究》，中华书局，2005 年。

陈直：《居延汉简研究》，天津古籍出版社，1986 年。

程树德著：《九朝律考》，中华书局，1963 年。

（日）大庭脩著、徐世虹译：《秦汉法制史研究》，中西书局，2017 年。

（日）富谷至：《秦汉刑罚制度研究》，柴生芳、朱恒晔译，广西师范大学出版社，2006 年。

高恒著：《秦汉法制论考》，厦门大学出版社，1994 年。

高敏：《秦汉魏晋南北朝史论考》，中国社会科学出版社，2004 年。

胡仁智：《两汉郡县官吏司法权研究》，法律出版社，2008 年。

黄留珠著：《秦汉仕进制度》，西北大学出版社，1998 年。

（日）堀毅：《秦汉法制史论考》，法律出版社，1988 年。

李力：《"隶臣妾"身份再研究》，中国法制出版社，2007 年。

李学勤：《简帛佚籍与学术史》，台湾时报文化出版企业有限公司，1994 年；江西教育出版社，2001 年。

李学勤：《当代学者自选文库·李学勤卷》，安徽教育出版社，1999 年。

栗劲：《秦律通论》，山东人民出版社，1985 年。

廖伯源：《简牍与制度》，广西师范大学出版社，2005 年。

林甘泉主编：《中国经济通史·秦汉经济卷》，经济日报出版社，1999 年。

刘海年著：《战国秦代法制管窥》，法律出版社，2006 年。

蒙文通著:《古史甄微》,巴蜀书社,1999 年。

尚秉和著:《历代社会风俗事物考》,中国书店,2001 年。

王子今著:《秦汉交通史稿》(增订本),中国人民大学出版社,2013 年。

徐世虹等著:《秦律研究》,武汉大学出版社,2017 年。

闫晓君:《出土文献与古代司法检验史研究》,文物出版社,2005 年。

于振波著:《简牍与秦汉社会》,湖南大学出版社,2012 年。

张伯元:《出土法律文献研究》,商务印书馆,2005 年。

张建国:《帝制时代的中国法》,法律出版社,1999 年。

张金光著:《秦制研究》,上海古籍出版社,2004 年。

中国家社会科学院简帛研究中心编:《张家山汉简〈二年律令〉研究文集》,广西
　　师范大学出版社,2007 年。

朱红林:《张家山汉简〈二年律令〉集释》,社会科学文献出版社,2005 年。

朱红林:《张家山汉简〈二年律令〉研究》,黑龙江人民出版社,2008 年。

三、论文

卜宪群:《尹湾汉墓简牍军吏"以十岁补"补证》,《简帛研究二〇〇四》,广西师范
　　大学出版社,2006 年。

蔡万进、吴亮:《从张家山汉简看楚汉法统关系》,《中州学刊》2002 年第 4 期。

蔡万进:《〈奏谳书〉编订成书年代蠡测》,《出土文献研究》第 6 辑,上海古籍出版
　　社,2004 年。

蔡万进:《〈奏谳书〉与汉代奏谳制度》,《出土文献研究》第 6 辑,上海古籍出版
　　社,2004 年。

蔡万进:《尹湾简牍所反映的汉代卒史署曹制度》,《简帛研究.二〇〇二、二〇〇
　　三》,广西师范大学出版社,2005 年。

蔡万进:《尹湾十号木牍师君兄贷师子夏券书文初探》,《简帛研究二〇〇四》,广
　　西师范大学出版社,2006 年。

曹旅宁:《释张家山汉简〈贼律〉中的"锢"》,《简牍学研究》第 4 辑,甘肃人民出版
　　社,2004 年。

曹旅宁:《说张家山汉简〈二年律令〉中的"诸侯"》,《陕西历史博物馆馆刊》(11),
　　三秦出版社,2004年。

曹旅宁:《张家山汉简盗律考》,《南都学坛》2003年第1期,又收入《秦汉史论丛》
　　第9辑,三秦出版社,2004年。

曹旅宁:《张家山247号墓汉律制作时代新考》,《出土文献研究》第6辑,上海古
　　籍出版社,2004年。

曹旅宁:《从秦简〈公车司马猎律〉首秦律的历史渊源》,《简帛研究.二〇〇二、二
　　〇〇三》,广西师范大学出版社,2005年。

曹旅宁:《张家山汉律研究》,中华书局,2005年。

曹旅宁:《张家山汉律赎刑考辨》,《华南师范大学学报》2006年第1期。

曹旅宁:《〈二年律令〉与秦汉继承法》,《陕西师范大学学报》2008年第1期。

陈伟:《张家山汉简〈津关令〉涉马诸令研究》,《考古学报》2003年第1期。

陈伟:《〈二年律令〉中的"守将"》,《简帛研究二〇〇四》,广西师范大学出版社,
　　2006年。

初世宾:《〈二年律令·贼律〉整理刍议》,《简帛研究二〇〇四》,广西师范大学出
　　版社,2006年。

初世宾:《悬泉汉简拾遗》,《出土文献研究》第8辑,上海古籍出版社,2007年。

崔永东:《张家山出土汉律的特色》,《政法论坛》2002年第5期。

崔永东:《张家山汉简中的法律思想》,《法学研究》2003年第5期。

崔永东:《张家山汉简〈贼律〉研究——兼与秦律、唐律比较》,《法律史论集》第5
　　卷,法律出版社,2004年。

高凯:《〈二年律令〉与汉代女性权益保护》,《光明日报》2002年11月5日。

高敏:《西汉前期的"傅年"探讨——读〈张家山汉墓竹简〉札记之六》,原载《新乡
　　师范高等专科学校学报》2002年第3期,又收入氏著:《秦汉魏晋南北朝史
　　论考》,中国社会科学出版社,2004年。

高敏:《漫谈〈张家山汉墓竹简〉的主要价值与作用——读〈张家山汉墓竹简〉札
　　记之一》,《郑州大学学报》2002年第3期,又收入氏著:《秦汉魏晋南北朝史
　　论考》,中国社会科学出版社,2004年。

高敏:《论西汉前期刍、藁税制度的变化发展——读〈张家山汉墓竹简〉札记之

二》,《郑州大学学报》2002 年第 4 期,又收入氏著:《秦汉魏晋南北朝史论考》。中国社会科学出版社,2004 年。

高敏:《从〈二年律令〉看西汉前期的赐爵制度》,原载《文物》2002 年第 9 期,又收入氏著:《秦汉魏晋南北朝史论考》,中国社会科学出版社,2004 年。

高敏:《从张家山汉简〈二年律令〉看西汉前期的土地制度——读〈张家山汉墓竹简〉札记之三》,原载《中国经济史研究》2003 年第 3 期,又收入氏著:《秦汉魏晋南北朝史论考》,中国社会科学出版社,2004 年。

高敏:《关于汉代有"户赋"、"质钱"及各种矿产税的新证——读〈张家山汉墓竹简〉札记之五》,原载《史学月刊》2003 年第 4 期,又收入氏著:《秦汉魏晋南北朝史论考》,中国社会科学出版社,2004 年。

高敏:《〈张家山汉墓竹简·二年律令〉中诸律的制作年代试探——读〈张家山汉墓竹简〉札记之四》,原载《史学月刊》2003 年第 9 期,又收入氏著:《秦汉魏晋南北朝史论考》,中国社会科学出版社,2004 年。

高荣:《秦汉的邮与邮人》,《简牍学研究》第 4 辑,甘肃人民出版社,2004 年。

高荣:《秦汉邮书管理制度初探》,《简帛研究. 二〇〇二、二〇〇三》,广西师范大学出版社,2005 年。

高叶青:《汉代的罚金和赎刑——〈二年律令〉研读札记》,《南都学坛》2004 年第 6 期。

龚留柱:《论张家山汉简〈津关令〉之"禁马出关"——兼与陈伟先生商榷》,《史学月刊》2004 年第 11 期。

广濑薰雄:《张家山汉简所谓〈史律〉中有关践更之规定的探讨》,《人文论丛》2004 年卷,武汉大学出版社,2005 年。

韩树峰:《秦汉律令中的完刑》,《中国史研究》2003 年第 4 期。

韩树峰:《秦汉徒刑散论》,《历史研究》2005 年第 3 期。

《汉简所见劳役刑名考》,《中国古代法律文献研究》第 1 辑,巴蜀书社 1999 年 9 月出版。

侯旭东:《西汉初律令中的母、妻——母方亲属地位的新证据》,《中国社会科学院院报》2003 年 11 月 29 日。

黄家祥:《四川青川出土秦"为田律"木牍的重要价值》,《四川文物》2006 年第

2 期。

际高华：《〈至正条格·条格〉初探》，《中国史研究》2008 年第 2 期。

姜建设：《从〈二年律令〉看汉律对渎职罪的处罚》，《史学月刊》2004 年第 1 期。

李根蟠：《从秦汉家庭论及家庭结构的动态变化》，《中国史研究》2007 年第 1 期。

李解民：《汉代婚姻家庭另类形态的法律依据》，《简帛研究二〇〇四》，广西师范
　　大学出版社，2006 年。

李均明：《张家山汉简所反映的二十等爵制》，《中国史研究》2002 年第 2 期。

李均明：《张家山汉简所见规范继承关系的法律》，《中国历史文物》2002 年第
　　2 期。

李均明：《〈二年律令·具律〉中应分出〈囚律〉条款》，《郑州大学学报》2002 年第
　　3 期。

李均明：《汉简所反映的关津制度》，《历史研究》2002 年第 3 期。

李均明：《简牍所反映的汉代诉讼关系》，《文史》2002 年第 3 辑。

李均明：《张家山汉简所反映的适用刑罚原则》，《郑州大学学报》2002 年第 4 期。

李均明：《张家山汉简所见规范人口管理的法律》，《政法论坛》2002 年第 5 期。

李均明：《张家山汉简〈收律〉与家族连坐》，《文物》2002 年第 9 期。

李均明：《张家山汉简奴婢考》，《国际简牍学会会刊》第四号，〔台〕兰台出版社，
　　2002 年。

李均明：《张家山汉简所见刑罚等序及相关问题》，《华学》第 6 辑，紫禁城出版
　　社，2003 年。

李均明：《张家山汉简与汉初货币》，《中国文物报》2002 年 11 月 12 日，《中国钱
　　币》2003 年第 2 期摘录。

李均明：《关于八月案比》，《出土文献研究》第 6 辑，上海古籍出版社，2004 年。

李均明：《简牍所反映的汉代文书犯罪》，《出土文献研究》第 6 辑，上海古籍出版
　　社，2004 年。

李均明：《张家山汉简〈行书律〉考》，中国政法大学法律古籍整理研究所编《中国
　　古代法律文献研究》第 2 辑，中国政学大学出版社，2004 年 6 月。

李力：《关于〈二年律令〉简 93 - 98 之归属问题的补充意见》，《出土文献研究》第
　　6 辑，上海古籍出版社，2004 年。

李力：《关于〈二年律令〉题名之再研究》，《简帛研究二〇〇四》，广西师范大学出版社，2006年。

李力：《论"徒隶"的身份——从新出土里耶秦简入手》，《出土文献研究》第8辑，上海古籍出版社，2007年。

李天虹：《汉简"致籍"考辨：读张家山〈津关律〉札记》，《文史》2004年第2期。

李学勤：《张家山汉简研究的几个问题》，《郑州大学学报》2002年第3期。

李学勤：《试说张家山汉简〈史律〉》，《文物》2002年第4期。

李永平：《汉代"捕亡"问题探讨——以河西出土汉简资料为中心》，《简牍学研究》第4辑，甘肃人民出版社，2004年。

李振宏：《萧何"作律九章"说质疑》，《历史研究》2005年第3期。

连邵名：《〈二年律令〉与汉初传驿制度》，《四川文物》2004年第4期。

连劭名：《张家山汉简〈盖庐〉考述》，《中国历史文物》2005年第2期。

梁方健：《由张家山汉简〈史律〉考司马迁事迹一则》，《齐鲁学刊》2003年第5期。

廖伯源：《汉初县吏之秩阶及其任命——张家山汉简研究之一》，《社会科学战线》2003年第3期，又收入《秦汉史论丛》第9辑，三秦出版社，2004年。

林清源：《睡虎地秦简标题格式析论》，《中研院历史语言研究所集刊》第73本。

刘欢：《关于〈二年律令〉颁行年代的探析》，《考古与文物》2006年第2期。

刘敏：《张家山汉简"小爵"臆释》，《中国史研究》2004年第3期。

刘玉堂：《楚秦刑种比较研究》，《江汉论坛》2005年第3期。

刘钊：《〈张家山汉墓竹简〉释文注释商榷（一）》，《古籍整理研究学刊》2003年第3期。

鲁家亮：《试论张家山汉简〈收律〉及其相关的问题》，《古籍整理研究学刊》2007年第2期。

陆锡兴：《宋代永初汉简的整理与研究》，《简帛研究.二〇〇二、二〇〇三》，广西师范大学出版社，2005年。

孟彦弘：《从"具律"到"名例律"——秦汉法典体系演变之一例》，《中国社会科学院历史研究所学刊》第4集。

孟彦弘：《秦汉法典体系的演变》，《历史研究》2005年第3期。

孟志成：《论秦汉法律的适用时效》，《南都学坛》2004年第5期。

南玉泉:《张家山汉简〈二年律令〉所见刑罚原则》,《政法论坛》2002 年第 5 期。

彭浩:《〈津关令〉的颁行年代与文书格式》,《郑州大学学报》2002 年第 3 期。

彭浩:《读张家山汉简〈行书律〉》,《文物》2002 年第 9 期。

(日)山田勝芳,庄小霞译:《鸠杖与徭役制度》,《简帛研究二〇〇四》,广西师范
　　大学出版社,2006 年。

沈刚:《〈张家山汉简·二年律令〉所见汉初国家对基层社会的控制》,《学术月
　　刊》2004 年第 10 期。

(日)水间大辅:《秦律、汉律中的杀人罪类型——以张家山汉简〈二年律令〉为中
　　心》,《秦汉史论丛》第 9 辑,三秦出版社,2004 年。

宋杰:《西汉的中都官狱》,《中国史研究》2008 年第 2 期。

宋艳萍:《从〈二年律令〉中的"赀"看秦汉经济处罚形式的转变》,《出土文献研
　　究》第 6 辑,上海古籍出版社,2004 年。

宋艳萍、邢学敏:《里耶秦简"阳陵卒"简蠡测》,《简帛研究二〇〇四》,广西师范
　　大学出版社,2006 年。

宋艳萍、赵根华:《从张家山汉简看汉初为老年政策》,《简帛研究.二〇〇二、二
　　〇〇三》,广西师范大学出版社,2005 年。

苏辉:《张家山汉简之"徒涅"为〈汉书·地理志〉"徒经"补证》,《中国史研究》
　　2003 年第 4 期。

孙闻博:《秦汉简牍中所见特殊类型奸罪研究》,《中国历史文物》2008 年第 3 期。

谭卫元:《从张家山汉简〈具律〉看汉初"爵论"制度》,《江汉考古》2004 年第 1 期。

汪桂海:《国家图书馆所藏汉简考释》,《简帛研究.二〇〇二、二〇〇三》,广西师
　　范大学出版社,2005 年。

汪桂海:《汉简所见社与社祭》,《中国历史文物》2005 年第 1 期。

汪桂海:《从湘西里耶秦简看秦官文书制度》,《简帛研究二〇〇四》,广西师范大
　　学出版社,2006 年。

王爱清、王光伟:《试论张家山汉简中的"私属"》,《乌鲁木齐职业大学学报》2004
　　年第 2 期。

王瑗珲:《从〈二年律令〉看汉初的以法治吏》,《边疆经济与文化》2004 年第 5 期。

王惠英:《从〈二年律令〉看汉初丞相与御史大夫的关系》,《徐州师范大学学报》

2004 年第 3 期。

王纪潮：《张家山汉简〈具律〉的流变及"斩右趾"罪的弃市问题：读江陵张家山〈二年律令·具律〉札记》，《东南文化》2004 年第 4 期。

王伟：《〈秦律十八种·徭律〉应析出一条〈兴律〉说》，《文物》2005 年第 10 期。

王昕：《张家山汉简军制释名三则》，《出土文献研究》第 6 辑，上海古籍出版社，2004 年。

王昕：《张家山汉简〈二年律令〉织物名词试析》，《出土文献研究》第 7 辑，上海古籍出版社，2005 年。

王彦辉：《从张家山汉简看西汉私奴婢的社会地位》，《东北师大学报》2003 年第 2 期，又收入《秦汉史论丛》第 9 辑，三秦出版社，2004 年。

王彦辉：《论张家山汉简中的军功名田宅制度》，《东北师大学报》2004 年第 4 期。

王彦辉：《〈二年律令置后律〉中的若干问题》，《古籍整理研究学刊》2005 年第 6 期。

王子今：《张家山汉简所见"妻悍""妻殴夫"等事论说》，《南都学刊》2002 年第 4 期。

王子今：《汉初查处官员非法收入的制度——张家山汉简〈二年律令〉研读札记》，《政法论坛》2002 年第 5 期。

王子今：《张家山汉简〈二年律令秩律〉所见巴蜀县道设置》，《四川文物》2002 年第 5 期。

王子今：《张家山汉简〈秩律〉四"公主"说》，《陕西历史博物馆馆刊》第 9 辑，2002 年。

王子今：《"偏妻""下妻"考——张家山汉简〈二年律令〉研读札记》，《华学》第 6 辑，紫禁城出版社，2003 年。

王子今：《说"上郡地恶"——张家山汉简〈二年律令〉研读札记》，《陕西历史博物馆馆刊》第 10 辑，2003 年。

王子今：《张家山汉简〈贼律〉"偏捕"试解》，《中原文物》2003 年第 1 期。

王子今、刘华祝：《说张家山汉简〈二年律令·津关令〉所见五关》，《中国历史文物》2003 年第 1 期。

王子今、范培松：《张家山汉简〈贼律〉"叚大母"释义》，《考古与文物》2003 年第

5 期。

王子今：《张家山汉简〈金布律〉中的早期井盐史料及相关问题》，中国秦汉史研究会信息网。

邬文玲：《汉初"禁物"略考》，《出土文献研究》第 6 辑，上海古籍出版社，2004 年。

邬文玲：《张家山汉简〈二年律令〉释文补遗》，《简帛研究二〇〇四》，广西师范大学出版社，2006 年。

吴荣曾：《秦汉时期的行钱》，《中国钱币》2003 年第 8 期。

吴益中：《秦什伍连坐制度初探》，《北京师院学报》1988 年第 2 期。

谢桂华：《〈二年律令〉所见汉初政治制度》，《郑州大学学报》2002 年第 3 期。

谢桂华：《张家山汉墓竹简［二四七号墓］校读举例》，《简帛研究. 二〇〇二、二〇〇三》，广西师范大学出版社，2005 年。

邢义田：《奉或西汉初和奸案中所见的亲属伦理关系——江陵张家山 247 号墓〈奏谳书〉简 180－196 考论》，载柳立言主编《传统中国法律的理念与实践》，中研院历史语言研究所，2008 年。

徐世虹：《对汉代民法渊源的新认识》，《郑州大学学报》2002 年第 3 期。

徐世虹：《张家山二年律令简所见汉代的继承法》，《政法论坛》2002 年第 5 期。

徐世虹：《张家山二年律令简中的损害赔偿之规定》，《华学》第 6 辑，紫禁城出版社，2003 年。

徐世虹：《"三环之"、"刑复城旦舂"、"系城旦舂某岁"解——读〈二年律令〉札记》，《出土文献研究》第 6 辑，上海古籍出版社，2004 年。

徐世虹：《"主亲所知"识小》，《出土文献研究》第 6 辑，上海古籍出版社，2004 年。

徐世虹：《对两件简牍法律文书的补考》，中国政法大学法律古籍整理研究所编《中国古代法律文献研究》第 2 辑，中国政学大学出版社，2004 年 6 月。

徐世虹：《汉律中有关行为能力及责任年龄用语考述》，《简帛研究二〇〇四》，广西师范大学出版社，2006 年。

徐世虹：《秦汉简牍中的不孝罪诉讼》，《华东政法学院学报》2006 年第 3 期。

徐世虹：《说"正律"与"旁章"》，《出土文献研究》第 8 辑，上海古籍出版社，2007 年。

许道胜：《张家山汉简〈二年律令·贼律〉补释》，《江汉考古》2004 年第 4 期。

阎步克：《论张家山汉简〈二年律令〉中的"宦皇帝"》，《中国史研究》2003 年第
　　3 期。

阎步克：《西汉郡国官秩级相对下降考述》，《文史》2003 年第 4 期。

阎步克：《从〈秩律〉论战国秦汉间禄秩序列的纵向伸展》，《历史研究》2003 年第
　　5 期。

阎步克：《〈二年律令·秩律〉的中二千石秩级阙如问题》，《河北学刊》2003 年第
　　5 期。

阎步克：《也谈"真二千石"》，《史学月刊》2003 年第 12 期。

杨建：《张家山汉简二年律令·津关令简释》，《楚地出土简帛文献思想研究
　　（一）》，湖北教育出版社，2002 年。

杨建：《张见山汉简〈二年律令·津关令〉简释》，见丁四新主编《楚地出土简帛文
　　献思想研究（一）》，湖北教育出版社，2002 年版。

杨颉慧：《张家山汉简中"隶臣妾"身份探讨》，《中原文物》2004 年第 1 期。

杨师群：《张家山汉简所反映的汉初土地制度》，张伯元主编《法律文献整理与研
　　究》，北京大学出版社，2005 年。

杨振红：《秦汉"名田宅制"说——从张家山汉简看战国秦汉的土地制度》，《中国
　　史研究》2003 年第 3 期。

杨振红：《从〈二年律令〉的性质看汉代法典的编纂修订》，《中国史研究》2005 年
　　第 4 期。

杨振红：《秦汉律篇二级分类说——论〈二年律令〉二十七种律均属九章》，《历史
　　研究》2005 年第 6 期。

杨振红：《龙岗秦简诸"田"、"租"简释义补正——结合张家山汉简看名田宅的土
　　地管理和田租征收》，《简帛研究二〇〇四》，广西师范大学出版社，2006 年。

杨宗兵：《里耶秦简释文商榷》，《中国历史文物》2005 年第 1 期。

［加］叶山（Robin D. S. Yates）著：《秦的法律与社会——关于张家山〈二年律令〉
　　等新出土文献的思考》，林凡译，载郭齐勇主编《儒家文化研究》第 1 辑"新出
　　楚简研究专号"，生活·读书·新知三联书店，2007 年。

尹弘兵：《汉初内史考——张家山汉简中所见汉初内史之演变》，《江汉考古》
　　2008 年第 3 期。

［韩］尹在硕：《秦汉律所反映的后子制和继承法》，《中国历史文物》2003年第1
　　期，又收入中国秦汉史研究会编《秦汉史论丛》第9辑，三秦出版社，
　　2004年。

［韩］尹在硕：《张家山汉简所见的家庭犯罪及刑罚资料》，中国政法大学法律古
　　籍整理研究所编《中国古代法律文献研究》第2辑，中国政学大学出版社，
　　2004年6月。

于振波：《秦汉时期的邮人》，《简牍学研究》第4辑，甘肃人民出版社，2004年。

于振波：《张家山汉简中的名田制及其在汉代的实施情况》，《中国史研究》2004
　　年第1期。

于振波：《张家山汉简中的"卿"》，《文物》2004年第8期。

于振波：《汉代的都官与离官》，《简帛研究. 二〇〇二、二〇〇三》，广西师范大学
　　出版社，2005年。

于振波：《"无任"与"五任"》，《华南师范大学学报》2006年第1期。

于振波：《"参食"考辨》，《出土文献研究》第8辑，上海古籍出版社，2007年。

臧知非：《汉代田税"以顷计征"新证——兼答李恒全同志》，《江西师范大学学
　　报》2003年第3期。

臧知非：《西汉授田制度与田税征收方式新论——对张家山汉简的初步研究》，
　　《江海学刊》2003年第3期。

臧知非：《张家山汉简所见西汉矿业税收制度试析——兼谈西汉前期"弛山泽之
　　禁"及商人兼并农民问题》，《史学月刊》2003年第3期。

臧知非：《张家山汉简所见西汉继承制度初论》，《文史哲》2003年第6期。

臧知非：《张家山汉简所见汉初中央与诸侯王国关系论略》，《陕西历史博物馆馆
　　刊》第10辑，2003年。

张家山汉简研读班：《张家山汉简〈二年律令〉校读记》，《简帛研究. 二〇〇二、二
　　〇〇三》，广西师范大学出版社，2005年。

张建国：《论西汉初期的赎》，《政法论坛》2002年第5期。

张建国：《张家山汉简〈具律〉121简排序辨正——兼析相关各条律文》，《法学研
　　究》2004年第6期。

张俊民：《〈二年律令·行书律〉浅析》，《秦汉史论丛》第9辑，三秦出版社，

2004 年。

张俊民：《玉门花海出土的〈晋律注〉》，《简帛研究. 二〇〇二、二〇〇三》，广西师范大学出版社，2005 年。

张培田　陈金全：《先秦时期债流转的史实探析》，《法学研究》2005 年第 2 期。

张小锋：《释〈二年律令告律〉第 126—131 简及汉初的"迁"与"赎迁"》，《出土文献研究》第 6 辑，上海古籍出版社，2004 年。

张小锋：《释张家山汉简"御婢"》，《出土文献研究》第 6 辑，上海古籍出版社，2004 年。

张小锋：《张家山汉简〈二年律令〉中的自告资料辨析》，《中国古代法律文献研究》第 2 辑，中国政学大学出版社，2004 年 6 月。

张忠炜：《〈汉官休假杂考〉补遗》，《出土文献研究》第 6 辑，上海古籍出版社，2004 年。

张忠炜：《〈二年律令〉年代问题研究》，《历史研究》2008 年第 3 期。

赵凯：《西汉"受鬻法"探论》，《中国史研究》2007 年第 4 期。

赵平安：《新出〈史律〉与〈史籀篇〉的性质》，《华学》第 8 辑。

支强：《〈二年律令具律〉中所见"刑尽"试解》，《出土文献研究》第 6 辑，上海古籍出版社，2004 年。

周峰：《"罚金"考——读张家山汉简札记》，《简牍学研究》第 4 辑，甘肃人民出版社，2004 年。

周振鹤：《〈二年律令·秩律〉的历史地理意义》，曾发表于《学术月刊》2003 年第 1 期，后修订发表于简帛研究网。

朱红林：《从张家山汉律看汉初国家授田制度的几个特点》，《江汉考古》2004 年第 3 期。

朱红林：《张家山汉简中所见的劳绩制度考析》，《考古与文物》2004 年增刊（汉唐考古）。

朱红林、陈恩林：《试说张家山汉简〈具律〉中的"论不言请"律》，《中国历史文物》2005 年第 2 期。

朱继平：《汉初捕律探研——张家山汉简〈二年律令〉研读拾零》，《江汉考古》2007 年第 3 期。

朱绍侯:《西汉初年军功爵制的等级划分——〈二年律令〉与军功爵制研究之一》,《河南大学学报》2002 年第 5 期。

朱绍侯:《吕后二年赐田宅制度试探——〈二年律令〉与军功爵制研究之二》,《史学月刊》2002 年第 12 期。

朱绍侯:《从〈二年律令〉看与军功爵制有关的三个问题——〈二年律令〉与军功爵制研究之三》,《河南大学学报》2003 年第 1 期。

朱绍侯:《从〈二年律令〉看汉初二十级军功爵的价值——〈二年律令〉与军功爵制研究之四》,《河南大学学报》2003 年第 2 期。

朱绍侯:《〈奏谳书〉新郪信案例爵制释疑》,《史学月刊》2003 年第 12 期。